新しい常識

家族間契約の知識と実践

監修　弁護士　木野 綾子

共著　司法書士　元木 翼　行政書士　藤井 利江子　税理士　木下 勇人

日本法令®

はじめに　～親しき仲にも契約あり～

「和をもって貴しと為す」文化のある日本人は、ビジネスの分野ですら契約書を交わさないことも多く、口頭の約束で済ませがちな傾向があります。まして、家族間で契約書を交わすなんて、考えたこともないという方が多いのではないでしょうか。

しかし、最近、特に相続や終活に関連して、「家族や親族の間で何かを決めなければならない」という場面が増えているように思われます。法律の専門家から見ても、日々のご相談を受ける中で「家族の間であっても、きちんと契約を結んでおいたほうがよいのに」と感じる場面が多いのが事実です。とはいえ、世に出回っている契約書のひな型はビジネスの場面を想定した定型的なものが多く、家族の間のデリケートかつ個別性の高い取決めの手本となるようなものは少ないといえるでしょう。

本書は、このようなニーズを捉えて、一般の方や実務家向けに「家族間契約」という切り口で民法上の各種契約その他の法律行為の解説を試みたものです。

家族間で起こりがちな場面をできるだけ具体的に想定し、内縁や同性婚者のための「パートナー契約」、親の囲い込みによるトラブルを防止するための「高齢の親との面会交流契約」、人生 100 年時代を自分らしく生き抜くための「おひとりさま用の契約」など、今の時代に即したテーマも多数設けてあります。

また、契約書の基本的な形式、印鑑の押し方、コロナ禍における契約締結の留意点などに言及したり、本書に掲載されている契約書ひな型をデータの形で提供したりするなど、読者の皆さんが手軽に家族間契約書を作れるよう工夫しました。

執筆者は、弁護士、司法書士、行政書士がメインですが、随所に税理士のコメントも加わり、1つの契約を法務面と税務面の両方の視点から吟味できるようにしてあります。専門家に相談するときのヒントにしてみてください。

本書によって、「親しき仲にも契約あり」を掛け声に家族間契約が普及し、読者の皆さんやそのご家族が末永く仲良く暮らしていかれることを心から願っています。

令和3年6月

弁護士　**木野　綾子**

もくじ

第１章　契約の基本的知識と家族間契約の概要

第２章　現金の貸借と不動産の売買・貸借

第3章　さまざまな贈与

第4章　夫婦間の契約

第5章　扶養と財産管理

第6章　家族信託

第7章　相続と遺産分割

第8章　配偶者居住権

第9章　おひとりさま用の契約

凡　例

（例）民法 877 条第 1 項　➡　民法 877 ①

〈判決等〉

地裁判決……地判　　地裁決定……地決　最高裁判決……最判

本書の記述は、令和３年６月１日現在の法令等に依ります。

第１章

契約の基本的知識と家族間契約の概要

1　契約の基本的知識

(1)　契約とは何か

私たちは、日ごろスーパーで食べ物を買ったり（売買契約）、電車に乗って移動したり（旅客運送契約）、図書館で本を借りたりしていますが（使用貸借契約）、これらはすべて「契約」です。

契約は、「当事者間の意思表示が合致することにより成立する法律行為」のことであり（民法522）、わかりやすくいうと「人と人がお互いに納得して決めた約束事であって、国家（裁判所）がその約束事をお互いに守るよう強制できるもの」ということになります。

「意思表示」というのは、人が内心で思っていることを相手にもわかるように外部に表示する行為のことで、最初に持ち掛ける意思表示を「申込み」、あとからこれに応じる意思表示を「承諾」といいます。「法律行為」というのは、債権や債務の発生・変更・消滅（法律効果）を生じさせる行為のことをいいます。これらの意思表示が合致（合意）して契約という法律行為が完成することを、契約を「締結する」「取り交わす」、契約が「成立する」などといいます。

例えば、Aさんが駅の売店で150円のお茶を買うとしましょう。Aさんはそのお茶を商品棚から取り出して、店員Bに差し出し「これ、カードで」と声をかけます。このAさんの言動がお茶の売買契約の申込みの意思表示に当たり、これに対して店員Bが「はい」と答える行為は承諾の意思表示です。Aさんの「買います」という意思表示とコンビニ（法的にみると店員Bはコンビニの「履行補助者」）の「売ります」という意思表示が合致して売買契約が成立したことになります。

これによって、コンビニはAさんに対して商品を引き渡す債務を負い、Aさんはコンビニに代金を支払う債務を負うことになります。逆から見ると、Aさんは商品引渡し請求権を得ますし、コンビニは代金請求権を得たことになります。

なお、契約の申込みから承諾までの間にタイムラグがある場合、申込者がその申込みを撤回することができたり無効になったりする場合がありますので、回答期限を決めるなどして契約成立のタイミングを逃さないように注意しましょう（民法523～526参照）。

⑵ 「ただの約束」と契約との違い

では、恋人とデートの約束をしたとか、日曜日に家族と外食に出かける約束をしたという場合はどうでしょうか。これも申込みと承諾によって当事者双方の意思表示が合致していることは間違いないのですが、約束を破ったからといって、裁判所に判決を求めたり法的な債権や債務が生じたりはしませんので「法律行為」ではなく、契約には当たりません。

こうした契約未満の「ただの約束」を破った場合、相手は傷つくでしょうし、自分は信頼を失ってしまうことにはなりますが、そうした個人間の人間関係にまで国家（裁判所）が介入して強制的に約束を守らせようとするのは、実際問題として不可能ですし、かえって個人の自由や人権を損なうことにもなりかねません。

一方で、契約の場合は、例えば買主が売買代金を支払わなかったとすると、売主は、裁判を通じて売買代金の支払いを請求することができます。

そして、その裁判で「買主は売主に○○円を支払え」という内容の判決が出た場合には、売主は、買主の財産に強制執行をしてその代金を回収することができるのです。

私たちが「契約は守られる」ことを前提に、日々安心していろいろな人や企業と契約を取り交わしながら生活することができているのは、こうした法的な強制手段が背景にあるからこそである、ともいえます。

■「ただの約束」にも契約にもある力

・請求力

一定の利益の実現を得るために債務者に任意の履行を促すことができる。

・給付保持力

債務者から履行を受けた場合、それによる給付を返還しなくてよい。

■「ただの約束」にはなく、契約にだけある力

・訴求力

裁判手続によって権利の存否を判断してもらうことができる。

・強制力（執行力）

裁判手続によって債務の内容を強制的に実現することができる。

⑶ 契約の類型

民法では、売買契約のように典型的な契約類型をいくつか定めています。

① **財産移転型**：贈与契約、売買契約、交換契約

② **貸借型**：消費貸借契約、使用貸借契約、賃貸借契約

③ **労務提供型**：雇用契約、請負契約、委任契約、寄託契約

④ **その他**：和解契約など

もっとも、このような典型的な契約類型に縛られることなく、当事者間において、どのような合意をするかは原則的には当事者の自由です。この原則のことを「契約自由の原則」といい（民法521、522②）、それぞれに例外はあるものの、以下の4つの自由を含んでいるといわれています。

① **締結の自由**：契約を締結するか締結しないかを自由に決定できること

② **相手方の自由**：契約の相手方を自由に決定できること

③ **内容の自由**：契約内容を自由に決定できること

④ **方式の自由**：契約締結の方法を自由に決定できること

したがって、「民法の典型的な契約類型とまったく同じでなければならない」「他の一般的な契約内容と同じでなければならない」ということはなく、その契約の当事者同士が納得して合意したのであればそれでよいのです。

⑷ 契約の役割

契約は、①今起こっている問題を解決する、という役割のほかに、②将来起こり得る出来事に指針を与える、という役割があります。

先ほどの「コンビニでお茶を買う」というような日常的な契約ではなく、例えば「マンションを買うために銀行で住宅ローンを組む」という契約を思い浮かべてみましょう。

住宅ローンを組むというのは金銭消費貸借契約に当たりますが、この契約書の中には、「お金を借りる・貸す」という今起こっている問題を解決する条項が定められているほか、「もしも途中で返済が滞ったらどうなるか」と

いう将来起こり得る出来事に対する指針として、遅延損害金の率や期限の利益喪失事由などの条項が定められているはずです。

また、強制執行の際に貸主が他の債権者より有利になるように、そのマンションについて抵当権設定契約が締結されることでしょう。

アパートの賃貸借契約であれば、賃料などの貸し借りの条件だけではなく、契約終了事由や告知方法や原状回復の範囲なども書かれているはずです。

契約は法的効果を伴う強力なものであるだけに、どちらかの当事者から一方的に解消することは原則としてできず、当事者間で解約の合意をするか、又は、法律で定められた無効・取消し・解除などの要件を満たす場合しか解消ができないことにも注意が必要です。

⑸ 契約書を作成する意義

① 契約書は重要な証拠

口頭の合意でも契約は有効に成立しますが、契約書を作っておけば、契約の成立とその内容を証明するための証拠になります。

契約トラブルの多くは、契約の前提となっている事実関係（利害関係）に対する当事者間の認識の食い違いや、契約の文言に対する解釈の違いなどによるものであることがほとんどです。契約当事者の間に、記憶違いや解釈のズレがなく、債務不履行もなく、うまくいっているときは契約書など必要ないかもしれませんが、いざトラブルが生じた場合には、契約書に書かれていることを頼りに解決法を探っていくことになりますので、一義的に明確な契約書を作成しておくことはきわめて重要です。

しかし、実際には、ビジネス上の取引であるにもかかわらず、契約書を作らずに口頭での契約だけで済ませていたためにトラブル時に大ごとになってしまうケースや、契約書の記載と実際の合意内容が違っているということでトラブルになるケースもよく見られます。

② 黙示の合意

ここで、意思表示が暗黙のうちになされることもあることを述べておきます。

言葉や文字によって意思を明確に表示したとはいえないけれど、その行動や態度やこれまでの背景事情を総合して考えると、当事者間で法的な意味を持つ合意が成立したものと判断されるケースがあるのです(民法527参照)。

これは、どちらかというと契約書を作るべきだったのに作らずにいてトラブルになったというような場合に、裁判所が救済的に契約の存在を認定するという側面が強く、決して「黙示の合意があるから契約書を作らなくてよい」ということにはなりません。

ささいな事柄でも、法的効力を持つ合意をした以上は、必ず契約書を作成しておくことを強く推奨します。

(6) 契約が守られないとき

では、契約を締結して契約書を作成したのに、相手がその契約を守ってくれない場合はどうしたらよいでしょうか。

債務者が債務の本旨(本来の趣旨・目的)に従った履行をしないことを「債務不履行」といい、3つの態様があります。

① **履行遅滞**：債務者が債務を履行すべき時期(履行期)に債務を履行しないこと

② **履行不能**：その契約内容や社会通念に照らして履行ができなくなったことにより債務を履行しないこと

③ **不完全履行**：債務の履行はなされたものの、その履行が債務の本旨に従っておらず不完全であること

債務不履行が生じた場合、債権者は、債務者に対し、「履行不能」の場合を除いて、債務の本旨に従った完全な履行を請求することができます。

債務不履行によって損害が生じた場合には損害賠償を求めることができますし、債権者が希望すれば契約の解除をすることもできます。

まずは債務者に直接交渉を持ち掛けてみて、それでは解決しそうもなければ、次の手段として裁判手続を考えるとよいでしょう。

権利の存否を確定するための主な裁判手続の種類は以下のとおりです(そのほかに別の手続によって強制執行をする必要もあります)。

① 支払督促

「金銭その他の代替物又は有価証券の一定の給付を目的とする請求権」のみが対象です。すべて書類審査なので、裁判所に出向く必要はなく、裁判所に支払う手数料は訴訟の場合の半額です。

債権者にとっては手軽な手続ですが、債務者が異議を申し立てると訴訟手続に移行します。

② 少額訴訟

請求金額が60万円以下の場合に利用できる裁判で、審理は1回で済むのが原則です。そのため、契約書や証人などの証拠はその場ですぐに調べることができるよう準備をしていく必要があります。和解で終わることも多いですが、判決になると、債権者側の請求が認められる場合であっても、分割払い、支払猶予、遅延損害金免除といった一定の譲歩を前提とした判決が言い渡される場合があります。

③ 訴訟

訴訟は、請求金額が140万円以下の場合は簡易裁判所、140万円を超える場合は地方裁判所が管轄になります。裁判官が双方の言い分を聴き、契約書や証人などの証拠を調べた上で、法律に照らしてどちらの言い分が正しいかを決めて判決を言い渡すという流れになります。お互いに譲り合って和解をすることもよくあります。

④ 民事調停

民事調停は、調停委員による調整を通じて当事者同士が話し合い、お互いに譲り合って合意することを目的とする手続です。

必ずしも法律に縛られずに、トラブルの実情に合った解決を図ることができますが、合意が調わなければ調停不成立ということで何も解決しないまま終了します。

どの手続が適するかは、そのトラブルの内容、当事者間の関係、証拠の有無、債務者の資力などのさまざまな要因を考えなければならず、一概にはいえません。法律の専門家に相談してみるとよいでしょう。

⑺ 民法改正の影響

2017年（平成29年）5月に成立した「民法の一部を改正する法律」が2020年（令和2年）4月1日から施行されました。

民法には契約に関する基本的な規定が定められており、この部分は「債権法」と呼ばれています。この債権法については1896年（明治29年）から約120年間にわたり実質的な見直しがほとんど行われていなかったのですが、今回の改正では、①社会や経済の変化への対応を図るために実質的な変更を加え、②現在の裁判や取引の実務で通用している事項を条文上も明確にして理解しやすくなりました。

例えば、これまでは法定利率が年5%と定められていたのですが、市場の金利動向とかけ離れたものであったため、今回の改正で年3%に引き下げられた上、一定期間ごとに見直して変動させる仕組みが整えられました（民法404)。これは上記①に当たります。

また、認知症などにより意思能力（判断能力）を有しない状態になった人がした契約などの法律行為が無効であることは、これまでも判例上認められていたのですが、民法上に規定がなかったので明記されました(民法3の2)。これは上記②に当たります。

このほか、契約全般に関係のある点でいうと消滅時効の規定や、個々の契約でいうと保証契約の規定が、大きな改正点になっています。

2　家族間契約の必要性

本書のタイトルにもなっている「家族間契約」という言葉を聞いたことがありますか？

そのような特別の契約類型があるわけではなく、家族や親族の間で締結する契約全般のことを指しています。

これまでは、契約を締結するとか契約書を作成するということは、企業と企業との間、又は企業と個人との間の、主にビジネス上の取引について行われてきました。

しかし、超高齢化社会になり、相続や終活に関する人々の意識が高まるにつれ、本来なら一番心を許せる間柄であるはずの家族の間でも「言った」「言わない」という口約束に関するトラブルが増えてきています。

認知症、加齢による物忘れ、人格の変容、過去の記憶の変容、世代や職業の違いなどからくる認識の違い、老後の生活設計への不安、金融機関などでの本人確認の厳格化……実にさまざまな要因がからみ合って、家族だからといって「あ・うんの呼吸」「暗黙の了解」では物事が済まなくなってきているといえます。

むしろ、家族だからという信頼感が裏切られたときのショックは他人に裏切られたときよりも大きなもので、大きなわだかまりを残したまま、相続などの次の法的ライフイベントを迎えることも少なくありません。

家族がうまくいっているときには、契約など思いもよらないことですが、うまくいっているときだからこそ、家族で話し合って「○○家のルール」という意味での契約書を作り、将来起こり得る家族それぞれの課題やそのために各自ができることを洗い出してみてはいかがでしょうか。

皆で話し合って契約を締結し、それを守ることによってそれぞれの権利や利益が保障されること、また、お互いに納得して受け入れたものである以上は、その結果について責任が伴うことに気付くことができると思います。

3　家族間契約の特徴

家族間契約の特徴としては、以下のようなものがあります。

・契約書を作らないことが多い。

・契約書があっても、他人に見せることは予定されておらず、当事者同士がわかればよいという考えから、きわめて自己流の書き方になっていることが多い。

・形式と実質が違うものも多い（親が、子ども名義の預金口座を作ったり子ども名義の保険契約を締結したりするなど）。

・背景事情が濃厚で、何十年も前の出来事や人間関係を加味して解釈しなければならないこともある。

・その契約内容だけを見ると一方当事者にとって非常に不利で不公平な内容であることも多い。

・贈与や使用貸借など一方当事者が対価を支払わなくてよい契約が多い。

・条件や期限が付けられることが多い。

・自然債務（訴求力や強制力がない債務）と考えられるものも多い。

・実際には債権者が裁判手続をとることまでは考えていないことが多い。

・金銭以外の債権債務を発生させるものも多く、裁判手続になじみにくい。

・互いに扶養義務を負っている間柄であることが多い。

・ライフステージの変化に応じて変更すべき場合が多い。

以上のような特徴は必ずしも悪いことではないのですが、「念書」「覚書」「確認書」などのタイトルでもかまいませんので、せめて簡単な契約書を作り、契約当事者全員が理解できるような言葉遣いで合意した内容を書いておくべきでしょう。

当事者間では必要がなくても、第三者（又は家族の中の他のメンバー）に「実はこういう契約をしている」と述べて契約書を示さなければならないような場面も出てきます。

4　契約書の形式

(1)　方式にはこだわらなくてよい

契約の成立には、法令に特別の定めがある場合を除き、書面の作成その他の方式を備えていなくてもよい（方式の自由）とされています（民法 522 ②）。

よく「念書・覚書・確認書といったタイトルでも契約書に入るのですか」という質問を受けます。答えは「内容が契約書であれば、タイトルが何であろうと法的には契約書だといえる」ということになります。注意すべきなのは「申込書」など、一方当事者の署名押印しかない書面は契約書ではありません。申込書を契約書にするためには、余白に相手方が「承諾します」などと書いて日付と署名押印を記載する必要があります。

では、タイトル以下の部分にはどのようなことを書けばよいのでしょうか。特に決まりはありませんが、一般的には、タイトルに続けて、前文（当事者名のほか、契約の類型や概要）、本文（契約内容）、後文（契約書原本を何通作って誰が保管するか）、日付、当事者双方の署名押印を記載することが多いといえます。

当事者名を「甲」「乙」という略称で表記するとプロっぽく見えますが、甲と乙の取り違え記載という初歩的なミスも生じやすいところなので、自信がなければ略称にせずに氏名をそのまま書いても大丈夫です。

契約条項は、本書のような法律専門家が作ったひな型を参考にして書くとよいでしょう。確実に相手方に履行を求めたいとか、裁判手続を利用する可能性もあるという事項については、できるだけ抽象的な表現を避けて、どのような要件がそろったときにどのような法的効果が発生するのかを明確に記載しましょう。

印紙税法で義務付けられている収入印紙の貼付については、契約の成立要件ではないため、課税対象となる文書に収入印紙が貼付されていなかったとしても、その契約の効力が否定されるものではありません。

⑵ メールやLINEでもよいか

これまでも説明したとおり、契約は原則として方式が自由なので、契約書というタイトルの紙の書面を作ることは必須ではありません。

ただ、後で合意内容を確認したり、裁判で証拠として提出したりするのに便利なので契約書を作ることを推奨しているのです。

何らかの事情で契約書が作れない場合には、メールやLINEなどのチャットやSNSへのコメントでも、音声の録音でも、契約当事者間の申込みと承諾の意思表示の合致が確認できさえすれば証拠になるといえるでしょう。

もっとも、場合によっては後からデータ改ざんなどの疑いを掛けられる余地があるのが、紙の書面にはないリスクになります。

また、契約類型によっては、方式自由の原則の例外として書面の作成や交付が要件とされている場合もあります（例：保証契約は書面又は電磁的記録で行わなければ効力を生じません。民法446）。

その他にも、従前の契約書に「本契約の内容は、当事者の書面による合意によってのみ変更することができる」と定められている場合もあります。

⑶ 専門家に作成を頼むべきか

一般的な取引であれば、多くのケースで専門家でなくとも契約書を作成すること自体は可能です。しかし、例えば表現が曖昧でさまざまな解釈が成り立ってしまったり、重要な点が漏れたりしてしまうと、せっかく作った契約書が無意味になってしまいます。

それどころか、そのような契約書を作っておいたばかりにトラブルになってしまう可能性もあるでしょう。

そうした問題を防ぐためにも、すこしイレギュラーな契約書の作成やチェックについては専門家に頼むのも一案です。

■コラム■

契約書の偽造!?

■偽造とは

裁判などでは「この契約書は偽造されたものだ」という主張が出てくることがあります。「偽造」というのは、書面の作成者として記載されている人（A さん）とは別の人（B さん）が無断でその書面を作成したというような場合を指します。自分の知らないところで作られたものですから、当然ながら A さんにはその書面による法的効果は及びません。

具体例でいうと「A さん名義の 100 万円の借用書が B さんによって偽造された場合、A さんが 100 万円の債務を負うことはない」ということになります。

■いざとなれば実印がものを言う

でも、B さんは「自分が借用書を偽造した」とは認めず、あくまで「A さんが作成した」と主張するかもしれません。

その場合、筆跡鑑定で書面上の署名が確かに A さんの書いた文字だということを証明するのは案外ハードルが高いものですし、鑑定料も高額です。

一方、借用書に押されている A さんの印影が A さんの持っている印鑑のものであることが印鑑登録証明書などによって証明できれば、A さんから特に反証のない限り、その印影は A さん本人の意思に基づいて押されたものだという事実上の推定が働きます(1 つめの推定)。

そして、この 1 つめの推定によって、「私文書は、本人又はその代理人の署名又は押印があるときは、真正に成立したものと推定する」と定める法律上の要件（民事訴訟法 228 ④）の要件を充たすことになり、その借用書全体が真正に成立した、つまり A さんが作成したということが法律上推定され（2 つめの推定)、B さんの主張が裏付けられたことになるのです。

このように、大事な契約書に「認印」ではなく「実印」を押して印鑑登録証明書を添えるのは、上記の１つめの推定を受けるために必要があって確立した商慣習ということができます。

■電子署名の場合は？

最近は、インターネット上で電子署名をすることによって契約書を作成することもできるようになりました。

その場合、電子署名及び認証業務に関する法律３条に「本人による電子署名が行われているときは、真正に成立したものと推定する」という、上記の民事訴訟法とほぼ同様の規定がありますので、電子署名も実印と印鑑登録証明書と同じように、本人が作成した書面であることを証明することができます。

■偽造は罪に問われることも

このような民事的なトラブルのほか、契約書などの法的な書面を偽造することは、「私文書偽造罪」という犯罪に当たります（刑法159①)。

また、その文書を人に見せて現金を払わせたりすると「偽造私文書行使罪」（刑法161①）や「詐欺罪」（刑法246）に問われることもありますので、十分注意してください。

■遺言書偽造は相続人の欠格事由の１つ

遺言書を偽造した場合には、偽造者は相続人としての地位や権利を失ってしまいます（民法891五)。

もっとも、偽造者に子どもがいる場合、親が相続欠格者になったことによって子どもが代襲相続人になりますので、ペナルティーとしてはちょっと甘いかもしれません。

■家族であっても確実な意思確認を

このように、家族という親しい者同士の間の契約書であっても、勝手に相手の署名や押印をして契約書を作ってしまうと法的効果が生じませんし、争いや犯罪のもとになってしまいます。

必ずよく話し合って契約当事者全員が合意の上で作成し、署名押印も本人の手でしてもらうように心がけましょう。

5　公正証書

(1)　公正証書とは

公正証書は、公証人がその権限において作成する公文書のことをいいます。思い浮かぶ書面として「遺言公正証書」という方も多いのではないでしょうか。

この公証人の作成する公正証書に対して、私人が作成した文書を私署文書（私文書）といいます。自分で書く自筆証書遺言はこの「私署文書（私文書）」に当たるのです。

遺言書や契約書等は公正証書でなくても有効です。しかし、一部の契約書に関しては、法律などの定めにより、公正証書での作成が義務付けられているものがあります。

・任意後見契約（任意後見契約に関する法律 3）
・事業用定期借地権設定契約（借地借家法 23 ③）　などです。

また、法律で義務付けられているもの以外で公正証書にすることができる書類は以下のようなものになります。

・基本的に個人の権利義務に関するもの

例えば不動産の売買、金銭の貸し借りの契約書、離婚の際の養育費・財産分与・慰謝料の取決めに関する契約書などです。遺言書もこれに当たります。このように、法律行為に関するものは公正証書にすることができます。

ただし、公序良俗に反する内容や、法令に違反する内容のものは公正証書で作成することができません。

(2)　公正証書の効力・メリット

公正証書の効力・メリットには以下のものがあります。

・証明力
・執行力
・安全性
・心理的圧力

①　証明力

契約を締結した場合、公正証書でなくても契約したことの証拠にはなります。しかし、当事者の一方があとで「その契約書は偽造だ」「署名した覚えがない」「約束が違う」と言い出さないとも限りません。このような心配がある場合、私署文書（私文書）の契約書では、本人が間違いなく自分の意思で契約を締結したという証拠として不十分なことがあります。

公正証書は、公証人が当事者の本人確認、意思確認をして作成します。契約書が公正証書で作成されていれば、本人の意思に従って作成されたものであると推定されるので、裁判でも有効な証拠となります。

これは、遺言書についても同様です。なお、公正証書遺言に関しては、家庭裁判所の検認手続が不要になります。

②　執行力

金銭債務についての公正証書は、債務者がただちに強制執行に服する旨の陳述（強制執行認諾条項）が記載されている場合、執行力（債務不履行の場合、裁判所に訴えることなくただちに強制執行をすることができる効力）を有します。

約束どおりに金銭の支払いがなかった場合、私署文書（私文書）の契約であれば、契約書を証拠として「お金を払え」という裁判を起こし、勝訴判決を得なければ強制執行（差押え等）ができません。

強制執行認諾約款付の公正証書があれば、裁判を経ず強制執行が可能になります。

債権保全においてとても強い威力を発揮します。

③　安全性

公正証書の原本は、公証役場に保管され当事者には交付しません。この公正証書の原本は、公証役場で20年保存されます。ただし、遺言公正証書など、保存期間の満了した後でも必要があるものは、その事由のある間は保存しなければならないことになっています。概ね遺言者が120歳になるまで保管することになっているようで、日本人の最高年齢をおおまかな基準としているようです。このように公正証書の原本は公証役場に保管されます。その代わり当事者には、原本と同じ内容の正本と謄本を交付します。これにより、当事者が正本や謄本を紛失しても再交付してもらうことが可能になりますし、改ざんのおそれもなくなるため安全性が高くなっています。

公正証書の原本の写しである正本と謄本ですが、原本と同じ効力があるのは正本です。つまり、正本でしかできないことがあるのです。例えば、金銭の貸し借りの契約書の場合は､正本でしか強制執行をすることができません。そのため、正本は債権者（金銭を払ってもらう人)、謄本は債務者（金銭を払う人）に交付されます。なお、原則として正本は複数交付することが認められていません。万が一、失くしてしまった場合の再発行については、警察で失くしたことの証明書が必要になるので取扱いには注意が必要です。

また、遺言公正証書においては、正本と謄本に効力の違いはありません。しかし、遺言執行時において、金融機関等で正本の提示を求められることがあります。そのため、遺言執行者に遺言公正証書を預ける場合には、正本を渡しておくことをお勧めします。

④　心理的圧力

公正証書は私署文書（私文書）とは異なり、具体的な文面内容と疎明資料及び当事者本人の確認資料をもとに、厳正に作成手続が行われ、証拠としての優れた効果があります。

法律の専門家である公証人が関与して作成する公文書でもあり、破棄や紛失、改ざんのおそれがなく、金銭債務においては執行力があります。

このような効果は、当事者双方に履行の厳守を促し、違反しないように細心の注意を払うことを自覚、認識させることができ、不払いや契約違反などの不履行の生じる危険を最小限にすることができます。

つまり、心理的な圧力も公正証書の重要な効力であり、公正証書を活用することで、紛争を避けることができるのです。

例えば、協議離婚するときには、夫婦間で離婚の条件について話し合いをすることがあります。このような場合には、離婚協議書を公正証書にしておくことをお勧めします。

特に、支払終了までの期間が長くなることが多い、養育費の取決めをするような場合です。支払期間が長いので、途中で支払いが滞る可能性があります。しかし、公正証書にしておくことで、支払いが滞った場合、裁判所による請求手続を経ることなく、給与差押え等の強制執行が可能になります。

そのほかにも、慰謝料の分割払いや、将来の退職金の支払いなど、支払いが将来になるものがある場合には、公正証書により執行力をつけておくと、支払いが確保できます。

⑶　公正証書作成の流れ

公正証書を作成したい場合には、公証役場に連絡し公証人に依頼します。公証役場に複数人公証人がいる場合は、その日の当番の公証人が担当することになります。

公正証書は、公証役場に依頼した当日にできるような文書ではありません。事前に必要書類を用意し、公証人と内容について打合せをする必要があります。

公正証書の内容が決まったら、公証人とスケジュールを合わせ、調印日を決めます。予約した調印日に当事者が公証役場に出向き、署名押印して公正証書を完成させる流れになります。

⑷　自分でするか、専門家に依頼するか

公正証書の作成を直接公証役場に依頼した場合、打合せも含め、何度か公証役場に出向くことになります。必要書類の不足や内容の整理がされていなければ、完成まで時間がかかってしまいます。

公証役場は平日の昼間しか開いていません。公証役場によって混雑している時期には予約が取りにくく、仕事をしている人は日程調整が大変です。

公証人は伝えた内容を公正証書にします。しかし、公正証書は専門用語が多くわかりにくい文章となります。特に遺言書のように、想いや願いを叶えるための公正証書の場合には、でき上がった公正証書の内容が正しいかの判断をすることが難しいのです。

公正証書作成に関しては、弁護士、司法書士、行政書士などの専門家を通じて公証役場に依頼することができます。

専門家に依頼した場合、必要書類の準備や公証人との打合せは専門家が行います。

それだけでなく、契約書や遺言の内容についても勘案してもらえます。

専門家は内容に必要事項が盛り込まれているか、漏れはないかをチェックして案文を作成し、公証役場へ依頼するのです。

当事者が公証役場に行くのは調印日だけです。

専門家が関与していれば時間も手間も省くことができるのです。

■コラム■

契約書に押す印鑑の種類、押印方法あれこれ

■契約書に印鑑を押す理由とは

売買契約、賃貸借契約などの「契約」を締結する際は、「契約書」を作成することが一般的です。契約自体は、法律上は口約束だけでも成立します。

しかし、それでは後々契約の存在や内容をめぐってトラブルになる可能性がありますので、契約が成立した「証拠」として契約書を作成することになります。そして、契約書には契約の当事者が「印鑑」を押すことになります。例えば、売買契約の場合、売主と買主がそれぞれ契約書に押印することになります。

なぜ契約書に印鑑を押す必要があるのでしょうか。

それは、押印をすることによって、法律上押印した本人の意思に基づいて契約が締結された（契約が真正に成立した）と推定されるからです。

このような理由から、契約書には印鑑が押されているのです。

■実印と認印

契約書に押す印鑑は「実印」と「認印」に分かれます。

実印とは、印鑑登録制度（住所がある市区町村で、氏名・住所・生年月日などの情報とともに、印鑑の印影を登録し、その印影によって本人であることを証明する制度）によって市区町村に登録された印鑑をいいます。

実印を登録すると、印鑑証明書の発行を受けることができます。印鑑証明書には、実印の印影の他に氏名・住所・生年月日などが記載されていますので、これにより本人であることの証明ができます。

したがって、契約書に実印を押印し、印鑑証明書を添付することによって、本人が確かな意思に基づいて契約をしたという強力な証拠になるのです。

実印は、銀行との金銭消費貸借契約書、不動産売買契約書、遺産分割協議書など重要な契約書書面に押すことになります。
これに対して、実印ではない印鑑を「認印」といいます。認印は、申込書や受領書などに押すことが多いです。なお、「銀行印」とは、銀行、信用金庫などの金融機関に印影を届け出ている印鑑をいいます。預金を引き出す際などに預金者の本人確認として利用されることになります。

■押印方法あれこれ

主に契約当事者の本人確認・意思確認として利用される印鑑ですが、押印方法によってそれ以外の用途で利用することも可能です。
主なものとして、下記のような押印方法があります。

① 訂正印

訂正印とは、契約書の内容を訂正するために押す印のことをいいます。訂正箇所に契約書と同じ印鑑を押すことによって、契約当事者自らが訂正したものであることを示すことができます。

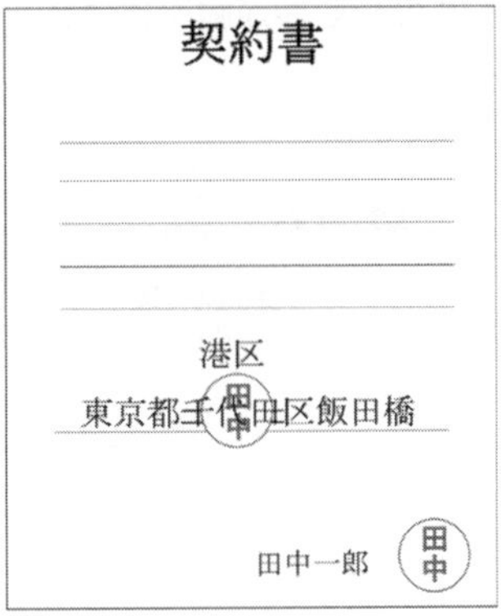

② 捨印

捨印とは、あらかじめ契約書の余白部分に押しておく印をいいます。後々契約書に訂正があった際には、捨印を訂正印として利用することができます。契約書によっては作成後の訂正が難しい場合もあります。そのような場合には、捨印を利用することでその後の訂正に対応することができます。

捨印を利用して訂正する場合には、捨印の横に二重線で消した文字数と追加した文字数を記載します。

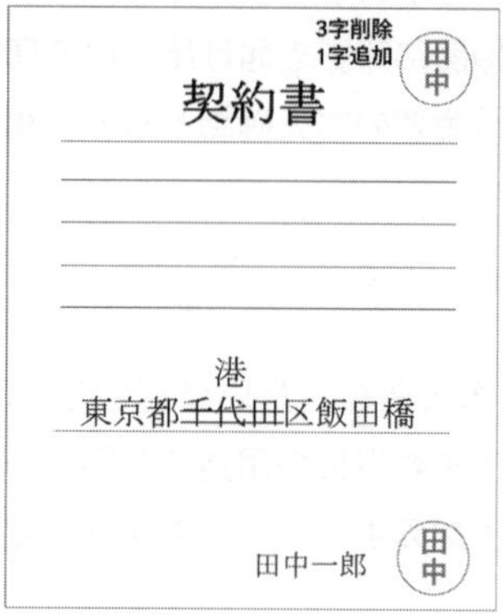

③　割印

割印とは、２つの契約書にまたがって押す印をいいます。２つの契約書を離したときに、印影が割れることから割印と呼ばれます。割印によって、どちらか一方の契約書が勝手に偽造・改ざんされることを防ぐことができます。

④　契印

契印とは、契約書が複数枚にわたる場合に、それぞれのページにまたがって押す印をいいます。契印によって、ページが勝手に抜き取られたり、差し替えられたりすることを防止できます。また、それぞれのページが一連の１つの契約書であることが証明できます。

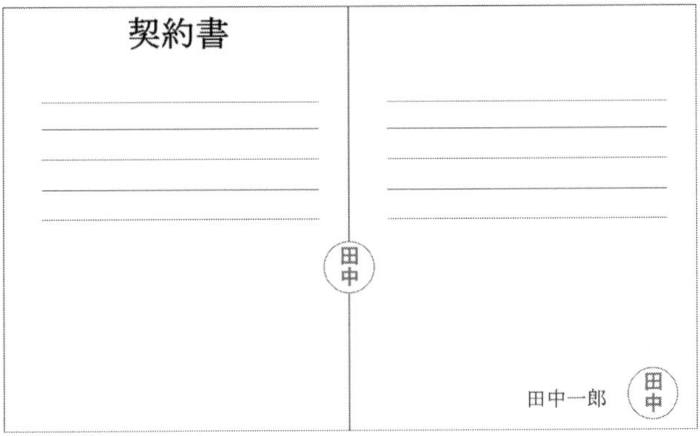

⑤　消印

消印とは、契約書などに収入印紙を貼った場合に、契約書と収入印紙にまたがって押す印のこといいます。消印によって、収入印紙が使用済みであることがわかり、再使用を防ぐことができます。

第２章

現金の貸借と不動産の売買・貸借

はじめに

本章では、不動産の売買と貸借、金銭の貸借、同族会社の株式の譲渡といった、家族間でよく見られる契約類型を取り上げて紹介しています。

はじめに、弁護士の立場から、これらの契約に関連する失敗例や注意点について述べます。

■契約書があっても起こった家族間トラブル

せっかく契約書を作っても、それ以外の面でトラブルになってしまう場合があります。いくつかの例を見てみましょう。

①　父親からの借金を手渡しで返済し、領収書をもらわなかった

父親の死後に他の兄弟との間で「返した」「証拠がない」と水掛け論になりました。返済時は、銀行振込にするか領収書をもらうようにしましょう。

②　家族なので貸金を催促しそびれていたら、消滅時効にかかってしまった

今回の民法改正で債権の消滅時効がこれまでの10年から5年に短縮されました。家族であっても債権管理をきちんとしないと、契約書を作った意味がありません。

③　財産隠しのために不動産を娘に売ったことにしたら、娘まで裁判に巻き込まれて売買を取り消されてしまった

不動産の登記簿や登記情報は誰でも見ることができますし、そこには所有者の住所も載っていますから、少し調査すればいつ誰に譲渡したか一目瞭然。その場しのぎの財産隠しは禁物といえます。

④　叔母からマンションを安く借りたら、叔母の死後に従姉妹から賃料増額調停を起こされた

亡くなった人と相続人は別人格なので、こういうことも起こり得ます。安く借りる時点で、将来の賃料増額に備えた生活設計を考えておきましょう。

⑤　父親名義の家を無償で借りたら、遺産分割のときに兄弟から賃料相当の特別受益を主張された

相続の場面では「まさか」と思うような主張が出てくることがあります。遺言書の作成など、相続対策に取り組んでおけば防ぐことができたかもしれませんね。

1　売買契約

1　売買契約の基本

「売買契約」は、売主が物や権利（財産権）を買主に移転させ、買主がその対価として代金を支払うという契約です（民法555）。

コンビニやスーパーでの買い物のように、レジで品物を受け取ってその場で代金を支払うという売買契約の場合には口頭で済ませるのが普通であり、いちいち契約書は作りませんが、不動産など高価な物の売買や、企業間で継続的な売買取引をするなどの場合には、売買契約書を作成します。

⑴　売買契約書に記載しなければならない事項

売買契約書には、売主と買主との間の売買の合意のほか、少なくとも次の事項を記載しなければなりません。

・目的となる財産権の特定（数量を含む）
・代金がいくらか
・目的物の引渡時期とその方法
・代金の支払時期とその方法

⑵　家族間で売買契約書を作成する意義

家族間で売買契約書を作成する意義としては、「金銭の移転の原因を後日説明するため（贈与や貸借との区別）」という点が大きいでしょう。

例えば、預金通帳の記載から「親から子へ多額の金銭の振込があった」ことがわかる場合、その理由（法的原因）としては、「あげた」「貸した」「勝手にキャッシュカードを使われ振り込まれた」など、いろいろな可能性があり得ます。法的原因が何であるかによって、その金銭移動に税金がかかったり、「返せ」と言われたり、特別受益として相続のときに遺産に持ち戻さなければならなかったり、あるいは「盗んだ」「だました」と責められてしまうこともありますので、法的原因が「売買代金の支払い」である場合には、そのことが客観的にわかるようにしておく必要があるというわけです。

2 売買契約の例

売買契約を締結する例としては、例えば次のようなケースがあります。

・高齢の親から子どもが自家用車を買い取る

・父がゴルフをやらなくなったので息子が会員権を承継する

・二世帯住居を解消するので父が娘の不動産共有持分を買い取る

契約書例 **相続で共有になった不動産について長男の共有持分を次男が買い取るケース**

10年前に父親が亡くなり、遺産であるマンションを長男であるAさんと次男であるBさんが2分の1ずつ相続しました。

このマンションには現在Bさん一家が無償で住んでいますが、将来長男と揉めたりしないように、次男が長男の共有持分権を買い取ることにしました。

この場合、どのような契約書を取り交わせばよいでしょうか。

不動産売買契約書

売主Aと買主Bは、別紙物件目録の建物のAの共有持分権（以下「本件共有持分」という。）について、以下のとおり売買契約（以下「本契約」という。）を締結する。

第1条（売買契約）

Aは、Bに対し、本件共有持分を○○万円で売り渡し、Bはこれを買い受ける。

第2条（売買代金の支払方法）

Bは、Aに対し、前条の代金について、以下のとおり2回に分けて、A名義の○○銀行○○支店普通預金口座（口座番号○○）に振り込んで支払う（振込手数料はＢが負担する。）。

⑴　本契約締結と同時に手付金　〇〇万円

⑵　令和〇年〇月末日限り残代金　〇〇万円

第３条（引渡し、権利移転時期及び登記手続）

本件共有持分は、Ｂが前条第２号の残代金を完済したのと同時に、Ａから Ｂに対してその引渡しがなされ、権利が移転するものとする。

２　Ａは、前項の日から〇日以内に、本件共有持分の移転登記手続に必要な一切の書類をＢに交付し、AB双方が協力して同手続を完了させる。なお、同手続費用はＢの負担とする。

第４条（公租公課等）

本件共有持分についての公租公課その他の賦課金は、前条第２項による移転登記申請日の前日まではＡの負担とし、同申請日以降はＢの負担とする。

第５条（契約の解除）

Ａ又はＢが、本契約に定めた債務の履行を怠った場合、相手方は、相当期間を定めて履行を催告した上､本契約を解除することができる。

第６条（誠実協議）

本契約書に定めのない事項については民法その他の法律に従うものとし、問題が生じた場合にはＡＢ双方が誠意をもって協議し解決するものとする。

……（別紙「物件目録」略）……

以上を証するため本契約書を２通作成し、ＡＢが各自署名押印の上、１通ずつ保有する。

令和〇年〇月〇日

氏名　　Ａ　　㊞

氏名　　Ｂ　　㊞

3　解説と留意点

(1)　不動産売買契約と登記

売買契約の中でも目的物が不動産である場合、売買契約を結べば売主から買主に権利を移転させることができますが、当事者以外の第三者にもそのことを主張できるようにするためには、不動産登記法などの法律の定めに従って法務局で登記手続をしなければなりません（民法177）。この不動産登記手続は、買主側が費用を負担し、司法書士に依頼して行うことが通常です。

また、不動産売買では、売主には譲渡所得税、買主には不動産取得税などの税金も問題になりますので、税理士に相談してみるとよいでしょう。

(2)　手付金と手付解除

不動産売買では「手付金（てつけきん）」と残代金の２回に分けて代金を支払うことが多く行われています。

手付金には「契約をした証拠金（その物件を他人に売らないという「押さえ」）」という意味もありますが、手付金の授受をしたからといって相手方から解除される可能性がないわけではありません。

民法上、手付金は「売買契約における履行前解除の違約金を担保する」という意味を持っています。つまり、買主が売主に手付金を交付した場合、相手方が契約の履行を始める前であれば、

① 買主はその手付金を放棄することによって、一方的にその契約を解除することができる
② 売主は受け取った手付金の２倍の金額を買主に渡すことによって、一方的にその契約を解除することができる

ということになります（民法557①）。

このような意味合いを持たせたくないのであれば、「手付金」ではなく、「頭金」「内金」などの表現を用いて、誤解を招かないようにしておきましょう。

(3)　契約不適合責任

買った不動産に、例えば「地中に廃棄物が埋まっていた」「建物に雨漏り

やシロアリの巣があった」「いわゆる耐震偽装がされていた」など、後から思わぬ欠陥が発覚することがありますが、一定の場合には買主が売主の責任を追及することができます。

以前は「瑕疵担保責任」と呼ばれていましたが、令和2年4月施行の民法改正により「契約不適合責任」と呼ばれるようになりました。

これによって、買主は、契約不適合部分の発覚時から1年以内に、次のようなことを売主に求めることができます（民法562～564、566）。

① 修補・追完（修理・不足物の引渡し・代替物の引渡し）

② 代金減額

③ 損害賠償

④ 解除

第○条（契約不適合責任）

Ｂは、引き渡された本件不動産が契約の内容に適合しない（以下、「契約不適合」という。）場合、Ａに対し、相当期間を定めた上で、本件不動産の修補、代替物の引渡し又は不足分の引渡しによる履行の追完を催告することができる。ただし、Ａは、Ｂに不相当な負担を課するものでないときは、Ｂが請求した方法と異なる方法による履行の追完をすることができる。

2　前項の催告にもかかわらず、Ｂが定めた期間内にＡが追完しない場合、Ｂは、Ａに対し契約不適合の内容に応じた代金の減額を求めることができる。

3　前２項の規定は、ＢのＡに対する損害賠償請求又は解除を妨げない。

⑷ 債権譲渡契約（債権の売買）

売買契約は、物（動産・不動産）だけでなく、目には見えない「権利（債権）」についても結ぶことができ、その場合「債権譲渡契約」と呼ばれることが一般的です（民法466）。

ただし、譲渡制限の付いている債権や、債権の性質から譲渡が予定されていないものもありますので、何でも売れるわけではありません。

売主と買主との間で債権譲渡契約が結ばれても、債務者にとっては、債権者が別の人に変わった（債権が譲渡された）ことがわかりにくいので、譲渡人（債権の売主）が債務者にそのことを内容証明郵便などで通知をするか、あるいは債務者が承諾をしなければ、債権譲渡の事実を債務者その他の第三者に主張することができないことになっています（民法467）。

債権譲渡通知書

私が令和○年○月○日付で貴殿に売り渡した○○の代金○○万円の債権を、令和○年○月○日付債権譲渡契約により、B(連絡先住所等：○○)に対して譲渡いたしましたので、本書面をもって、その旨ご通知いたします。

以後、上記債権の弁済は、Bに対して行うようお願いいたします。

税務のポイント

家族間で売買契約を締結した際、所得（もうけ）が生じた場合には、原則として譲渡所得となります。ここでは、土地建物などの不動産を売却(以下、譲渡という）したことを想定して実務上の留意点を解説します。

自ら取得しその不動産を譲渡する場合には、譲渡収入から取得費（建物であれば減価償却後）を差し引きます。ここで、取得費が不明の場合には、収入金額の5％しか取得費として認めてもらえませんので、売買契約書などは大切に保管しておく必要があります。また、不動産を親から相続・贈与での承継後に譲渡した場合、親の取得日や取得費を引き継いで計算します。

次に、所有期間が5年超の長期譲渡所得（20.315％）と5年以下の短期譲渡所得（39.63％）に区分されますが、この場合の所有期間の判定日は、譲渡した年の1月1日現在で判定する必要があります。具体的には、令和3年4月1日に譲渡する場合、平成27年12月31日までの取得であれば長期譲渡所得、平成28年1月1日以後の取得であれば短期譲渡所得となります（イメージは、取得日から5年経過後の年末までに譲渡すると短期譲渡に該当します）。

そして、不動産を譲渡する場合、各種特例が認められていますが、家族間での譲渡の場合には、ほとんどが認められません。例えば、自宅などの居住用不動産を譲渡する場合、譲渡所得から3,000万円を控除できますが、家族間での売買には適用できませんので、注意が必要です。

家族間での売買契約の場合、第三者に譲渡する（800万円）よりは低い金額（500万円）で譲渡してもいいという気持ちが生じそうです。しかし、この場合には、差額（300万円）に贈与税が課されますので、注意が必要です。家族間で譲渡した場合、税務署もいくらで譲渡したのかを注視しますので、いくらで譲渡するか慎重に検討をしてください。

■コラム■

法務系士業の得意分野

行政書士、司法書士、弁護士は、法的な事柄を扱うという意味では共通していますが、それぞれ得意分野が違います。

一般の方にはわかりにくいと思いますので、簡単に説明しましょう。

行政書士は、業務の内容が実に幅広いです。飲食業、建設業、産廃業の許可、外国人のビザや帰化に関する業務、相続に関する業務など、行える業務は1万種類を超えるともいわれています。その中でも、法務系を得意とする行政書士は、権利義務又は事実証明に関する証書の作成と相談を行っています。遺産分割協議や離婚協議が整ったので書面にしておきたい場合や、遺言の内容を検討したので遺言書を作成したいというような場合です。しかし、遺産分割協議や離婚協議などで、紛争がある場合には業務を行うことができません。

逆に、紛争がなければ、各当事者間に中立な立場でアドバイスを行うことができます。例えば、遺産分割協議について家族みんなで基本的な法律のことを相談したいというような場面です。そして、協議がまとまった際には、内容を書面にすることができます。しっかりとした書面を作成することで、後々のトラブルを避けることにも繋がります。このように、行政書士は争いを予防することを得意とする予防法務の専門家です。トラブルになっていないうちに、まずは気軽に法務系の行政書士に相談してみることをお勧めします。

司法書士は、法務局や裁判所に提出する書類の作成や登記申請の代理が主な業務となります。不動産を購入したことがある人なら、依頼したことがあると思います。

家族間の契約においては、遺産分割協議書、家族信託契約書、売買契約書、贈与契約書など不動産の登記手続が関連する契約書の作成を行うことが多いでしょう。行政書士と同様に、紛争性がなければ、書類作成に必要なアドバイスをすることも可能です。

弁護士は、法的な事柄であれば全般的に対応することができますが、「法的な紛争（複数人間のトラブル）」は、弁護士にしか取り扱えない独占分野です。交渉や裁判の場で、当事者の「代理人」として紛争の解決に当たります。

また、弁護士の中にもそれぞれの得意分野があり、例えば、企業法務、交通事故、知的財産権、相続、債権回収、刑事事件……などです。弁護士に相談する際には、その分野を中心に取り扱っており知識・経験の豊かな弁護士を選ぶようにしましょう。また、法的な紛争は解決までに長い期間がかかることが多いので、自分と相性の合う弁護士を見つけるのも大事なポイントです。

2　株式譲渡契約

1　株式譲渡契約とは

株式とは、株式会社のオーナーの地位を細分化したものということができます。

株式を保有し、オーナーの地位にある株主は、

・配当金を受け取る権利（会社法105①一）

・株主総会で議決権を行使する権利（会社法105①三）

などの権利を持っています。

この株式は原則として自由に譲渡できますが（会社法127）、例外として、法律や定款による譲渡制限が定められている場合や、一部の株式にだけ譲渡制限が設けられている場合もあります。本項で扱う「株式譲渡契約」は、株式の保有者が相手方に株式を譲り渡す合意のことですが、有償であれば売買契約、無償であれば贈与契約の性質を持つことになります。

「株式譲渡契約」は、当事者間の合意によって譲渡の効力が発生し、株主名簿の名義書換によって、会社及び第三者に対抗できることとなります。

株式というと、「有価証券」イコール「株券」を連想する人がいるかもしれませんが、現在の会社法においては、株券を発行しないのが原則であり、株券を発行することは例外的なものと位置付けられています。

2　株式譲渡を行う例

株式譲渡を行う例としては、例えば、次のようなケースが考えられます。

・父が長男に事業承継をするため、徐々に株式を譲渡する

・創業者である父の存命中は、子どもたち全員が少しずつ株式を持っていたが、父が亡くなり次男が経営することになったので、他の兄弟姉妹全員から次男が株式譲渡を受ける

・兄弟で会社を経営していたが折り合いが悪くなり、弟が兄に全株式を譲渡して手を引くことになった

契約書例　**父が長男に事業承継をするため株式を譲渡するケース**

建設会社を創業したAさんは、70歳になったのを機に、会社を継ぐ予定の長男Bさんに株式の一部である300株を譲渡しようと考えています。

《譲渡前の株主構成》

父　A：1,000株

長男B：　300株

長　女：　100株

社　員：　100株

この場合の契約書例を見てみましょう。

株式譲渡契約書

AとBは、本日、Aが所有する株式会社〇〇建設の株式の譲渡について以下のとおり契約する。

第1条（株式譲渡の合意）

AはBに対し、本日、Aの所有する以下の株式（以下「本件株式」という。）を以下の譲渡代金にて譲渡し、Bはこれを譲り受けることを合意した。

発行会社	株式会社〇〇建設
株式の種類	普通株式
株式数	300株
譲渡代金	〇〇円（1株〇〇円）

第2条（代金の支払い及び株式譲渡承認請求）

Bは、Aに対し、令和〇年〇月〇日限り、前条の譲渡金額をAの指定する以下のA名義の預金口座に振り込む方法によって支払う。

〇〇銀行　〇〇支店　普通預金　口座番号〇〇〇〇

2　本件株式の所有権は、Ｂによる前項の代金支払と同時にＢに移転するものとする。

3　Ａは、第１項の代金支払から○日以内に、本件株式の譲渡につき、発行会社に対する株式譲渡承認請求を行う。

4　Ａ及びＢは、発行会社の承認（みなし承認を含む。）から○日以内に、共同して発行会社に対する株主名簿書換請求を行う。

第３条（表明保証）

Ａは Ｂに対し、以下の事項を表明し保証する。

(1)　発行会社の発行済株式総数が1500株であること

(2)　本件株式に質権の設定などの株主権の行使を妨げる可能性のある瑕疵が存在しないこと

(3)　発行会社の財務内容は直近会計年度末の決算書類及び令和○年○月○日作成の残高試算表のとおりであること

(4)　発行会社には、令和○年○月○日付貸借対照表及び損益計算書に記載のない簿外債務が存在しないこと

第４条（解　除）

Ａ又はＢが本契約に違反した場合、相手方は相当期間を定めて催告の上、本契約を解除するとともに、損害賠償請求をすることができる。

第５条（法令及び協議による解決）

本契約書に定めのない事項については会社法その他の法令に従うものとし、本契約書の条項の解釈に疑義が生じた場合には、ＡＢ双方が誠意をもって協議し解決するものとする。

以上を証するため本契約書を２通作成し、ＡＢが各自署名押印の上、１通ずつ保有する。

令和○年○月○日

氏名　　　Ａ　　　㊞

氏名　　　Ｂ　　　㊞

3　解説と留意点

(1)　譲渡制限株式の譲渡

譲渡制限のある株式を譲渡しようとする場合、譲渡人又は譲受人は、会社に対してその譲渡を承認するよう請求することができます（会社法136～138）。

この場合、会社は株主総会等の所定の機関で承認するか否かの決議を行い、請求者に対してその結果を通知しなければなりません（会社法139）。

会社が承認すれば有効に株式譲渡ができますが、承認しない場合には、会社又は会社の指定買取人がその株式を買い取ることになります(会社法140)。

もし２週間経っても会社が承認の通知をしない場合は、請求が承諾されたものとみなされますので、注意しましょう（会社法145一）。

譲渡人による株式譲渡承認請求書

私は、私が保有する貴社の普通株式を次のとおり譲渡するに当たって、会社法第136条及び第138条第１号に基づき、貴社に対して株式譲渡の承認を請求します。

貴社が承認しない旨の決定をした場合には、貴社又は会社法第140条第４項により貴社の指定する買取人が買い取ることを請求します。

(1)　譲渡する株式の種類及び数

普通株式300株

(2)　譲渡の相手方

住 所：○○

氏 名：○○

(2) 株主名簿の書換え

不動産売買でいう登記に当たるのが、株主名簿の書換えです。

これは、株式の譲受人と譲渡人が、会社に対して共同で株主名簿書換請求を行うことになりますが、例外的に、相続など譲受人が単独で請求できる場合もあります（会社法133）。

これによって、譲受人は、自分が株主であることを会社や譲渡人以外の第三者に対して主張できるようになるのです（会社法130）。

新たに株主となった譲受人は、株主名簿の書換えを済ませた後、会社の株主名簿に自分の名前がちゃんと掲載されているかどうかを確認するため、会社から「株主名簿記載事項証明書」の交付を受けることができます（会社法122）。

(3) 専門家の活用

株式の譲渡をするに当たっては、株主総会を開いて譲渡の承認をしたり、株主名簿の書換えをしたりするほか、譲渡所得税の申告など、譲渡人・譲受人ばかりでなく、会社側にとっても案外面倒な手続がたくさんあります。

「関係者は家族しかいないから」といって、適当に済ませていると、後に譲渡の効力が否定されたり、思わぬ事態になりかねません。税理士などの専門家を活用して、確実な手続をしておきましょう。

税務のポイント

本項では、上場していない株式会社のオーナーが保有する株式（非上場株式）を家族へ有償で譲渡することを前提とします。

株式を譲渡した場合に生じる所得は譲渡所得に分類され、他の所得とは合算されない20.315%（所得税15.315%、住民税5%）の申告分離課税の対象となります。平成28年1月1日以後、上場株式の譲渡損益と非上場株式の譲渡損益は損益通算できません。つまり、非上場株式で譲渡益が生じ、上場株式で譲渡損失が生じた場合（逆も同様）でも、これらを通算できないことになっています。また、非上場株式に譲渡損失が生じた場合であっても上場株式の場合のように繰越処理（3年間）はできません。

税務署からの指摘が多くなるのが当該株式をいくらで評価するのか、という論点です。同じ株式であるにもかかわらず、譲渡する相手によって時価が異なるという現象が起こります。詳細は割愛しますが、家族間で適用される時価は相続や贈与により取得する際の評価額が一般的とされています。したがって、不動産の譲渡と同様、家族間の場合には、時価よりも低い金額で譲渡するケースが多くなりますので、時価（800）と実際の譲渡金額（500）との差額（300）は贈与税の課税対象となりますので、注意が必要です。

■コラム■

家族間契約と電子契約

■電子契約とは

近年、業務効率化やコスト削減のために「電子契約」を導入する企業が増加しています。また、それに伴い電子契約サービスを提供する企業数も増加しています。

電子契約とは、インターネット上で電子データをやり取りし、電子署名などを行うことによって締結する契約をいいます。電子データは企業のサーバーやクラウドストレージに保存されます。

電子契約によって契約を締結したとしても、もちろん契約は有効です。紙の契約書には「印鑑」を押すことが一般的ですが、電子契約においては「電子署名」が印鑑の役割を果たすことになります。

■電子契約のメリット

電子契約には以下のようなメリットが挙げられます。

①　コスト削減

電子契約の導入によって、紙の契約書と比べてさまざまなコストを削減することができます。

紙で契約書を準備する場合、印刷代、切手代、準備にかかる人件費、収入印紙代などがかかりますが、電子契約の場合これらのコストはかかりません。

② 業務の効率化

電子契約の導入によって、契約締結までの時間を短縮することができます。紙の契約書の場合、製本、押印、発送と契約締結まで時間がかかりますが、電子契約の場合、インターネット上で短時間で行うことが可能です。

また、紙の契約書の場合、契約書の原本を見つけるのに時間がかかってしまうことがよくありますが、電子契約の場合にはデータで保存してあるので検索が容易にできます。

■家族間契約と電子契約

電子契約の普及は進んではいるものの、現状は「企業と企業の契約」や「企業と個人の契約」において利用されているケースが多いようです。

本書で解説しているように家族間の契約が電子契約で締結されているケースはまだ少ないといえるでしょう。

しかし、新型コロナウイルス感染防止の影響によってテレワークやオンライン面談が急速に普及した昨今、非対面で契約が締結できる電子契約の需要も今後は高まっていくでしょう。そう遠くない将来に「紙の契約書」を見かけることがなくなるかもしれません。

3　金銭消費貸借契約

1　金銭消費貸借契約の基本

「金銭消費貸借契約」というのは、一言でいうと「お金の貸し借り」です。

貸主が借主に金銭を渡し、一定期間経過してから借主が貸主に金銭を返すという約束をするという合意がその本質的な内容になります（民法587）。

民法改正前までは、まず金銭を渡してから、あるいは金銭を渡すのと同時に金銭消費貸借契約書を交わすことになっていましたが、民法改正後は、これから金銭を渡すという場合（諾成的金銭消費貸借契約）も含めて金銭消費貸借契約書の中で合意することができるようになりました（民法587の2）。

「お金を返す」という約束については、返済期限を明確に「○年○月○日限り」と定めることが普通ですが、期限を定めないこともできます。

期限を定めない場合には、貸主がいつでも返済を催促することができます。借主は催促があったときから相当期間（通常金銭を銀行から下ろしたりして用意するのに必要な期間）内に返済しなければなりません（民法591）。

貸付期間中の利息は、貸主と借主が利率を定めて特に合意した場合にのみ発生します（民法589）。

返済期限を超過した後の利息は「遅延損害金」と呼ばれ、これは特に合意がなくても発生し、その場合の利率は「法定利率」になります。民法改正前はこの法定利率は原則として年5%と定められていましたが、今の社会状況にそぐわない高利率なので、民法改正によって当面は年3%とされ、以後3年ごとに見直されることになりました（民法404）。

特に合意をして決めた利息や遅延損害金の利率を「約定利率」ともいいますが、いくらでも好きなように決められるわけではなく、以下のとおり一定の上限があります（利息制限法1、4①）。

貸借の元本金額	利息の上限	遅延損害金の上限(左欄の 1.46 倍)
10 万円未満	年 20%	年 29.2%
10 万円～100 万円未満	年 18%	年 26.28%
100 万円以上	年 15%	年 21.9%

金銭消費貸借契約の場合には保証人を付けることがよくありますが、保証契約は他の契約と異なり、口約束だけでは法的効果がなく、必ず書面又は電磁的記録を用いて契約しなければなりません(民法 446②・③)。「保証契約」と「連帯保証契約」との主な違いは、単なる保証契約の場合は債権者に対して「まずは主債務者に対して請求してください」(催告の抗弁)、「まずは主債務者の財産から取立てをしてください」(検索の抗弁)といえるのに対して、連帯保証契約の場合にはそれらの抗弁がいえず、連帯保証人が主債務者より先に請求や財産の取立てをされてしまう場合もあるという点です（民法 452～454)。

2　家族間の金銭消費貸借契約の例

家族間の金銭消費貸借契約としては、例えば、次のようなケースが考えられます。

・マイホーム資金を親から借りる
・商売の運転資金を親から借りる
・留学費用を親から借りる
・シングルマザーが子どもの教育費を兄から借りる
・親の入院費用を叔父から借りる

契約書例　マイホーム資金を妻の父親から借りるケース

会社員のAさんは、2人目の子どもが生まれたのをきっかけに、妻の実家の近くにマンションを買うことにしました。

Aさんがマンションの頭金 300 万円を妻の父親であるBさんから借り、Aさんの妻であるCさんがその連帯保証人となる場合の契約書の例を見てみましょう。

金銭消費貸借契約書

貸主Ｂと借主Ａ及び連帯保証人Ｃは、次のとおり契約を締結する。

第1条（金銭消費貸借）

Ｂは Ａに対し、本日、Ａのマンション購入の頭金として金300万円を貸し渡し、Ａはこれを借り受けた。

第2条（返済期限）

ＡはＢに対し、前条の金員を、金2万5,000円ずつ120回に分割して、令和△年4月から令和×年3月まで毎月末日限りＢの指定する預金口座に振り込む方法によって返済する（振込手数料はＡの負担とする。）。

第3条（期限の利益喪失）

Ａが次の事由に該当した場合は、Ｂの催告を待たずに期限の利益を失い、ただちに残金を支払うものとする。

⑴　前条の支払いを2回怠り、その金額が5万円に達したとき

⑵　民事再生、若しくは破産の申立てがなされたとき

第4条（遅延損害金）

Ａが前条により期限の利益を喪失したときは、その翌日から支払済みまで、残金に対する年2%の遅延損害金を支払うものとする。

第5条（連帯保証）

ＢとＣは、ＡがＢに対して有する上記貸金債務について、ＣがＡと連帯して保証することを合意した。

2　ＢからＣに対する履行の請求は、Ａに対しても、その効力を生じるものとする。

第6条（当事者間の協議）

本契約に関して事情の変更が生じたとき又は紛争が生じたときは、ＡＢＣが誠意をもって協議し解決するものとする。

以上を証するため本書を３通作成し、ＡＢＣが各自署名押印の上、１通ずつ保有する。

令和○年○月○日

貸主

住所

氏名　　Ｂ　　㊞

借主

住所

氏名　　Ａ　　㊞

連帯保証人

住所

氏名　　Ｃ　　㊞

3　解説と留意点

⑴　利息を発生させる場合の書き方

利息を発生させる場合には、次のような条項を入れておくとよいでしょう。この場合の元金は残元金のことですので、借主が返済するたびに減っていくことに留意してください。

第○条（利息）

Ｂは、Ａに対し、元金に対する年○％の利息を支払う。

⑵　保証（連帯保証）に関する留意点

保証（連帯保証）については、今回の民法改正でさまざまな点が変更されましたので、以下に主な点を挙げておきます。

家族間に限らず、自分が保証人になったり、誰かに保証人になってもらったりする場合には、よく気を付けましょう。

①　保証人について生じた事由の主たる債務者への影響

上記契約書例の第５条第２項は、民法改正によって「連帯保証人について生じた事由の一部（履行の請求、免除、時効の完成）は主たる債務者に効力を及ぼさない」とされた点（民法458）について、特約で異なる定め（連帯保証人に生じた履行の請求は主たる債務者にも効力を及ぼす）を設けたものです。

万一、主たる債務者と連絡が取れなくなった場合などに備えて、このような規定を設けておく例が多くなっています。

②　債権者から保証人への情報提供義務

・保証人から求められた場合、債権者は主たる債務者の返済状況等について情報提供しなければなりません（民法458の2）。

・主たる債務者が期限の利益を失った場合、債権者は２か月以内にそのことを保証人に通知しなければなりません（民法458の3）。

③　その他の主な改正点

・個人の根保証（保証対象が不確定金額になっているタイプの保証）の場合には極度額（上限金額）を定めておかなければなりません（民法465の2）。

・事業のために負担する債務が保証対象となる場合には、契約締結時に、主たる債務者から保証人に対して自己の資力（財産、収支、他に負担している債務の状況等）について情報提供をしなければなりません（民法465の10）。

⑶　抵当権を設定する場合の留意点

金銭消費貸借契約に伴って、その貸金債務を担保するために借主又は第三者の不動産に抵当権を設定することも考えられます。

その場合にはその不動産の抵当権設定登記手続も必要ですし、住宅ローンの関係で金融機関のために第１順位の抵当権が設定されており、第２順位以下の抵当権では事実上意味がないこともあるでしょう。

家族間だけで取り決める前に、登記手続を依頼する司法書士その他の専門家に相談してみることをお勧めします。

抵当権設定をする場合には、別途「抵当権設定契約書」を作成することが通常ですので、金銭消費貸借契約書の中では、次のような条項によって、別途抵当権設定手続を行うことの確認をしておくとよいでしょう。

第○条（抵当権の設定）

Bは、Aに対する第1条の債務の履行を担保するため、Aの所有する下記不動産の上に、Bのために順位○番の抵当権を設定することとし、そのために必要な手続をBの費用負担において別途行う。

記

……（略）……

(4) 公正証書を別途作成する場合の留意点

金銭消費貸借契約書の内容を後日公正証書として作成する予定がある場合には、次のような条項を入れておくとよいでしょう。

第○条（公正証書の作成）

A、B及びCは、本契約書の内容につき、執行認諾文言付公正証書を作成する。

(5) 借用書との違い

「お金の貸し借り」の合意については、「借用書」というタイトルの書面を作成することもよくあります。

法的効果としては、金銭消費貸借契約書も借用書も同じですが、形式が少し異なります。金銭消費貸借契約書は貸主、借主、場合によっては連帯保証人も含めて契約当事者全員の署名押印がされていますが、借用書は、借主のみ(又は借主及び連帯保証人)が署名押印をして貸主に交付しておくものです。

「契約内容について貸主も合意している」という点を明らかにしておくためには、借用書よりも金銭消費貸借契約書のほうがより望ましいといえるでしょう。

税務のポイント

家族間における金銭消費貸借契約は実務上、頻繁にあります。よく見かけるのは、住宅ローンの代わりに親から現金を借りるケースです。親から現金を借りる場合には、住宅ローン控除の適用はありませんので注意が必要です。

また、家族間における金銭消費貸借契約において、返済をまったくしていなかったり、途中から返済が止まっている事実が散見されます。この場合、金銭の授受につき税務署側から贈与と認定され、贈与税が課税される可能性があります。そうならないためにも、家族間であっても、①契約書の作成（元利金の弁済を定め、公証役場で確定日付を取ることが望ましい）、②借主の返済能力や返済方法の合理性、③元利金の返済実績（エビデンスあり）等の確保をしておくことが望ましいといえます。

そして、家族間における金銭消費貸借契約を行う際、無利息や低金利で実行する場合も散見されます。税務上、貸主（親）側には原則として問題は生じませんが、借主（子）側には経済的利益を受けたものとして贈与税の課税対象となります。もちろん、贈与税の基礎控除（年間110万円）以下である場合には結果として問題は生じないことになります（相続時精算課税制度の選択なしを前提）。

4　債務弁済契約

1　債務弁済契約とは

「債務弁済契約」というのは、すでに当事者間で何らかの債権債務が生じているという状況下で、その弁済方法を改めて合意する契約です。

通常は、売買契約（25ページ参照）や金銭消費貸借契約（40ページ参照）のように、何もない状態から債権債務を発生させるような契約が結ばれます。

ところが、家族間の場合には、口約束で済ませて曖昧になってしまっていたり、契約書はあるけれど取立てがしづらかったりして、すでに契約としては存在するものの、代金の支払いや借金の返済などの債務の弁済が滞ってしまう場合も多いといえます。

そのような場合に、「今後の弁済方法を改めて合意しましょう」という「仕切り直し」をするのが、この債務弁済契約なのです。弁済期限の延長や分割払いなど、債務者の支払いを猶予する内容のものにすることもできます。

似たような機能を持つ契約として「準消費貸借契約」（本当は金銭を借りたわけではないけれども、立替金や損害賠償などが原因で何らかの支払いが生じたときに、債務者が債権者から金銭を借りたことにしてその返済を約束する契約）がありますが、「債務弁済契約」のほうが一般の人にとって読んでわかりやすい内容となっているため、実務では「債務弁済契約」を用いることが多く、あまり「準消費貸借契約」という用語は見かけなくなりました。

債務弁済契約の主な役割は、以下の２つになります。

①　債務の存在を確認する

②　債務の弁済方法を確認又は変更する

(1)　債務の存在を確認する

「債務の弁済」を取り決めるだけなのだから、わざわざ「債務の存在」という当たり前のことを確認する必要はないのでは？　と思われるかもしれません。

しかし、当事者間に複数の債権債務があることも考えられますし、ただ金銭を払うだけでは、何に対して支払ったのかが不明なので、「○年○月○日に交わした○○契約に基づく○○債務として○○万円の支払義務」や「○年○月○日に○○において発生した○○という事故による不法行為に基づく損害賠償債務として○○万円の支払義務」などの特定をし、債務の内容を確認しておく必要があります。

(2) 債務の弁済方法を確認又は変更する

債務の弁済方法については、当初の約束と同じ内容を定めることもできますが、債務弁済契約を作るという段階では、すでに債務者の信用不安が生じているという背景もあり、弁済期限の延長や分割払いなど、最初に取り決めていた弁済方法を猶予する方向で変更する内容になることが多いです。

遅延損害金を定めたり、保証人を付けたりする点については、金銭消費貸借契約の項（40ページ）を参照してください。万一の場合を考えて公正証書の形で作ることも検討するとよいでしょう。

2　債務弁済契約の例

債務弁済契約を締結する例としては、例えば次のようなケースがあります。

・「あとで返す」と言って母から借りた海外旅行費用について、改めてその返済方法を取り決める
・長男の経営する会社に貸した事業資金について、その支払期限を延長する
・相続人間で遺産分割協議書を交わして代償金を支払うことになったが、マンションが思うような値段で売れなかったので、一括では払えず分割払いにする

契約書例　父親から借りた事業資金を分割払いするケース

Bさんは、5年前にレストラン開業資金として父親のAさんから300万円を借りました。

これまでも「あるとき払い」で少しずつ返してきたのですが、レストラン経営が軌道に乗ってきたので、今後は毎月決まった金額を分割

弁済することができそうです。
Aさんは、「わざわざ契約書なんて作らなくてもいいんじゃないか」と言っていますが、Bさんとしては、Aさんが亡くなって相続が発生した際に、妹のCさんから「あのときの開業資金は父が兄に贈与したものだから特別受益に当たる」と言われることも想定し、債務弁済契約書を取り交わして弁済は銀行振込にして記録化しておきたいと考えています。
この場合、どのような契約書を取り交わせばよいでしょうか。

債務弁済契約書

債権者Aと債務者Bは、次のとおり、債務弁済契約（以下「本契約」という。）を締結する。

第１条（債務の承認）
Bは、Aに対し、平成○年○月○日にレストラン「○○」の開業資金としてBがAから期間の定めなく借り受けた300万円の残債務として、本日現在、金256万円の支払義務があることを認める。
第２条（弁済方法）
Bは、Aに対し、前条の残債務を次のとおり分割して毎月末日限りAが指定する預金口座に振り込んで支払う（ただし、振込手数料はBの負担とする。）。なお、月末日が土日祝日の場合は、その直後の平日を支払期限とする。
⑴　令和○年○月から令和○年○月まで　３万円ずつ
⑵　令和○年○月から令和○年○月まで　５万円ずつ
第３条（期限の利益喪失）
Bが次の各号に該当し、かつ、Aが請求した場合には、Bは前条による期限の利益を喪失し、Aに対し、第１条の金額から既払金額を除いた残額をただちに支払う。

⑴　前条の分割払を３回以上遅滞し、かつ、その額が合計１０万円を超えたとき
⑵　Ｂが第１条のレストラン経営を止めたとき
⑶　上記のほかＢとの信頼関係が失われたとＡが判断したとき
２　前項の場合、ＡはＢに対して遅延損害金の支払いを請求しないものとする。

第４条（清算条項）

ＡとＢは、ＡとＢとの間には、本件に関し、本契約書に定めるほか何ら債権債務がないことを相互に確認する。

第５条（公正証書作成）

Ｂは、Ａの請求があったときは、本契約による債務の履行について強制執行認諾文言付の公正証書を作成するために必要な手続を行う（ただし、公正証書作成費用はＢの負担とする。）。

第６条（管轄裁判所）

本契約に関する紛争については、東京地方裁判所を第一審の専属合意管轄裁判所とする。

以上を証するため本契約書を２通作成し、ＡＢがそれぞれ署名押印して１通ずつ保有する。

令和○年○月○日

氏名　　Ａ　　㊞
氏名　　Ｂ　　㊞

３　解説と留意点

⑴　既払い金額と残債務額の確認

債務弁済契約の場合、すでに契約が発効しており当初の契約で取り決めた弁済期が到来していることもあるでしょう。

すでに一部について弁済が行われている場合には、既払い金額と残債務額

を明記しておく必要があります。

(2) 清算条項（上記契約書第４条参照）

「清算条項」というのは聞きなれない言葉かもしれません。何かのトラブルや疑義のある事態を収束させるための契約書でよく使う条項です。

簡単にいうと、「この契約書で決めたこと以外には、当事者間に何も法的な権利義務関係は存在しない」という意味を持っています。せっかく取決めをしたと思ったら、「いや、まだ他にもある」ということで協議を続けなければならないのは、「後出しジャンケン」のようで気分が悪いので、それを回避するための条項といえます。

もっとも、家族間契約の場合は、お互いに扶養義務（民法877①）を負っている間柄であることが多いため、それをも否定するわけではないという意味で、上記契約書例のように「本件に関し」という限定を入れることもよくあります。

(3) 債務免除

上記契約書例では当てはまりませんが、家族間契約ならではの条項という意味で、「債務免除」の条項を紹介しましょう。債務免除は、いったん債権債務が発生したことを前提に、それを債権者の意思表示によって消滅させるという効果を持っています。

第○条（債務免除）
　Ａは、Ｂに対し、第○条の債務を免除する。

上記は無条件の債務免除の例ですが、次のように条件を付けることもできます。

第○条（条件付債務免除－①）
　将来ＢがＡと同居を開始したときには、Ａは、Ｂに対し、第○条の債務のうち、同居開始時点における残債務を全額免除する。

第〇条（条件付債務免除－②）
Bが期限の利益を失うことなく第〇条の債務を弁済し、その既払い金総額が100万円に達したときは、Aは、Bに対し、残金の支払義務を免除する。

(4) 代物弁済

代物弁済とは、本来の債務の弁済（例えば金銭）の代わりに別のもの（例えば不動産）をもって弁済することをいいます。これは債務者の一存でできることではなく、債権者と債務者が合意して初めて可能になります。

第〇条（不動産による代物弁済）
Bは、第〇条のAに対する債務の代物弁済として、B所有の別紙物件目録記載の各不動産の所有権をAに移転する。

(5) 元の契約が明確に合意されていない場合

元の契約が明確でない場合、「債務弁済契約書」というタイトルであっても、実質的にはその書面をもって初めて債権債務を確定するというケースもあります。

社会一般では、クレーム処理の後始末や事故の損害賠償などで見られますが、家族間契約にも応用できます。その場合には、債務の承認の条項の中で債務の発生原因事実を明記しましょう。

第〇条（債務の承認）
Bは、Aに対し、令和〇年〇月から同年〇月にかけて行われたBの居住するA所有の建物の外装修繕工事にかかった総額〇万円の費用のうち、〇万円につき分担して支払う義務があることを認める。

税務のポイント

本項にもあるように、家族間での債務弁済契約は「仕切り直し」の側面を有しており、それまでの返済実績が滞っていることを意味します。金銭消費貸借契約のサイト同様、贈与認定されないよう、返済実績等の事実があることが必要になります。

仮に、債務免除する場合には、免除した側（貸主）では課税上の問題は生じませんが、免除を受けた側（借主）では贈与税の課税対象となります（基礎控除 110 万円以内や相続時精算課税の特別控除 2,500 万円以内であれば課税なし）。

また、不動産などを用いて代物弁済を行う場合、当該不動産に含み益があれば、課税上、譲渡所得の課税対象となります。家族間で子が親に代物弁済をすることは想定しづらいため、イメージとしては次のような場面が考えられます。子が第三者との間で金銭消費貸借契約を締結して借入を行い、子が金銭の代わりに親から相続した不動産による代物弁済で対応することが考えられます。ただし、子が資力を失い債務を弁済することが著しく困難であり、強制換価手続の執行が避けられない事情のもとで代物弁済が行われた場合には、譲渡所得は課されないことになっています。

5　賃貸借契約

1　賃貸借契約とは

「賃貸借契約」というのは、有償で他人に物を貸して使用収益をさせるという契約です（民法601）。

対象物は動産でも不動産でもよいのですが、ここでは不動産を中心に説明していくことにします。

⑴　賃料が安すぎると使用貸借とみなされる場合も

賃貸借契約と使用貸借契約（63ページ参照）とは、「賃料を払うか否か」という点で大きく違うのですが、家族間の賃貸借契約の場合は、家族であるという理由で賃料を相当安く設定している例がよく見られます。

あまり安く設定し過ぎると、いくら当事者間で「賃料」と呼んでいたとしても、実質的には「謝礼」「維持費などの実費負担」にすぎないとして、法的にも税務上も「使用貸借」と認定されてしまう場合があるので注意が必要です。

⑵　借地借家法の適用と賃貸借契約の終了

もうひとつ、賃貸借契約と使用貸借契約の大きな違いは、前者には借地借家法が適用されるが、後者には同法が適用されないという点です。

つまり、借主を保護するための法律である借地借家法の適用により、不動産の賃貸借契約の終了については以下のような制限を受けますので、貸主側から次期更新を拒絶したり解約を申し入れることは相当難しいものとなっているのです。

【土　地】

借地上に建物がある限り、借主が更新を希望すれば、貸主が遅滞なく「（法定更新への）異議の通知」をしない限り、それまでと同一条件で賃貸借契約が更新されたものとみなされます。これを「法定更新」といいます（借地借家法5）。

もっとも、上記の貸主による「異議の通知」には、後記**【正当理由】**の存在が必要です。

【建　物】

建物の貸主は契約期間満了日の1年前から6か月前までの間に、「更新拒絶通知」を借主に送らなければならず、この通知を怠ると、それまでと同一条件で賃貸借契約が更新されたものとみなされます。これを「法定更新」といいます（借地借家法26①）。

気がついたら残りの契約期間が6か月を切ってしまっていたという場合や、そもそも契約期間の定めがない場合には、上記「更新拒絶通知」ではなく「解約申入れの通知」をすることになります。

この「解約申入れの通知」から6か月経過後に契約終了の効果が発生することになります（借地借家法27①）。

もっとも、上記「更新拒絶通知」や「解約申入れの通知」には、後記**【正当理由】**の存在が必要です。

【正当理由】

上記「（法定更新への）異議の通知」「更新拒絶通知」「解約申入れの通知」は、ただ借主に通知するだけでは不十分であり「正当事由」が必要とされています（借地借家法6、28）。

この「正当事由」が認められないと、貸主側から賃貸借契約を終了させることができません。

では、どのような場合に「正当事由」が認められるのでしょうか。その目安は、下記の4点になります。

①　貸主及び借主（転借主を含みます）がそれぞれその不動産の使用を必要とする事情

（例）店舗を営んだり、自分が居住することなど

②　賃貸借に関するこれまでの経過

（例）借主の債務不履行の有無など

③　その不動産の現状や利用状況

（例）借主が実際はほぼ住んでいなかったり、目的外使用をしていたり、建物を建て替える必要があるなど

④　貸主が明渡しの条件として立退料の支払いを申し出たか否か

上記のうち、④の立退料はどちらかというと他の考慮要素に対して補完的に働くものです。よく「立退料の相場」を質問されますが、転居するための実費、店舗などとして使用していた場合の営業損害、住み慣れた場所から退去することによる慰謝料などの積上げ方式で交渉している例が多いように感じますし、地域の商慣習にもよるようです。

(3) 特別受益ではないことの証拠

独立して生計を立てている子どもから見れば、親と同居している兄弟姉妹は住居費がかからなくてうらやましいと映るものです。

将来親が亡くなったときに「親の家にタダで住んでいたことが特別受益だ」という主張が出てくることも時々あります。そのような主張が最終的に裁判で通るかどうかはともかく、余計な争いのタネを減らすためにも、実際に家賃相当額を払っているのであれば、賃貸借契約書も作っておくべきでしょう。

2 賃貸借契約の例

賃貸借契約を締結する例としては、例えば次のようなケースがあります。

・母親から土地を借りてマイホームを建て、年払いで地代を渡す
・親族の経営する駐車場を月ぎめで借りる
・姉の所有する投資用マンションを相場価格の９割程度で借りる

契約書例　父の所有マンションの１室を賃借したケース

離婚したＢさんは、父のＡさんが所有し経営しているマンションの１室を借りて、息子と２人で住むことになりました。

親子なので相場よりは少し安く貸してもらえるのですが、家賃は支払うつもりです。

他の姉妹たちから「ずるい」と陰口を言われたりしているようなので、後々相続で揉めないよう、きちんと賃貸借契約書を作っておきたいと考えています。

この場合、どのような契約書を取り交わせばよいでしょうか。

建物賃貸借契約書

貸主Aと借主Bは、以下のとおり、建物賃貸借契約を締結する。

第1条（賃貸借）

Aはその所有する下記建物（以下「本件建物」という。）をBに賃貸し、Bはこれを賃借することを約した。

所　　在　本町○丁目○番地○

家屋番号　○○番○

種　　類　居宅

構　　造　○○

床 面 積　○○㎡

第2条（期間）

本件建物の賃貸借期間は、令和○年○月○日から令和○年○月○日までの○年間とする。ただし、ABいずれかの申し出がない限り、本契約は同一条件で自動更新するものとする。

第3条（賃料）

本件建物の賃料は月額○万円とし、Bは毎月末日までに翌月分をAの指定する銀行口座に振り込んで支払う。なお、1か月に満たない月の賃料は、1年を365日とする日割計算とする。

第4条（賃料の増減）

前条の賃料は、AB間の親族関係に基づき近隣相場の約8割を目安に定めたものであり、本契約締結後○年間は変更しない。ただし、今後、公租公課や社会情勢の変動その他の事情により不相当となったときは、AB間で協議の上、賃料の増減をすることができる。

第5条（用途・目的）

Bは、本件建物をB及びその家族の居住目的で使用する。

第6条（貸主の承諾を要する事項）

以下の場合には、Bは事前にAの書面による承諾を受けなければならない。

⑴　本件建物の内装工事をするとき
⑵　賃借権の譲渡若しくは転貸又はこれらに準ずる行為をするとき
⑶　前条の用途・目的を変更するとき

第７条（解除）

Ｂが以下のいずれかに該当したとき、Ａは相当期間を定めた催告を行い、それにもかかわらずＢによる是正がなされない場合には、本契約を解除することができる。

⑴　賃料の支払いを６か月以上怠ったとき
⑵　その他本契約に違反し、AB間の信頼関係が失われたとき

第８条（原状回復）

本契約が終了したとき、Ｂは、Ａとの協議により定められた期日までに自己の所有又は保管する物品のすべてを自己の費用負担において撤去し、本件建物を原状に復した上でＡに明け渡すものとする。

２　前項の明渡し後にＢによる残置物が発見されたときは、Ａが自由に廃棄その他の処分をすることができるものとし、これに対してＢは異議を述べない。

第９条（誠実協議）

Ａ及びＢは、信義に基づき誠実に本契約を履行するものとし、本契約に定めのない事象が生じたとき又は本契約の解釈に疑義が生じたとき、AB間の協議によって円満に解決するよう努める。

上記のとおり契約が成立したので、本契約書２通を作成し、Ａ及びＢがそれぞれ署名押印の上、各１通を保管するものとする。

令和〇年〇月〇日

氏名　　Ａ　　㊞

氏名　　Ｂ　　㊞

3 解説と留意点

(1) 契約締結後の賃料の変更

借地借家法の適用がある賃貸借契約は、容易に更新拒絶や解約申入れができないこともあり、長期間にわたることが多いです。このため、以下のような事情を踏まえて、最初に取り決めた賃料の増減を相手方に求めることができます（借地借家法11①、32①）。

・対象物件の固定資産税が上昇又は下落したとき
・対象物件の市場価格が上昇又は下落したとき
・その他の経済事情の変動によって、現在の賃料が近隣の類似の賃料と比べて不相当な金額になったとき

ただし、一定期間は賃料を増額しない旨の特約がある場合にはその特約が優先します。

賃料の増減について協議がまとまらない場合には、簡易裁判所で賃料増額（又は減額）請求調停を経て（調停前置主義・民事調停法24の2）、それでも合意できない場合には、賃料増額（又は減額）請求訴訟において決着をつけることになります。

(2) 敷金（保証金）・礼金・契約更新料・名義変更料は必要か

家族間ではない他人間の賃貸借契約であれば、借主から貸主に対して契約当初に敷金（保証金）・礼金、契約更新時に更新料、借地の場合には相続などで借主が承継されるときに名義変更料を支払うことがよく行われています。

これらは民法等の法律で決められていることではなく、あくまで商慣習として行われているにすぎません。家族間で賃貸借契約を取り交わす場合には、これらの金銭の授受はしないのが通常といえるでしょう。

土地の賃貸借契約でしばしばトラブルとなるのが、更新料や名義変更料を支払うという定めが契約書上に記載されているものの、その金額が明確に記載されていないケースです。契約時には「更新するのはかなり先のことなので、そのときの状況に応じて協議すればよい」という考えなのでしょうが、片方又は両当事者が代替わり（相続が発生）していたり、何らかの理由で不

仲になっていたりすると、すんなりとはいきません。

家族間であるか否かを問わず、これらの金銭授受を定める場合には、金額まで明確に定めておきましょう。

(3) 賃料不払いへの対応

賃料の滞納に対して、貸主としては借主（及び連帯保証人）に対し、一般的には次のような順序で対応することになります。

① 電話や手紙その他の方法による督促

② 内容証明郵便による督促

③ 滞納が数か月分溜まって借主の支払いの目途が立たない場合、内容証明郵便による解除通知

④ 上記①、②に準じた方法で退去の督促

⑤ 賃料請求及び明渡訴訟の提起

⑥ 強制執行

家族間の場合には、実際には上記のような手段はとりにくいですが、いざというときのために知っておきましょう。

税務のポイント

実務上よくあるケースとして、親所有の不動産の上に子がマイホームを建てるケースを想定します。ここでは、子が親に地代を支払う土地賃貸借契約を締結し（権利金の支払いなし）、地代は土地の固定資産税相当額ではなく、固定資産税相当額の２倍（相当の地代以下）とします。

税務上、親子間の賃貸借契約であっても第三者間の賃貸借契約と同様と考え、子に借地権が設定されることになります。そのため、権利金などの一時金を支払う慣行がある地域で、権利金の支払いなしで借地権が設定された場合、権利金相当額の贈与があったことになります。いわゆる個人間における借地権の認定課税（贈与税）となり、子がこれを回避するためには、①使用貸借契約とする、②通常の権利金を親へ支払う、③税法で規定する相当の地代を支払う、などの対応を行う必要があります。

ここで、上記②、③で対応する場合には、親所有の土地は借地権付の土地（税

務上は貸宅地）となり、借地権相当額が控除されるため、相続税評価額の引下げ効果が生じます。また、小規模宅地等の特例対象（貸付事業用宅地等）の該当可能性が残ることになります。

■コラム■

「条件」と「期限」

■「条件」と「期限」の違い

契約の中では、ある法律効果を発生させたり消滅させたりするに当たって、「条件」や「期限」を付けることができます。

条件　将来それが実現するかどうかが「不確実」な事実の成否によって、法律効果を発生させたり消滅させたりすること。

その事実が成就すれば、ある法律効果が「発生」する場合を「停止条件」といい、「消滅」する場合を「解除条件」といいます。

[例]

停止条件：「娘が転職したら、母親が車を買ってあげる」という親子間の契約（転職を停止条件とする贈与契約）

解除条件：「息子が結婚したら、父親名義のアパートを出ていく」という親子間の契約（結婚を解除条件とする使用貸借契約）

期限　将来それが到来することが「確実」な時期の到来によって、法律効果を発生させること。

到来する「時期が明確」な場合を「確定期限」といい、到来することは確実だが「時期が不明確」な場合を「不確定期限」といいます。

[例]

確定期限：「今年の12月24日に両親を旅行に連れて行く」という親子間の契約

不確定期限：「今度雪が降ったら、雪かきを手伝ってあげる」という隣人間の契約

■「条件」を付けるときの注意点

家族間契約でも「条件」や「期限」を大いに活用して、家族間の関係性や状況の変化に対応した契約内容にすることがお勧めです。

ただし、契約に「条件」を付けるときには、次の4つの点に注意しないと、せっかく付けた条件がまったく意味のないものになってしまいます。

① すでに成就し、又は不成就が決まっていることを条件にしない

すでに成就した停止条件は無条件となり、解除条件は無効となります。また、すでに不成就が決まっている停止条件は無効となり、解除条件は無条件となります（民法131）。

② 不法な行為をすることやしないことを条件にしない

不法な行為をすることやしないことを条件にした法律行為は無効になります（民法132）。

③ 成就することが不可能なことを条件にしない

不可能な停止条件を付けた法律行為は無効となり、不可能な解除条件を付けた法律行為は無条件となります（民法133）。

④ 債務者の意思のみで決まることを停止条件にしない

単に債務者の意思のみで決まる停止条件の付いた法律行為（例：借主の気が向いたら金銭を返すという金銭消費貸借契約）は無効となります（民法134）。

6　使用貸借契約

1　使用貸借契約とは

「使用貸借契約」というのは、無償で他人に物を貸して使用収益をさせるという契約です（民法593）。

「無償で」という点が賃貸借契約と大きく異なる点であり、家族などの親しい間柄にある者同士に特有の契約であるともいえますし、契約書など作らないことのほうがむしろ通常かもしれません。

しかし、それにより後々困窮することになる人やトラブルが多いのも事実です。

例えば、借地借家法の適用がないため、契約期間が毎回更新されるとは限りませんし、貸主又は借主が死亡した場合（後記3⑴、⑵）、契約期間を定めなかった場合（後記3⑶）、借主による費用負担（後記3⑷）など、思わぬ落とし穴がひそんでいます。

見方を変えれば、使用貸借契約は、契約書を作る意義が最も大きい契約類型の1つといえるでしょう。

貸主と借主が厚意と信頼で結ばれている最初の段階で契約書を取り交わしておくことによって、困りごとやトラブルに発展する事態をある程度防ぐことができるのです。

2　使用貸借契約の例

使用貸借契約を締結する例としては、例えば次のようなケースがあります。

・海外出張中の兄から弟がマンションを無償で借りる

・父と共有になっている土地を息子が無償で借りてマイホームを建てる（土地共有持分の使用貸借）

・親戚から避暑地の別荘を無償で借りて1週間家族で過ごす

契約書例　祖母の土地を無償で借りて自宅を建てたケース

Ｂさんは、父方祖母のＡさんが所有している郊外の更地を無償で借りて、マイホームを建てました。契約書は作っていません。

最近、叔父や叔母がＡさんの相続対策のためと称して、税理士に依頼し、財産の調査を始めたようです。

Ｂさんは、父の勧めもあって、この際Ａさんとの間でこの土地の使用貸借契約書を作っておきたいと考えています。

この場合、どのような契約書を取り交わせばよいでしょうか。

土地使用貸借契約書

貸主Ａと借主Ｂは、以下のとおり、土地使用貸借契約を締結する。

第１条（使用貸借）

Ａは、Ｂに対し、下記の土地（以下「本件土地」という。）を無償にて使用させることとし、Ｂはこれを借り受ける。

所　在　　〇〇４丁目
地　番　　〇番〇
地　目　　宅地
地　積　　〇㎡

２　Ａは、前項に基づき、Ｂに対し、令和〇年〇月〇日に本件土地を引き渡した。

第２条（用途・目的）

Ｂは、本件土地を以下の用途・目的で使用するものとし、他の用途・目的のために使用しないものとする。

⑴　Ｂ所有の建物を建てて自宅として使用すること
⑵　物置などの附属設備を設置すること
⑶　自家用車の駐車場として使用すること

第３条（期間）

第１条の使用貸借の期間は引渡しの日から〇年間とし、期間満了の３か月前までにＡからＢに対して特段の申し入れがない場合、同じ条件で本契約が更新されるものとする。

２　前項の定めにかかわらず、Ａにおいて自己使用の必要が生じたときは、３か月前にＢに予告することにより、本契約を解除することができる。

３　前項の予告を受けたときは、Ｂは、期間満了までに本件土地を原状に復し、Ａに返還しなければならない。

第４条（費用負担）

Ｂは、本件土地に課せられる租税公課や修繕費用を負担するものとし、Ａは、本件土地に関していかなる費用も負担しないものとする。

第５条（善管注意義務）

Ｂは、常に善良なる管理者の注意義務をもって本件土地の維持管理をしなければならない。

第６条（転貸の禁止）

Ｂは、本件土地の用途・形状の変更、転貸又はこれらに準ずる行為をするときは、事前にＡの承諾を受けなければならない。

第７条（契約の解除）

Ｂが本契約の規定に違反した場合、Ａは本契約を解除することができる。

２　天災地変等により、本件土地が滅失・毀損してＢが第２条の用途・目的を達することができなくなったときは、Ａ又はＢは、本契約をただちに解除することができる。

第８条（誠実協議）

本契約に定めのない事項又は本契約の規定の解釈について疑義がある事項については、Ａ及びＢは、民法その他の法令及び慣行に従い、誠意をもって協議し解決するよう努める。

以上を証するため本契約書を２通作成し、ＡＢがそれぞれ署名押印して１通ずつ保有する。

令和○年○月○日

氏名　　A　　㊞
氏名　　B　　㊞

3　解説と留意点

(1)　貸主につき相続が開始した場合の権利関係

上記契約書例の祖母Aさんが亡くなった場合、この使用貸借契約はどうなってしまうのでしょうか。借主に目的物を使用収益させる、という貸主の債務が相続人に承継されるため、借主には影響がないのが原則です。

ただ、期間の定めのない使用貸借の場合には、後記(3)で述べるとおり、貸主の相続人から解除されてもやむを得ないケースが実際は多いでしょう。

最高裁判決によれば、貸主と同居していた相続人を借主とする建物使用貸借契約については、貸主の死亡から遺産分割成立までの間は、その使用貸借契約関係が存続するとされています（最判平成8年12月17日）。

(2)　借主につき相続が開始した場合の権利関係

上記契約書例のBさんに当たる借主が死亡して相続が開始した場合には、使用貸借契約は終了となります（民法597③）。

つまり、亡くなった人が無償で借りていた物があっても、相続人がその無償で借りる権利を引き継ぐということはできず、貸主に返さなければならないのが原則です。

そこで、例えば次のような条項を設けて、民法597条3項が適用されないようにしておくのも1つの方法です。

第○条（借主の死亡）
第○条の使用貸借は乙が死亡しても終了せず、本契約上の乙の地位はその相続人に承継されるものとする。

(3) 期間の定めのない使用貸借

上記契約書例では当てはまりませんが、使用貸借の存続期間を定めないこともできます。その場合、期間について契約書の中で何も触れないこともできますし、下記のように期間の定めがないことを明記することもできます。

> **第○条（期　間）**
> 　第○条の使用貸借の期間は、これを定めない。

ただし、期間を定めない使用貸借の場合、使用収益の目的を定めているかどうかで契約の終了時期が変わってきますので、気を付けましょう。

① 使用収益の目的を定めた場合
　その目的に従って使用収益を終えた時点で契約終了となるか（民法597②)、あるいは目的に従った使用収益をするのに十分な期間を経過した時点で貸主は契約を解除することができる（民法598①)。

② 使用収益の目的を定めなかった場合
　貸主はいつでも契約を解除することができる（民法598②)。

例えば、社宅を急に出なければならなくなった妹が「職場近くにアパートを見つけて引っ越すまでの仮住まい」という目的で兄宅の一部を期間の定めなく無償で借りた場合を考えてみましょう。

妹が実際にアパートを見つけて引っ越したら、そこで使用貸借契約は終了しますし、あるいは「通常はこのくらいの期間があれば上記目的は達せられる」という期間を過ぎた後に兄から解除することもできます。

一方、特に使用収益の目的を定めなかった場合には、兄から1週間後に解除されてもやむを得ないということになってしまいます。

子どもが親名義の家に住んでいる場合、うまくいっているときは何ら問題はないのですが、ひとたび仲が壊れると親子間であっても突然「出て行け」ということになり（上記②の解除)、紛争化するケースもあります。子ども自身が高齢化してからこのような事態になると自活が難しいことも多く、深刻な事態になります。目的を定めた使用貸借にするか、少しでも賃料を払って賃貸借契約を結ぶなど、無償で借りる場合にはリスク回避を考えておきましょう。

⑷　固定資産税などの費用負担

使用貸借の借主は、借りた物の「通常の必要費」を負担しなければなりません（民法595①)。

「通常の必要費」とは、固定資産税や都市計画税などのいわゆる公租公課といわれるもの、建物であれば火災保険料やマンション管理費、土地であれば草木の除去・剪定費などが考えられます。

もっとも、当事者間で上記とは異なる合意をすることも可能ですので、「タダほど高くつくものはない」ということにならないよう、事前に貸主と借主の間で費用負担を明確に取り決めておくことをお勧めします。

税務のポイント

実務上よくあるケースとして、親所有の不動産の上に子がマイホームを建てるケースを想定します。ここでは、子が無償で親から土地を借りる土地使用貸借契約を締結したとします（権利金の支払いなし)。

親子間で使用貸借契約が締結された場合、有償での賃貸借契約と異なり、仮に権利金などの一時金を支払う慣行がある地域で権利金を支払っていない場合であっても、税務上は借地権の認定課税に該当しません。つまり、子に贈与税の課税は生じません。これは親族間では無償での貸借関係が通常であることから昭和48年11月1日から認められた扱いです（使用貸借通達)。

また、有償であっても土地の固定資産税相当額しか子が親に支払っていない場合には、使用貸借であったと認定されることになっています。

この取扱いにおいては、親所有の土地は借地権の存在しない土地（税務上は自用地）となり、相続税評価額の引下げ効果が生じません。また、小規模宅地等の特例対象（特定居住用宅地等）の該当可能性が残りますが、その場合でも親子は生計一親族であることが前提となります。

第３章

さまざまな贈与

はじめに

贈与とは当事者の一方（贈与者）がある財産を無償で、相手方（受贈者）に与える意思表示をして、相手方がこれを受諾することによって成立する契約のことです（民法549）。「あげます」「はい、もらいます」というやり取りがあれば契約が成立します。たとえ口約束でも構いません。

親が子に贈与する、孫に贈与するという親族の間だけではなく、親族以外の他人に対して誰にでも財産を渡すことができるのが「贈与」です。

今までにこんなことはありませんか？

「彼氏に高価な宝石をプレゼントしてもらった」

「大阪のおばちゃんに飴ちゃんもらった」などです。

あげる人が「あげます」と言って、もらう人が「ありがとうございます」と言ってもらうのなら、互いに贈与の意思表示が成立するのです。

そんな日常的な贈与から、不動産など財産価値の高いものの贈与など、一口に贈与といってもその態様はさまざまです。

本章では、「贈与契約」「死因贈与契約」「負担付贈与契約」を取り上げていきます。

1　贈与契約

1　贈与の基本

「はじめに」にもあるように、贈与契約とは、「あげます」という意思表示をして、もらう人が「もらいます」と受諾することで成立する法律行為です。民法でも以下のように定められています。

●民法 549 条（贈与）

> 贈与は、当事者の一方がある財産を無償で相手方に与える意思を表示し、相手方が受諾をすることによって、その効力を生ずる。

つまり、契約書として書面を必要としておらず、お互いが合意をするやり取りがあれば契約は成立します。しかし、贈与契約において贈与契約書として書面を作成することをお勧めする場合がありますし、贈与契約書が必ず必要になる場合もあるのです。

贈与契約は当事者間の合意で成立しますので、契約書によらない口約束でも成立しますが、2つのリスクが考えられます。

1つめは、贈与契約があったのかどうかという問題です。口約束で贈与契約が行われ、贈与が完了したとします。その後、贈与するとは言っていないということで争いになることがあります。贈与した側は、契約は不成立なので贈与した財産の返還を求めるでしょうし、贈与された側は、契約は成立しているとして主張することになるでしょう。

2つめは、贈与契約は成立したが、財産の受け渡しが完了していない場合です。書面によらない贈与契約は、履行前であれば各当事者がいつでも撤回できてしまいます。贈与する側は、「やはり贈与はしない」とできますし、贈与される側も「やはり要らない」とすることができるのです。

トラブルを防止するためには、贈与契約書を作成しておくことをお勧めします。

贈与契約において、書面による契約書が必ず必要になる場合があります。

代表的な例としては、不動産の贈与です。贈与契約の有効性という点では、書面による契約書がなくても契約は成立しています。しかし、実務的な点では、贈与完了後に法務局で所有権移転登記を行うことになります。贈与される側は、所有権移転を行っていなければ、本当に不動産の所有者になっているのか第三者からはわからず、対象不動産の売却や不動産を担保にした借入などができないからです。

不動産の所有権移転登記には、法務局に提出しなければならない必要書類があります。その１つが「贈与を証する書面」であり、これが贈与契約書になるのです。

なお、不動産の贈与契約書を作成するに当たっては、他にも注意するべきポイントがあります。例えば、贈与する不動産の表示です。不動産を特定するためには、法務局で不動産登記簿謄本（登記事項証明書）又はインターネットで登記情報を取得し、土地であれば所在、地番、地目、地積の記載をします。建物であれば所在、家屋番号、種類、構造、床面積の記載をします。この記載は、住所と同じとは限りませんので必ず確認をしてください。

2　贈与の例

一般的に贈与は、以下のような場合に行われます。

・使用していない不動産を使用してくれる人に贈与したいとき
・相続対策のために金銭を子ども、孫に贈与したいとき

契約書例　共有持分の不動産を一部贈与するケース

父と母は、10年前に、長女Aのために金銭援助して土地を購入しました。そのため、この土地は父、母、長女Aが3分の1ずつの持分で所有しています。

しかし、長女Aは結婚し遠方に住むことになり、その代わり次女Bがその土地上に家を建てて住むことになりました。長女Aは、次女Bに持分を贈与することになりました。この場合、どのような契約書を取り交わせばよいでしょうか。

贈与契約書

ＡとＢは、以下のとおり贈与契約を締結する。

第１条（目的）

Ａは、所有する下記不動産をＢに贈与し、Ｂはこれを受諾した。

記

＜不動産の表示＞

所　在　○○区○○

地　番　○○番

地　目　宅地

地　積　○○．○○㎡

持分　３分の１

第２条　Ａは、Ｂに対し、令和○年○月○日までに、本件不動産を引き渡し、所有権移転登記手続を行う。

第３条　前項の所有権移転登記手続に必要な一切の費用は、Ｂの負担とする。

第４条　公租公課等の負担は、所有権移転登記の日をもって区分し、その前日分まではＡが、その日以後の分はＢが、それぞれ負担する。

上記のとおり契約が成立したので、これを証するため、本契約書２通を作成し、ＡＢ各署名押印のうえ、各１通を保有する。

令和○年○月○日

贈与者　住　所

　　　　氏　名　Ａ　㊞

受贈者　住　所

　　　　氏　名　Ｂ　㊞

3　解説と留意点

贈与契約書には、当事者の双方が署名押印をするのが一般的です。氏名を自署し、実印で押印するのと併せて印鑑登録証明書を添付します。

文章をパソコン等で作成をする場合など、署名ではなく氏名をはじめから記載しておく記名とすることもあります。贈与契約は口頭で成立するので、当然記名でも有効となります。しかし、後々の争いの防止を考えると署名、実印での押印と印鑑証明書を添付することをお勧めします。

民事訴訟法228条4項には、「私文書は、本人又はその代理人の署名又は押印があるときは、真正に成立したものと推定する」とあります。

つまり、贈与契約書に署名又は押印があれば、その契約書は本人の意思で行われたものだと推定されるのです。相手側から反論が出てくることも想定されますが、署名があり印鑑が実印であれば、その推定は強固なものになるからです。

税務のポイント

贈与税の課税制度は2つに大別されます。1つめは暦年課税、2つめは相続時精算課税です。暦年課税は年間110万円（平成12年12月31日までは60万円）の基礎控除といえば多くの方が理解可能な非常に有名な制度です。相続時精算課税は、平成15年1月1日から開始した制度で特別控除が2,500万円となっています。ただし、受贈者（子又は孫）は贈与者（父母又は祖父母）ごとに選択できますが、いったん選択すると選択した年以後贈与者が亡くなるときまで継続して適用され、暦年課税に変更することはできませんので、注意が必要です。

また、税務上、贈与税の各種特例制度があります。贈与税の配偶者控除（おしどり贈与）、住宅取得等資金贈与、教育資金一括贈与、結婚・子育て資金一括贈与、特定贈与信託（障害者用）などの非課税規定が多々ありますが、厳格な要件を満たすことで適用可能となりますので、贈与前に税務上の要件を満たしていることを必ず検討しておく必要があります。

令和3年度税制改正大綱において、相続税と贈与税の一体化の方向性を模索する記載があり非常に注目を浴びていますが、前述の相続時精算課税制度は一体化措置として導入されたものになります。しかしながら、現状では暦年課税との選択となっていますので、税制全体としての一体化とはいえません。今後、暦年課税の動向に注視する必要があります。

■コラム■

一身専属権とは

■一身専属権（いっしんせんぞくけん）とは

「一身専属権」という言葉を聞いたことがあるでしょうか。

一般的には、財産権は他人に譲渡したり相続で承継したりすることができると考えられています。

しかし、その人の個人的な属性に由来して発生した権利は、その性質上、他人に譲渡したり相続で承継したりすることができません。そのような権利のことを「一身専属権」と呼んでいます。

民法では、相続について「相続人は、相続開始の時から、被相続人の財産に属した一切の権利義務を承継する。ただし、被相続人の一身に専属したものは、この限りでない」と定められています（民法896)。

一身専属権には、例えば次のようなものがあります。

・タレントのTV出演契約など代替性のない権利義務
・雇用契約における使用者と被用者の権利義務
・委任契約における委任者と受任者（代理人）の権利義務
・使用貸借契約における借主の権利義務
・生活保護の受給権
・公営住宅の使用権
・著作者人格権

■一身専属権を誰かに譲渡するには

一身専属権に当たる権利義務を誰かに譲渡したい場合には、その受け取る人との間で新たな契約を結ぶことで同じ効果を得られる場合があります。

例えば、父親が息子Ａにマンションを無償で使わせていた（使用貸借契約）が､Ａが不慮の事故で亡くなってしまったというケースで、Ａの妻Ｂと子Ｃに引き続きそのマンションに住み続けてもらいたい場合を考えてみましょう。

ＢとＣがマンションの使用借権を相続する　→　×

※　一身専属権なので不可

父親とＢとの間で使用貸借契約を新たに結ぶ　→　◎

■慰謝料請求権

では、上記の例で事故の加害者に対してＡが請求できたはずの慰謝料請求権はどうなるのでしょうか。

精神的損害に対する慰謝料請求権は、一般的には精神的損害を受けたその人の気持ち次第という意味において一身専属権だといえますが、判例では､「被害者即死の場合、被害者に損害賠償請求権が発生し、相続人がこれを承継する」とされています（大審院大正15年2月16日判決）。

したがって､「ＢとＣはＡ固有の慰謝料請求権を相続によって承継し、事故の加害者に対して請求できる」ということになります。

このあたりの論理は、一身専属権が「帰属上の一身専属性」と「行使上の一身専属性」に区分されるという点にも関係してくるのですが、ちょっと難しい話になりますので省きます。興味がある方は調べてみてください。

2　死因贈与契約

1　死因贈与契約とは

死因贈与契約とは、「私が死んだら、あなたに○○（財産）をあげます」という意思表示をして、もらう人が「あなたが死んだらその○○（財産）をもらいます」と受諾することで成立する法律行為です。民法でも以下のように定められています。

●民法 554 条（死因贈与）

> 贈与者の死亡によって効力を生ずる贈与については、その性質に反しない限り、遺贈に関する規定を準用する。

つまり、遺言と似た効果と取扱いになるということです。それでは、遺言書ではなく死因贈与契約を活用するメリット・デメリットや注意することは何でしょうか。

その前に、まずは死因贈与が成立するために必要なことを挙げていきます。

死因贈与契約を行う場合には、成人に達していることが必要となります。現在では 20 歳以上ですが、令和 4 年 4 月 1 日からは 18 歳以上が成人になります。死因贈与は「契約」です。原則として制限行為能力者とされる未成年は締結することができません（例外については民法 5 条、6 条、753 条を参照）。一方、遺言書は、民法の定めにより 15 歳に達していれば作成をすることが可能です。

「契約」ということで考えると、書面によることなど厳格な要件を必要としていません。あくまでも「贈与」なので、贈与者と受贈者の双方の契約で成立し、口頭であっても構わないのです。とはいっても「あげると言われた」と相続人に主張してもなかなか受け入れられるものではありません。トラブルを防止するためにも書面で契約を行うことや、押印には実印を使用して印鑑登録証明書を添付することをお勧めします。

前述のとおり死因贈与は、遺贈に関する規定の準用となっています。ただし、死因贈与契約の方式については準用しないものと解されています（最判昭和32年5月21日民集11巻5号732頁参照）。そして、遺言書の検認（民法1004）についても準用されませんので、贈与者が死亡した後の検認も不要です。

2　死因贈与の例

死因贈与は、以下のような場合に行われます。

・財産を渡すに当たって、受遺者や相続人にあらかじめ知らせておきたいとき

・不動産を死因贈与契約によって生前に仮登記しておきたいとき（死因贈与については生前に不動産の所有権移転請求権の仮登記設定を行うことが可能）

・夫婦（同性婚を含みます）がお互いに財産を渡したいとき

契約書例　内縁の妻へ不動産を渡したいケース

離婚歴のある60代後半のAさんは、40代後半の内縁の妻Bさんと連れ添い10年が経ちました。

前妻のところに子どもが2人いますが、20年以上も連絡を取っていません。Aさんは、子どもに配慮して、Bさんと籍を入れることにはまだ躊躇していますが、一緒に住んでいる自宅に関してはAさん亡き後Bさんに安心して住んでもらいたいという思いがあります。

今回、死因贈与契約によって不動産をBさんへ贈与し、不動産の所有権移転請求権の仮登記を設定したいと考えています。

この場合、どのような契約書を取り交わせばよいでしょうか。

死因贈与契約書

　ＡとＢは、次のとおり死因贈与契約を締結する。

第１条　Ａは、Ｂに対し、下記の財産を贈与し、Ｂはこれを受諾した。

記

【土　　地】

所　　在	○○市○○町○丁目
地　　番	○○番○○
地　　目	宅地
地　　積	○○○．○○㎡

【建　　物】

所　　在	○○市○○町○丁目○○番地○○
家屋番号	○○番○○
種　　類	居宅
構　　造	軽量鉄骨造セメント瓦葺○階建
床面積	１階　○○．○○㎡
	２階　○○．○○㎡

第２条　本契約は、Ａの死亡によって当然に効力を生じ、贈与物の所有権はその時点でＢに移転する。

第３条　Ａは、本契約の執行者として、下記の者を指定する。

住　　所	○○○○
氏　　名	○○○○
生年月日	○○年○○月○○日

　以上を証するため、本契約書を２通作成し、AB各自署名押印の上、１通ずつ保有する。

令和○年○月○日

（住所）　○○○○
（氏名）　　　Ａ　　　㊞
（住所）　○○○○
（氏名）　　　Ｂ　　　㊞

<注意点>
不動産の名義変更が発生する場合に備え、実印にて押印し、印鑑登録証明書の原本を添付することが望ましい。

3 解説と留意点

遺言と死因贈与、一見同じように見えるにもかかわらず遺言のように厳格な要件がなく、手続に関しても簡易な死因贈与契約ですが、あまり活用されないのはなぜでしょうか。これについてはデメリットが存在するからです。

■デメリット①：登録免許税の負担

不動産の名義変更を行う場合、登録免許税を支払わなければなりません。遺言書又は遺産分割協議で不動産の名義変更をする場合、相続人であれば固定資産評価額の0.4％（1,000分の4）になります。なお、遺言書で相続人以外が不動産を取得する場合には、固定資産評価額の2％（1,000分の20）となります。しかし、死因贈与契約で不動産の名義変更をする場合には、相続人かそうでないかを問わず固定資産評価額の2％（1,000分の20）となるのです。

■デメリット②：不動産取得税の負担

死因贈与で不動産を取得した場合には、不動産（土地・建物）の固定資産評価額に対し、4％（令和6年3月31日までは3％）の不動産取得税が課されます。不動産取得税とは、不動産を取得したときに課される税金の1つです。通常、相続人が遺言書又は遺産分割協議で不動産を取得した場合には、不動産取得税は課されません。相続時において、相続人以外が不動産を取得した場合にのみ、不動産取得税が課されるのです。

このように、相続人が不動産を取得する際に死因贈与契約を活用すると、遺言書や遺産分割協議に比べ5倍の登録免許税と固定資産評価額の4％（又は3％）の不動産取得税が課されることになるのです。不動産は、固定資産評価額でも数千万円の評価が付くことがあります。そのような場合には、特に大きな負担となるのです。

では、この死因贈与契約はどのような際に活用するのが有効なのでしょうか。大きく3つのメリットが考えられます。

1つめのメリットは、前半にも挙げましたが、受贈者に何を渡すのかを明白にすることができます。つまり、受贈者である相手方に伝えることができるので、受贈者としては安心ができるのです。例えば、次項「負担付贈与契約」で記述する負担付贈与と組み合わせることです。贈与者である自身が死亡するまでの介護を負担とした死因贈与契約などで効果的に活用できるでしょう。なお、前述した所有権移転請求権の仮登記をすることで、受贈者はより安心して負担の履行が可能になります。

2つめのメリットは、税金についてです。通常の贈与を行う場合、課税されるのは贈与税です。しかし、死因贈与の場合には、課税されるのは贈与税ではなく相続税になります。そのため、多くの場合、通常の贈与よりも死因贈与を活用した場合のほうが、低い税額が算出されます。ただし、税額に関しては、対象の財産額に応じて検討が必要になります。

3つめのメリットは、死因贈与契約の場合は遺言と違って、一方当事者（贈与者）の気が変わったからといって一方的に取消しや撤回ができない点です。このため、受贈者の立場が安定的なものになります。

このように、死因贈与も活用方法を見極めることにより、大きなメリットがあります。活用を見極めるに当たっては、多角的な視点で判断する必要があります。その際には、専門家に相談することをお勧めします。

税務のポイント

民法554条の規定により、遺贈に関する規定を準用しているため、税務上も遺贈と同様の扱いとなります。つまり、贈与税ではなく相続税で課税されることになります。大まかな税務論点は、登録免許税の負担、不動産取得税の負担ですが、こちらは本項をご確認ください。

ここでは、自宅及びその敷地を同居親族（子など）へ死因贈与した場合の課税関係を考えます。この場合、課税としては相続税で処理されることになります。その際、相続税法上の特典として、課税価格の80％減少をもたらす小規模宅地等の特例適用は可能なのでしょうか。

結論から申し上げると、適用は可能です。なぜならば、条文上、「相続又は遺贈により取得した財産のうち……」と規定され、死因贈与は「遺贈」に含まれるためです。これに対して、自宅及びその敷地を生前贈与（暦年課税、相続時精算課税）した場合には、小規模宅地等の特例の適用は不可能となります。なぜならば、取得原因に贈与は含まれていないためです。

3　負担付贈与契約

1　負担付贈与契約とは

負担付贈与契約とは､「△△してくれたら､あなたに○○(財産)をあげます」という意思表示をして、もらう人が「△△します。そうすることで○○（財産）をもらいます」と贈与の受諾をすることで成立する法律行為です。民法では次のように定められています。

●民法553条（負担付贈与）

> 負担付贈与については、この節に定めるもののほか、その性質に反しない限り、双務契約に関する規定を準用する。

本章「**1　贈与契約**」(71ページ参照) で記述した贈与契約に「負担を付す」のが負担付贈与契約になります。つまり、当事者の一方が相手方に「一定の債務を負担する代わりに」特定の財産を引き渡す意思表示をし、相手方がそれを受諾することで成立する契約です。例えば、下記のようなケースが考えられます。

こちらも本章「**1　贈与契約**」「**2　死因贈与契約**」と同様に、書面を必要としていません。しかし、トラブルを避けるためにも、やはり書面を作成することをお勧めします。

2　負担付贈与の例

負担付贈与は、以下のような場合に行われます。

・「自宅のローンの返済を負担に」自宅を贈与する

・「介護やペットの飼育を負担に」財産を贈与する

契約書例　子どもが同居、住宅ローンを負担する代わりに自宅を贈与するケース

Aさん65歳は、次男Bさん40歳と一緒に暮らしています。長男は結婚して遠方に住んでいます。

Aさんは仕事を定年退職しましたが、自宅のローンの返済がまだ残っています。一緒に住んでいる次男Bさんに自宅を渡す代わりに残りの住宅ローンの支払いを負担してもらうことにしました。

この場合、どのような契約を取り交わせばよいでしょうか。

負担付贈与契約書

AとBは、次のとおり負担付贈与契約を締結する。

第１条　Aは、Bに対し、下記の財産を贈与し、Bはこれを受諾した。

記

【土　　地】

所　　在　　〇〇市〇〇町〇丁目

地　　番　　〇〇番〇〇

地　　目　　宅地

地　　積　　〇〇〇.〇〇㎡

【建　　物】

所　　在　　〇〇市〇〇町〇丁目〇〇番地〇〇

家屋番号　　〇〇番〇〇

種　　類　　居宅

構　　造　　軽量鉄骨造セメント瓦葺〇階建

床 面 積　　１階　〇〇.〇〇㎡

　　　　　　２階　〇〇.〇〇㎡

第２条　Bは、本契約の贈与を受けた負担として〇〇銀行〇〇支店に

おける借入金を支払わなければならない。

第３条　Ｂが前条の義務を履行しないときは、Ａは本契約を解除することができる。

以上を証するため、本契約書を２通作成し、AB 各自署名押印の上、１通ずつ保有する。

令和○年○月○日

（住所）　○○○○
（氏名）　Ａ　㊞

（住所）　○○○○
（氏名）　Ｂ　㊞

＜注意点＞

不動産の名義変更が発生する場合に備え、実印にて押印し、印鑑登録証明書の原本を添付することが望ましい。

3　解説と留意点

⑴　第３条にある負担付贈与契約の解除

負担付贈与契約の解除は可能です。受贈者がその負担である債務の履行をする前であれば解除することができます。なお、負担である債務の履行後であっても、お互いの合意があれば解除が可能な場合もあります。また、民法541条、542条の規定を準用し、受贈者が義務の履行を怠る場合には贈与者は負担付贈与契約を解除できるともしています（最判昭和53年2月17日判タ360号143頁、重判昭53民4）。

⑵　負担付贈与契約における担保責任

贈与は無償契約であるのに対し、負担付贈与は負担である債務の範囲内においては有償契約と近くなります。このような場合、贈与者の担保責任はどのようになるのでしょうか。これは民法で定められており、負担の範囲内において担保責任を負うことになります（民法551）。

例えば、1,000万円のローンが残った5,000万円の自宅を、ローンの支払いを負担として贈与したとします。このような場合、贈与者が負う担保責任は負担の範囲である最大で1,000万円になり、それを超えて担保責任を負うことはないのです。

(3) 負担付贈与契約における税務

負担付贈与は、贈与税が課税されます。通常の贈与の場合、贈与した財産の価額に贈与税が課されます。しかし、負担付贈与の場合には、贈与した財産の価額から負担額を控除した価額に贈与税が課されることになります。

前述の1,000万円のローンが残った5,000万円の自宅を、ローンの支払いを負担として贈与した場合には、5,000万円－1,000万円＝4,000万円に対して贈与税を算出することになります。

税金の問題が発生することになれば税理士等の専門家に相談することをお勧めします。

税務のポイント

負担付贈与については、税務上の論点が盛りだくさんです。まずは前提知識を解説します。土地を生前贈与した場合、受贈者側の贈与税計算に際し財産評価を行いますが、相続税評価（路線価をベースに算定：路線価は時価の8割と想定）となります。つまり、時価よりも低い評価額として計算されるといえます。

これに対し、負担付贈与の場合には、相続税評価ではなく時価で評価することが求められます。ここには注意が必要です。具体的な計算として、債務300万円を負担する代わりに、父から20歳以上の子へ土地（時価800万円、相続税評価額600万円：相続により取得）を贈与するケースを考えます（暦年課税を前提）。負担付贈与の場合、(600万円－300万円－110万円)×10%＝19万円の贈与税ではなく、(800万円－300万円－110万円)×15%－10万円＝48.5万円の贈与税となります。

次に注意すべきは贈与者側の課税関係です。上掲のケースで検証します。負担付贈与における贈与者は、債務の負担を免れることになりますので、当該金額（300万円）で譲渡した扱いとされます。そのため、（300万円－300万円×5%(注)）×20.315%＝約58万円の譲渡税負担が生じることになります。多くの方は贈与者側に課税されるなんて思ってもみないので、注意を要します。

（注）相続により土地を取得しており、取得費不明と仮定。取得費不明の場合には、税務上、概算取得費として譲渡収入の5%が取得費に算入されます。

■コラム■

WITHコロナ時代の家族間契約

2020年から2021年にかけて、新型コロナウイルスによる感染拡大防止のため、不要不急の外出を控えるなどの新しい生活様式が浸透してきました。施設や病院で暮らす両親となかなか面会できなくなったなどの不安の声も聞こえてきます。

このような中で家族間契約を結ぶ際の注意点を簡単にまとめてみました。

①　まずは早めの対策

人と会えない生活が続くと、高齢者は急に体調を崩したり認知症が悪化したりしやすいといわれています。「コロナが収まったら」と後回しにせず、大事な契約は早めに準備しておきましょう。

②　契約書を交わす際は対面で集まらなくてもよい

契約書という1枚の紙に署名押印をするには、当事者全員が一堂に会して行うのがベストですが、必ずそうしなければならないわけではありません。①1人ずつ順番に契約書に署名押印をして郵送で次の人に回す、②誰かが使者となり全員のもとを訪問して署名押印をもらう、③署名押印した契約書のPDFや画像を相手に送るだけにして原本の取り交わしを省略するなどが考えられます（正式ではありませんが、意思の合致は確認できます）。

③　**公証人に施設・病院などへの出張を依頼する**

公正証書は、公証役場に行って作るのが原則ですが、健康状態が悪い場合には公証人に出張を依頼し、施設・病院などに来てもらって作ることができます。字が書けない場合は公証人が代わりに署名してくれます。

④　**災厄時条項**

契約の中で特定の行為やその履行期限を決める場合には、一定の不可抗力の発生を条件として延期や免除ができるという取決め（災厄時条項）を入れておくことがあります。これまでは地震や台風や公共交通機関のストライキ等が想定されていたのですが、時代に合わせて「テロ行為・原発事故・感染症の蔓延防止等のために国又は地方公共団体からの要請等があったとき」などの表現を付け加えるのも１つでしょう。

⑤　**危急時遺言**

病気やケガ等の理由で生命の危機にあり、急がないと遺言作成の機会が失われる。そんな場合に作成する遺言です。

遺言者本人は動くことができない状態にあることが多く、証人３人が病院や施設に出向き、遺言内容を聞き取り文面に起こします。

ただ、このコロナの時期、病院や施設が、面会を中止、制限しているところもありますので、危急時遺言に必要な証人３人が、遺言者と会うことができないということもでてきています。

遺言は亡くなる前に書けばよいというものではありません。もっと早い段階で判断能力があるうちに「もしも」のときに備えておくようにしましょう。

第4章

夫婦間の契約

はじめに

■夫婦間の契約は取消しが可能

日本の民法では、夫婦別産制が採用されているため（民法762)、夫婦それぞれが別勘定で財産を持っていることになりますから、別個の責任主体として夫婦間で契約を結ぶことはおかしなことではありません。

しかし、夫婦間の力関係によっては、公平な立場で真意に基づく契約が結べない可能性もあります。また、「法は家庭に入らず」ともいいますが、夫婦という親密な間柄における権利の実現を裁判所が強制するのは適切ではないと考えられています。

そのため民法では、「夫婦間でした契約は、婚姻中、いつでも夫婦の一方から取り消すことができる」（民法754）と定められています。つまり、せっかく契約を結んでも、さしたる理由なく反故にしてよいものとされているのです。この規定には批判も多いのですが、結局、今回の民法改正では削除されませんでした。

もっとも、判例上は、「婚姻が実質的に破たんしている場合には、それが形式的に継続しているとしても、夫婦間の契約を取り消すことは許されない」とされ（最判昭和42年2月2日)、「夫婦関係が破綻した後は夫婦間の契約を取り消すことはできない」という取扱いが実務では定着しています。

夫婦間で契約の有無や内容が問題になるのは夫婦関係が破綻した後であることが多いでしょうから、実際には取消権を行使できず、あまり問題が表面化しないことが多いでしょう。本書で紹介する契約書例も、結婚する前の契約であっても、結婚後の契約であっても夫婦関係が破綻した後に問題になるような契約が多いといえます

また、判例の中には、夫婦間の取消権行使を「権利の濫用に当たり許されない」と判断して、取り消された当事者の救済を図ったものがいくつもみられます。

法律専門家の感覚としては、この取消権の行使をそれほどおそれなくてもよいのではないか、というのが実感です。

■一度は契約したこと自体に意味がある

たとえ取り消される可能性を含んでいるにせよ、一度は契約書を取り交わして配偶者に金銭の支払いや「もう○○の行為はしない」などと約束していたという事実は否定することができないので、その後の離婚協議や調停などで債権者側に有利な意味を持ってくる可能性はあります。

また、夫婦そろって公証役場に行って公証人の前で契約内容を確認し、署名押印をして公正証書を作ったということになれば、「約束したことは守ろう」という道徳的・心理的な意味での抑止力が働くものですし、人には一貫した言動をしたいという「一貫性の原理」という欲求もあります。

したがって、「取り消されるかもしれないから夫婦の間で契約書は作らない」というのではなく、必要が生じたらきちんと契約書を作成しておくことには、それなりの意味があるといえます。

■その他の夫婦関係特有の権利関係

このほか、夫婦間特有のものとして「夫婦の一方が日常の家事に関して第三者と法律行為をしたときは、他の一方は、これによって生じた債務について、連帯してその責任を負う」(民法 761) という「日常家事債務の連帯責任」を定めた規定や、「夫婦の一方が他の一方に対して有する権利については、婚姻の解消の時から6か月を経過するまでの間は、時効は、完成しない」(民法 159) という「離婚後6か月の時効の完成猶予」を定めた規定もあります。

夫婦間で契約を結ぶ際には、こうした夫婦間契約特有の法律の定めを意識しておく必要があるでしょう。

1　結婚契約

1　結婚契約とは

(1)　結婚契約

婚姻すなわち法的な意味での結婚をするには、婚姻届に所定の事項を記入して市町村役場に届け出れば完了します。わざわざ「結婚契約」など結ばない方が多数派でしょう。

しかし、あえて法律家に相談したり「結婚契約」というタイトルを付けないまでも、婚約者同士や夫婦の間で何らかの約束ごとについて紙に書き出し、サインをして保管しておくようなことは、案外やっているケースも多いのではないでしょうか。

時代の変化とともに個人の価値観が多様化しつつあり、夫婦が「阿吽《あうん》の呼吸」であるとか「口にしたり文字にしたりしなくてもわかり合っている」というのは、今や幻想ともいえるでしょう。

例えば、「まず結婚条件ありき」で結婚相談所などを介して知り合った男女が「結婚条件をきちんと取り決めておきたい」とか、離婚率の増加を背景に「夫婦間のトラブルの予防をしておきたい」など、結婚契約のニーズは増えているように感じます。

(2)　民法でも予定されている夫婦財産契約

夫婦間の財産の帰属をどのようにするかについては、民法に定めがあり、これを夫婦の法定財産制といいます。具体的には、婚姻費用（生活費）は夫婦で分担する（民法760）、日常家事に伴う債務は夫婦の連帯責任とする（民法761）、結婚前から持っている財産や結婚期間中に自己の名で得た財産は、その特有財産（夫婦の一方が単独で有する財産）となるが、帰属不明の財産は夫婦の共有と推定される（民法762）という点です。

夫婦間でこれらと違う財産関係の取り決めをしておきたい場合には、結婚する前に「夫婦財産契約」を結んでおく必要があり（民法755）、それを配偶者以外の第三者にも主張したいのであれば、結婚後に夫婦が名乗る予定の姓を持つ配偶者の管轄法務局でその登記をしなければなりません（民法756、外国法人の登記及び夫婦財産契約の登記に関する法律5）。ただし、登記まではしなくても契約書さえ作っておけば、夫婦間では法的効力があります。

現在のところ、夫婦財産契約が登記まで経るようなケースはあまり多くないようですが、すでにある程度の財産を築いて子どももいるような状況での熟年婚などのケースでは、この夫婦財産契約の活用も考えられるでしょう。

2 結婚契約の例

結婚契約を締結する例としては、実にさまざまなものが考えられ、例えば次のようなケースがあります。

・婚約後に身内に不幸があり、結婚が長期間延期になったので、今後のスケジュール、費用負担、結婚生活のことなど、すでに決まっていることを議事録的に残しておきたい
・交際期間の短いスピード婚なので、契約書を作ることによってお互いの価値観を確認し合い、結婚生活についてのコンセンサスを作っておきたい
・国際結婚なので、文化の違いで誤解が生じないよう結婚生活について取決めをし、万一離婚して子どもが他国に移住しても会えるような権利を定めておきたい
・子どもが生まれ、仕事や生活全般が安定してきたので、結婚5周年を機に今後の家庭計画を2人で書き出しておき、定期的に更新していきたい
・お互いに再婚なので、これまでの教訓を踏まえ、新たな結婚生活で同じあやまちを犯さないよう取り決めておきたい
・離婚の危機を乗り越えて夫婦としての再出発をするに当たり、お互いに誓約事項を決めて再びトラブルとなることを防ぎたい
・熟年婚であり、夫の子どもたちが若い後妻に警戒しているので、契約書を示して安心させたい

契約書例　再婚同士の熟年婚で家族が心配しているケース

Ａさんは、40代で妻と死別し、60代半ばとなった今、近所の居酒屋でパート店員として働いている40代後半のＢさんとの再婚を考えるようになりました。

しかし、Ａさんの子どもたちは、２人の年の差が大きいことや、Ｂさんがシングルマザーで専門学校生と中学生の子どもを抱えていることから、お金目当てでＡさんと結婚したがっているのではないかと疑っており、ＡさんとＢさんの結婚に反対しています。

Ａさんは、Ｂさんとの結婚契約を締結して子どもたちに見せ、納得してもらいたいと考えています。

この場合、どのような契約書を取り交わせばよいでしょうか。

結婚契約書

夫となる予定のＡと妻となる予定のＢは、両名の婚姻に関し、以下のとおり合意した。

第１条（結婚）

ＡとＢは、今後の人生の苦楽をともに分かち合いつつ添い遂げることを誓い、令和○年○月末日までに両名そろって○○役所に行き婚姻の届出を行う。

第２条（同居開始時期）

ＡとＢは、令和○年○月末日までにＡ宅にて同居を開始するものとする。

２　Ｂは、前項の同居開始時期までにその子ども２人を実家に転居させるものとし、Ａ宅に住まわせることはしない。

第３条（お互いの子どもたちへの不干渉）

ＡとＢは、婚姻前のお互いの人生を尊重し、配偶者の子どもたちとの親子関係には干渉しない。
2　AとBは、配偶者の子どもたちとの養子縁組や生前贈与や遺贈はしない。

第４条（子どもたちの賛同）

AとBは、第１条の婚姻届出の日までにそれぞれの子どもたちに配偶者を会わせて両名の婚姻につき賛同を得るよう努めるものとする。

第５条（夫婦の財産関係）

AとBの婚姻後の財産関係は、民法760条ないし762条の定めに従うものとする。

第６条（相続）

AとBは、遺言書作成や死亡保険金の受取人変更など広い意味での相続対策を行うときには、それぞれの子どもたちを交えた家族会議で話し合い、可能な限り法定相続人全員の賛同を得られるよう努める。

第７条（療養看護）

Bは、Aの持病（○○病）を理解した上で婚姻するものであり、日常的にAの通院や食事療法その他の健康維持に協力し、Aの病状が悪化した場合にはその療養看護を行う。

第８条（誓約事項）

AとBは、以下の事項を遵守することを誓約する。
(1)　相互扶助の精神で思いやりをもって共同生活を営むこと。
(2)　可能な限り勤勉に働いて収入を得ること。
(3)　自分の小遣いは自分の収入から捻出すること。
(4)　配偶者の親族や友人と良好な関係を保つこと。
(5)　浪費・浮気・暴言・暴力をしないこと。

第９条（別居及び離婚）

AとBは、配偶者から別居や離婚の申し出を受けたときには誠意をもって協議を行い、家庭裁判所での調停や訴訟には至らずに解決するよう努めるものとする。

第10条（取消権の不適用）

AとBは、本契約が婚姻前に締結されたものであり、民法754条（夫婦間契約の取消権）の適用がないことを確認する。

第11条（更新）

本契約書は５年ごとに見直し、ＡとＢの年齢・健康状態・収入状況その他の事情を考慮して、適宜変更するものとする。

以上を証するため本契約書を２通作成し、ＡＢがそれぞれ署名押印して１通ずつ保有する。

令和○年○月○日

氏名　　Ａ　　㊞

氏名　　Ｂ　　㊞

3　解説と留意点

(1)　結婚・離婚の予約の法的効力

例えば、結婚契約書の中に、①「ＡとＢは結婚する」とか②「Ａが今後１回でも無断外泊をしたらＢはただちに離婚する」などと記載した場合、その法的効力はどうなるでしょうか。

上記①の場合、Ａが約束を守らず他に好きな人ができてＢに別れを切り出したとしても、Ｂは結婚契約書をたてにとって無理やりＡと結婚することはできません。婚姻には婚姻の届出とともに双方の「婚姻意思」が必要だからです。もっとも、一方的な婚約破棄の場合には相手方からの損害賠償請求（慰謝料や結婚式のキャンセル費用等）を請求できる場合があります。

また、上記②の場合、Ａが無断外泊をして条件を満たしたからといって、それだけではＢはＡとの離婚訴訟に勝つことはできません。離婚のような身分行為を条件にかからせることは公序良俗に反することになりますし、たった１回の無断外泊だけでは裁判上の離婚事由（民法770）に当たらないからです。

結婚や離婚のような身分行為については、当事者間でそのとおりに合意していたからといって、常に裁判に勝ったり強制執行ができるわけではないことに注意しましょう。

(2) 一部変更する場合の覚書

婚姻生活は人によっては半世紀以上にもわたる可能性があり、結婚契約は本書で紹介している家族間契約の中でも最も長い契約になるかもしれません。状況の変化に合わせた改訂も必要でしょう。

その際、全文を作り直してもよいのですが、ほんの一部だけ追加・削除その他の変更を加えるのであれば、以下のような覚書を作るとよいでしょう。

結婚契約書の一部変更の覚書

ＡとＢは、令和○年○月○日付「結婚契約書」（以下「原契約」という。）の一部を次のとおり変更することに合意した。

第１条（一部変更）

原契約の第○条第○項を次のとおり変更する（下線部分を変更）。

「○○……（略）……○○○○……（略）……○○。」

第２条（追加）

原契約の第○条の後に以下の条項を追加挿入する。

「第○条の２　○○……（略）……○○」

第３条（削除）

原契約の第○条を削除する。

(3) 結婚時の財産の確定

結婚する時点ではまったく考えが及ばないかもしれませんが、この先もしも離婚することになった場合には、婚姻時（同居開始時と異なる場合はいずれか遅いほう。以下「基準時①」といいます）から、離婚時（別居開始時と異なる場合はいずれか早いほう。以下「基準時②」といいます）までに築かれた夫婦の共有財産が、離婚に伴う財産分与の対象となります。

現在は金融機関の取引履歴を調査できるのは過去10年分に限られていますので、基準時①と基準時②の間が長い場合には、財産分与の対象財産を正確に算定できなくなってしまいます。

そのため、基準時①の段階で各自の財産を配偶者に開示するか、あるいは各自が自分の財産の客観的記録を保管しておくなどすると、いざというときに必要以上に揉めなくて済みます。

結婚契約書の中に「お互いの収入と支出を常に報告し合う」という条項を入れておくことも１つでしょう。

⑷ 夫婦のガイドラインを作りましょう

結婚後の新しい人生を自由にイメージして、夫婦で夢いっぱいの未来計画を立てるのも楽しいですね。守らないとペナルティが生じるようなものではなく、「指針（ガイドライン）」や「努力目標」であることを記載すれば、リラックスして話し合えるのではないでしょうか。

以下を参考にしてみてください。

・どんな夫婦になりたいか
・誕生日やクリスマス、結婚記念日などイベントの過ごし方
・子どもの人数や教育方針
・住まいの場所や形（戸建てかマンションか、賃貸か購入か）
・働き方と家事の分担
・両親との同居の可否、介護への関わり方
・資産形成の方法
・旅行や趣味の分野での目標
・休日の過ごし方
・喫煙、飲酒、食生活などの健康習慣

第○条　ＡとＢは、以下の事項を結婚生活の努力目標とすることに合意した。
⑴　お互いに対する思いやりと寛容の精神を忘れず、ワークライフバランスを大切にしながら、憩いの場にふさわしい明るい家庭をつくること。

……（略）……

2　夫婦の別居契約

1　夫婦の別居契約とは

(1)　別居する際に契約が必要な理由

民法752条には「夫婦は同居し、互いに協力し扶助しなければならない」という夫婦間における同居等の義務が定められています。

そのため、夫婦のどちらかが勝手に家を出て行ったり、相手を追い出したりすることは、この義務違反として離婚時に不利になる可能性も出てきます。

実際の離婚紛争でも、この「別居が始まった経緯」について双方の認識がまったく違うというケースがよく見られます。

別居後の生活をスムーズにし、離婚や復縁をする際に揉めないためにも、別居開始時に夫婦間で取決めをしておくことをぜひお勧めします。

そうはいっても、相手から暴力を受けているとか、別居を切り出すと相手が逆上しそうであるなどの場合には、別居のための話し合いを行うことすら難しいといえるでしょう。

別居の取決めが結べなくても、さまざまな状況から別居の事実を先行したほうがよい場合もあり、それは必ずしも法的な観点ばかりでは決められないことですので、よく検討してみてください。

別居の取決めをする際、その別居が離婚の準備なのか、復縁までの調整期間なのかも、意識しておくとよいでしょう。

(2)　婚姻費用の分担

離婚の場合と大きく異なる点は、夫婦のどちらか一方に「婚姻費用分担義務」が生じることです。

民法760条には「夫婦は、その資産、収入その他一切の事情を考慮して、婚姻から生ずる費用を分担する」と定められています。

要するに、夫婦間の扶養義務として、収入の多いほうの配偶者が少ないほうの配偶者に対して相応の生活費を支払わなければならないというわけです。

では、その具体的な金額はどうやって決めるのかというと、当事者間で合意さえできればどのように定めることもできますが、一応の相場としては、裁判所のホームページに「養育費・婚姻費用算定表」(令和元年12月23日に改訂版公表)が掲載されていますので、こちらを参照するとよいでしょう。子どもの人数及び年齢や夫婦それぞれの収入によって、およその婚姻費用の月額がわかるようになっています。

別居時に婚姻費用について合意ができない場合は、あとから家庭裁判所に婚姻費用分担の調停・審判を申し立てることもできますが、その場合、別居時に遡って支払いが命じられるわけではなく、申立て時以降の分についてのみとなりますので、請求するのであれば早めの申立てをお勧めします。

2　夫婦の別居契約の例

夫婦間で別居契約を締結する例としては、例えば、次のようなケースが考えられます。

・夫婦喧嘩が絶えないため、とりあえず別居してお互い冷静に今後のことを熟考するための期間をおくことにした
・夫の暴言や暴力に耐えられず、妻が子どもを連れて家を出ることにした
・夫に愛人ができたが、妻が離婚に応じてくれないため、夫が家を出て離婚の機会を待つことにした
・同居している姑との不仲が原因で妻に精神症状が現れ始めたため、妻が子どもを残して単身で実家に帰ることにした

契約書例　離婚準備のため妻が子どもを連れて実家に帰るケース

Aさんは、妻のBさん及び中学生の長男C君と暮らしていますが、性格の不一致から毎日夫婦喧嘩が絶えません。

お互いに離婚意思はあるものの、離婚条件について協議しようとすると、2人とも感情的になり話が進まないのです。

このままでは多感な年齢のC君にも悪影響が及びかねないので、ひとまずBさんはC君を連れて実家に帰ることにしました。

これについてはＡさんも承諾しているのですが、２人で買ったマンションのローンや生活費の分担、Ｃ君との面会交流など、重要なことはあらかじめ取り決めておきたいと考えています。
この場合、どのような契約書を取り交わせばよいでしょうか。

別居に当たっての合意書

夫Ａと妻Ｂは、夫婦間の別居開始に当たって、以下のとおり合意した。

第１条（別居の合意）
Ａ とＢは、令和〇年〇月〇日から当分の間別居することに合意し、Ｂは、ＡＢ間の子であるＣ（平成〇年〇月〇日生）とともに、Ｂの実家である〇〇市△△〇丁目〇番〇号〇〇方に転居する。
２　Ｂ及びＣの住民票の異動の有無及び異動する場合の時期については、追ってＡＢ間で協議する。

第２条（婚姻費用の分担）
Ａは、Ｂに対し、別居を開始する令和〇年〇月から将来同居又は離婚するに至るまでの間、婚姻費用として１か月当たり〇万円を毎月末日限りＢ名義の〇〇信用金庫〇〇支店普通預金口座（口座番号〇〇〇）に振り込む方法により支払う（振込手数料はＡの負担とする。）。
２　Ｃの教育費や医療費等で特別の支出が生じた場合には、協議により、ＡはＢに対して前項の婚姻費用とは別に相当額を支払うものとする。
３　第１項の婚姻費用は、ＡＢいずれか一方又は双方の経済的事情の変動等に応じて、協議により増減することができる。
４　ＡＢの共有名義のマンション（〇〇市△△〇丁目〇番〇号〇〇マンション〇号室）の住宅ローンについては、各自が従前どおりの負担割合で支払うものとする。固定資産税及び都市計画税はＡが全額負担し、その代わりＢはＡに対して家賃相当額の支払いを求めない。

第３条（子の監護者）

ＡとＢは、別居期間中のＣの監護者をＢと定め、Ｂが監護養育する。

第４条（面会交流）

Ｂは、Ａが毎月２回程度Ｃと面会交流することを認め、その具体的方法については、Ｃの意思も尊重し、その健全な成長の妨げとならないよう配慮しつつ、ＡＢ間でその都度協議して決めるものとする。

第５条（離婚に向けた協議）

ＡとＢは、別居開始後も引き続き離婚条件（特に財産分与とＡの過去の異性関係についての慰謝料）について協議を行い、令和○年12月31日までに離婚を成立させるべく努力する。

第６条（連絡先の共有）

ＡとＢは、別居中に住所、勤務先、携帯電話番号、メールアドレスその他の連絡先を変更した場合は、変更後の連絡先を速やかに相手方に知らせるものとする。

以上を証するため本合意書を２通作成し、ＡＢがそれぞれ署名押印して１通ずつ保有する。

令和○年○月○日

氏名　　Ａ　　㊞

氏名　　Ｂ　　㊞

3　解説と留意点

(1)　監護者の指定

別居中であっても婚姻関係は続いていますので、未成年の子どもがいる場合には、夫婦両方が親権者となります。

しかし、親権には「財産管理権」と「身上監護権」が含まれており、このうち「身上監護権」と呼ばれる、身の回りの世話をしたり教育やしつけを施したりする権利は、子どもと一緒に暮らすほうの親のみが担うことになりますので、別居時に決めておく必要があります。

ただし、子どもの前で本人の取合いをしたり、一方的な連れ去りをしたりといった子どもの心に傷跡を残しかねないような残念な対応は避けましょう。

(2) 共有名義の不動産と住宅ローンの分担

夫婦の共有名義の不動産に住んでいて、夫婦のどちらか一方がそこから出ていく場合、以下の点にも留意しましょう。

① 残った共有者から出て行く共有者に対して家賃相当額を支払うことにするか否かを決めておく

② 住宅ローンを夫婦で分担して返済していた場合、出て行く共有者が支払いを滞らせることのないようにする

③ 固定資産税や管理費などの経費の分担方法を決めておく

④ 鍵の交換をするか（してもよいか）どうかを決めておく

(3) 別居開始時の夫婦共有財産

いずれ離婚することになった場合には、別居開始時点（基準時）において所持していた夫婦の共有財産が離婚に伴う財産分与の対象となります（110ページ「(3) **財産分与**」参照）。

上記契約書例のように妻が実家に帰るという場合には、夫婦で購入した家具や家電品、自動車などを今までの住居に置いていくことになると思われますが、そうした動産類の写真を撮っておくなどして、別居開始時点でどのような財産が存在していたかを後で確認できるようにしておくとよいでしょう。

また、以下のような取決めをすることも可能です。

> **第〇条（残置物等）**
> Ａは、別居中にＢの私物を勝手に廃棄・隠匿してはならず、Ｂがそれらを取りに戻ることを妨害してはならない。また、家具や家電品等の共有財産の処分については、ＡＢ間で協議して決めるものとする。

(4) 別居解消

別居を解消する事由としては、同居の再開と離婚の２つがあります。

①　同居を再開する

同居を再開してすべてを別居開始以前の状態に戻すということであれば、特に新たな取決めをする必要はありません。

ただし、今回の別居に至ったような事態の再発防止のために、夫婦の一方又は双方が、相手方に対して誓約書を交付するということがあってもよいでしょう。

> **誓約書**
>
> 私は、このたびBとの別居を解消して同居するに当たり、以下のことを誓約します。
>
> 万一、私がこれらの１つにでも違反し、改善の見込がないとBが判断したときには、再びBが家を出て別居の再開に至っても、異議を述べません。
>
> ⑴　クレジットカードの使用は毎月〇万円までとし、浪費をしない。
> ⑵　風俗店に行かない。
> ⑶　Bが求めたときには、その場でスマホの中身（データ）を見せる。
>
> 令和〇年〇月〇日
>
> 氏名　　A　　㊞

②　離婚する

離婚する場合には、新たに離婚契約書を作ることをお勧めします（105ページ参照）。

その際に、別居契約書でどのような取決めをしていたかが参考になる項目もありますので（親権者、面会交流、養育費算定の基礎収入など）、別居を解消しても別居契約書は保管しておくようにしましょう。

③　相手が応じてくれない場合

同居の再開又は離婚をしたいのに相手が応じてくれないときには、家庭裁判所に夫婦関係調整調停を申し立てることができます。同居の再開をしたい場合は「円満調停」、離婚したい場合は「離婚調停」と呼ばれています。

このような場合には弁護士に相談するとよいでしょう。

3　離婚契約

1　離婚契約の基本

夫婦が協議離婚する際の「離婚契約」については、改めて説明するまでもないでしょう。一言でいうと、「夫婦関係を清算するための取決め」です。

夫婦によって、清算すべき事柄は実にさまざまです。必ず検討したほうがよい基本的な条項を押さえた上で、事情に応じて特約に当たる条項を追加していくとよいでしょう。

「とにかく配偶者と離婚したい」という思いを優先するあまり、焦って不利な財産分与や養育費の取決めをしてしまい、後悔している例をよく見かけます。いったん別居期間を挟んでもよいので、じっくり調べたり考えたりしてから取決めをしましょう。

金銭のやり取りが生じる場合には、いったん離婚契約書を作ってからでもかまわないので、改めて公正証書の形に作り直しておくことをお勧めします。

＜基本的な条項＞

・離婚すること及び離婚届の提出者
・未成年の子どもの親権者及び監護者の指定
・未成年の子どもの養育費
・未成年の子どもとの面会交流
・財産分与
・慰謝料
・年金分割

＜特約条項の例＞

・夫婦間の金銭の貸し借りの精算
・配偶者の所有物を預かっている場合の返還
・生命保険の受取人変更の有無
・配偶者と子どもの氏（姓）
・配偶者の親族との間の財産関係の精算

・離婚後の連絡方法
・共通の知人に離婚の事実及び理由をいつどのように伝えるか
・ペットの飼育

2　離婚契約の例

協議離婚は離婚届を出すだけでもできますが、離婚契約を結んでおいたほうがよいのは、例えば次のようなケースです。

・離婚時に決めておかなければならない事項が多い
・配偶者の性格からして、口約束では守ってくれないことが大いに考えられる
・新しい人生を始めるに当たり、ケジメをつけておきたい
・子どもたちが成長したときに離婚についての説明材料としたい

契約書例　子どもの親権者を妻として協議離婚するケース

夫であるAさんと妻であるBさんは、共働きで生活パターンが大きくすれ違うようになり、結婚8年目で協議離婚することになりました。

長男の親権者はBさんとし、養育費、面会交流、財産分与などについて取決めをすることにしました。

この場合の契約書の例を見てみましょう。

離婚合意書

第1条（離婚及びその届出・親権者・監護者）

夫Aと妻Bは、AB間の未成年の長男C（平成○年○月○日生）の親権者をBと定め、Bにおいて監護養育することとして、本日協議離婚することに合意し、Aは離婚届出用紙に署名押印して、これをBに交付した。

2　Bは、令和○年○月○日までに、上記用紙を用いて離婚の届出をし、届出後ただちにAにその旨を報告するものとする。

第２条（養育費）

⑴　基本金額

Ａは Ｂに対し、令和〇年〇月からＣが大学を卒業する月までの間、Ｃの養育費として月額５万円の支払義務があることを認め、これを毎月末日限り、Ｂの指定する預金口座に振り込んで支払う。

⑵　特別な事情

Ａ及びＢは、将来、Ｃの進学や病気等で養育費がかさむ特別の事情が生じた場合には、前項の養育費の増額や臨時の支払いについて誠実に協議するものとする。

⑶　減額の申出ができる場合

Ａは、病気や失業その他これに類する事情が生じた場合は、Ｂに対して第１号の養育費の減額を申し出ることができる。

第３条（財産分与）

Ａは Ｂに対し、本件離婚に伴う財産分与として〇〇万円を支払う義務があることを認め、これを令和〇年〇月から令和〇年〇月まで、10回に分割して１回当たり〇万円（ただし最終回のみ〇万円）を毎月末日限り、Ｂの指定する預金口座に振り込んで支払う。

２　Ａは、前項の支払いを２回怠り、その額が〇万円に達したときは、Ｂに対し、前項の財産分与額から既払金を控除した残額及びこれに対する年3%の割合による遅延損害金をただちに支払う。

第４条（生命保険）

Ａは、Ｃが大学を卒業する月まで、保険契約者及び被保険者をＡ、死亡保険金受取人をＢとする〇〇生命保険（株）の〇〇保険（証券番号〇〇）への加入を継続し、死亡保険金受取人を変更してはならない。

２　Ａは、保険料の不払いその他の事由で前項の保険契約が解約されることのないよう努めるものとする。

第５条（面会交流）

ＢはＡがＣと月１回程度面会交流することを認め、面会交流の日時や場所については、その都度、事前にＡＢ間の協議により決定する。

第６条（連絡先の変更）

Ａ及びＢは、住所、電話番号その他の連絡先を変更したときは、１

週間以内に相手方に新たな連絡先を通知する。

第７条（清算条項）

Ａ及びＢは、ＡＢ間の離婚に関し、本合意書に定めるほかには、他に何らの債権債務が存しないことを確認する。

第８条（誠実協議）

本合意書に定めのない事項については、Ａ及びＢが誠意をもって協議し、解決するよう努める。

第９条（公正証書）

Ａ及びＢは、Ｂの求めがあった場合には、本合意書の内容の一部又は全部につき、Ａの費用負担において、公正証書にて定めることを合意する。

以上を証するため本書を２通作成し、Ａ及びＢが各自署名押印の上、１通ずつ保有する。

令和〇年〇月〇日

住所

氏名　　Ａ　　㊞

住所

氏名　　Ｂ　　㊞

3　解説と留意点

⑴　親権者・監護者と将来の変更

別居契約（99ページ参照）でも説明したように、親権には「財産管理権」と「身上監護権」が含まれており、親権者というのは、未成年の子どもについて、この２つの権利を持っている親を指します。

そして、上記のうち「身上監護権」と呼ばれる、身の回りの世話をしたり教育やしつけを施したりする権利を特に「監護権」と呼んでおり、親権者である親に財産管理権だけを残して、もう一方の親が監護権者として身上監護権を保持するというふうに、親権と監護権を分離することもできます。

第○条（親権者・監護権者の分離）
　Ｃの親権者をＡと定め、監護権者はＢと定める。

なお、将来において、親権者又は監護権者の変更をすることもできます。この変更は両親の協議だけでできるものではなく、必ず家庭裁判所で親権者（又は監護権者）変更の調停・審判を経る必要があります（民法819⑥）。

子どもが未成年のうちに親権者や監護権者が亡くなった場合、もう１人の親が存命であっても、当然にその親に親権・監護権が移るわけではなく、未成年後見人が選任され（民法838①）、その上で改めて存命の親への親権者（又は監護権者）変更が検討されることになります。

⑵　養育費の決め方

①　基本的な決め方

養育費の金額は、当事者間で合意さえできればどのように定めることもできますが、一応の相場としては、裁判所のホームページに「養育費・婚姻費用算定表」（令和元年12月23日に改訂版公表）が掲載されていますので、こちらを参照するとよいでしょう。子どもの人数及び年齢や夫婦それぞれの収入によって、およその養育費の月額がわかるようになっています。

離婚時に養育費について合意ができない場合は、あとから家庭裁判所に養育費の調停・審判を申し立てることもできますが、その場合、離婚時に遡って支払いが命じられるわけではなく、申立て時以降の分についてのみとなります。

②　終期及び特別の支出

民法改正によって、令和４年４月１日から成年年齢が現在の満20歳から満18歳に引き下げられます。

養育費は、子どもが成人する（成年に達する）まで支払うのが原則ですので、上記施行日以前の養育費の取決めで、「成年に達するまで」と記載されている場合、その「成年」とは満20歳を指すものと解されますが、上記施行日以降であれば「成年」とは満18歳を指すことになります。

もっとも、成年年齢とは関係なく、上記契約書例第２条第１号のように「大学を卒業する月まで」など終期を合意しておく例もよく見られます。

また、子どもの進学や病気など、通常の養育費ではまかなえない特別の支出が生じた場合には、その分の臨時の増額を取り決めることも可能です。

③ 増減事由

事前に取決めをしているか否かにかかわらず、いったん決めた養育費を増減することは可能です（民法 880 参照）。

ただ、どのような場合に増減することができるかについて、上記契約書例第２条第３号のように具体的事由を挙げて定めておくと、増減時の指針になり、わかりやすいでしょう。

⑶ 財産分与

離婚に伴う財産分与とは、婚姻生活中に夫婦が共同して築いた財産を、離婚時に分配して清算することを指します（民法 768）。

婚姻時（同居開始時と異なる場合はいずれか遅いほう）から、離婚時（別居開始時と異なる場合はいずれか早いほう）までに築かれた夫婦の共有財産が、離婚に伴う財産分与の対象となります。

財産分与の対象となる財産は、「婚姻生活中に夫婦が共同して築いた財産」すなわち「夫婦共有財産」である必要があり、退職金や保険の解約返戻金などまだ現実化していない財産や、生活費をまかなうための借金や住宅ローンなどマイナスの財産も含まれます。

これに対して、次のようなものは「特有財産」と呼ばれ、財産分与の対象にはなりません。

・独身時代から持っていた財産
・結婚後に自分の親族から相続や生前贈与によって得た財産
・不貞や事故などの個人的被害による損害賠償金

分与割合は原則として２分の１と考えられていますが、財産形成に対する貢献度が夫婦で大きく異なる場合、離婚後の生活費の激減にある程度配慮する場合、慰謝料的な意味合いを含める場合など、ケースバイケースで柔軟に決めることができます。

離婚時に合意できない場合には、家庭裁判所に財産分与の調停・審判を申し立てることができます。申立てに当たっては、離婚から２年以内という期間制限があるので注意しましょう（民法 768 ②)。

(4) 離婚後の配偶者と子どもの氏

離婚後は、戸籍の筆頭者でなかったほうの配偶者（多くは妻）がその戸籍から抜けて、下記のいずれかの戸籍に入ります（離婚届にその選択をする欄があります)。

① 実家の両親の戸籍など婚姻前の戸籍に戻る

② その配偶者を筆頭者として新しい戸籍を作る

そして、配偶者が姓（法的には「氏」といいます）を婚姻前の旧姓に戻すには、離婚から３か月以内に市町村役場で別途その手続をしなければなりません（民法 767)。

一方、子どもは、戸籍から抜けたほうの親が親権者となる場合であっても、何も手続をしなければ元の戸籍のままです。

戸籍から抜けたほうの親の戸籍に子どもを入れたいのであれば、それによって姓が変わる場合でも変わらない場合でも、今度は家庭裁判所で「子の氏の変更」の審判申立てをしなければなりません。

この手続には特に期間制限はありませんので、特に姓が変わる場合には、進学や新学期のタイミングにするなど、子どもの精神的負担が少ない時期を選ぶようにしましょう。

(5) 年金分割

年金分割は、婚姻期間中の夫婦双方の年金保険料納付額の記録が書き換えられる（分割される）という制度です。そのため、この際の分割割合がストレートに将来の年金受給額そのものに反映されるわけではありません。

年金分割の方法ですが、公正証書による当事者間の合意又は家庭裁判所の調停・審判が必要な「合意分割」のほか、そうした合意や手続の必要がない「3号分割」と呼ばれる国民年金第３号被保険者（専業主婦など、厚生年金保険の被保険者又は共済組合の組合員の被扶養配偶者で、20 歳以上 60 歳未満の方）による請求の２種類があります。

（公正証書における年金分割の合意の記載例）

Ａ（第１号改定者）及びＢ（第２号改定者）は、厚生年金保険法第78条の２の規定に基づき、日本年金機構理事長に対し対象期間（婚姻期間）に係る被保険者期間の標準報酬の改定又は決定の請求をすること、及び請求すべき按分割合を0.5とすることに合意した。

年金分割については、以下のような期間制限があることに注意してください。

・離婚をした日の翌日から２年以内に請求しなければならない
・上記２年以内であっても、離婚後に元配偶者が死亡した場合には死亡日から１か月以内に請求しなければならない

詳しい手続については、年金事務所や年金相談センターで取り扱っていますので、問い合わせてみるとよいでしょう。

税務のポイント

離婚に関係する税務として、財産分与にまつわるものがあります。まず、離婚により相手方から財産をもらった場合、通常、贈与税がかかることはありません。これは、相手方から贈与を受けたものではなく、夫婦の財産関係の清算や離婚後の生活保障のための財産分与請求権に基づき給付を受けたものと考えられるからです。ただし、①分与された財産の額が婚姻中の夫婦の協力によって得た財産の額やその他すべての事情を考慮してもなお多過ぎる場合や、②離婚が贈与税や相続税を免れるために行われたと認められる場合には、贈与税の課税がかかりますので注意が必要です。

次に、含み益のある不動産を財産分与した場合、財産分与をした人に譲渡所得の課税がされます。この場合、財産分与したときの不動産の時価が譲渡所得の譲渡収入となります。そして、財産分与を受けた人は、分与を受けた日にそのときの時価で土地や建物を取得したことになります。したがって、将来、財産分与を受けた土地や建物を売った場合には、財産分与を受けた日を基に、長期譲渡になるか短期譲渡になるかを判定することになります。

4　面会交流契約

1　面会交流契約の基本

ここでは、「離婚契約」の中でも触れた面会交流についての契約についてフォーカスしてみたいと思います。

面会交流契約は、夫婦が離婚した後や、離婚前であっても別居していて、非監護親（子どもと別居しているほうの親）と子どもが離れ離れになっている場合において、監護親（子どもと同居しているほうの親）と非監護親との間で、子どもと非監護親とを会わせることについての取決めです。

面会交流権は、親だけの権利ではなく、子どもが親に会う権利でもあり、民法では「子の利益を最も優先して考慮しなければならない」と定められています（民法766①）。

父母（元夫婦）間の関係が悪いと、どうしても監護親のほうで「相手に子どもを会わせたくない」という思いが強くなりがちですが、子どもの成長・発達のためには非監護親との交流も欠かせないものです。

仮に、話し合いがつかずに家庭裁判所での調停や審判に進んだ場合、よほどのこと（例えば非監護親が子どもを虐待していたなど）がない限り、面会交流が認められる方向になると考えてください。

2　面会交流契約の例

面会交流契約の内容としては、例えば、次のようなものが考えられます。

・月に１回程度、時間帯と場所を決めて面会する

・宿泊を伴う面会をする

・園や学校、習い事の行事に参加する

・直接の面会ではなく手紙やメールなどで間接的に交流する

契約書例　監護親の立会いのもと月１回面会するケース

Ａさん（父）とＢさん（母）は、離婚するに当たって、５歳の長男と３歳の長女の親権者及び監護権者をＢさんとすることにしました。

離婚原因がＡさんの浮気なので、Ｂさんには気持ちの上でわだかまりがありますが、離婚後しばらく協議をした結果、面会交流について、次のように取り決めることで話がまとまりました。

・Ｂさんの立会いのもとでの月１回程度の面会をする。
・保育園や学校行事への参加も可とする。
・子どもたちが小学生になってからは、夏休みと冬休みの旅行も可とする。
・Ａさんと子どもたちとのやり取りは必ずＢさんを通じてすることとし、電話、メール、チャット、SNSなどの通信手段でＡさんと子どもたちが直接連絡を取り合うことはしない。

この場合の面会交流についての契約書の例を見てみましょう。

面会交流の覚書

ＡとＢは、離婚後の協議により、Ａと長男Ｃ（平成○年○月○日生・親権者及び監護権者はＢ）及び長女Ｄ（平成○年○月○日生・親権者及び監護権者はＢ）との面会交流について、以下のとおり合意した。

第１条（月１回の面会交流）

Ａは、Ｃ及びＤがそれぞれ小学校を卒業するまでの間、毎月１回、原則として第３日曜日の11時から16時まで、Ｂの立会いのもとでＣ及びＤと面会交流することができる。

なお、日時場所の具体的な調整については、前月までにＡ及びＢが協議して決定するものとし、いったん決めた面会日が何らかの理由でキャンセルとなった場合には、翌月末までに代替日を設けることとする。

第２条（教育行事への参加及び宿泊）

前条の面会交流とは別に、Ａは以下のとおりＣ及びＤと面会交流することができる。

⑴　入学式や運動会など保育園や学校主催の式典・行事への参加による面会交流。

これに先立ち、Ｂは、Ａに対して、Ｃ及びＤの保育園や学校主催の式典・行事の日程を遅くともその前月末までに知らせるものとする。

⑵　Ｃ及びＤの小学校入学時以降、夏休み及び冬休みに宿泊を伴う面会交流。

ただし、原則として２泊を限度とし、Ｂが同行するかどうかはその都度協議する。

第３条（直接連絡の禁止）

Ａは、前２条の面会交流時以外に、Ｃ及びＤと直接電話、メール、チャット、SNSなどの通信手段で連絡を取り合うことはしない。

第４条（当事者間の協議）

本覚え書に関しては、Ｃ及びＤの意思を尊重し、その健全な成長・発達を第一に考えて実施するものとし、事情の変更が生じたときは、Ａ及びＢが誠意をもって協議し解決するよう努める。

以上を証するため本覚書を２通作成し、ＡＢが各自署名押印の上、１通ずつ保有する。

令和〇年〇月〇日

住所

氏名　　　Ａ　　　㊞

住所

氏名　　　Ｂ　　　㊞

3　解説と留意点

(1)　当面は間接的な交流のみとする場合の書き方

実際に子どもと会う形での面会交流が何らかの理由ですぐには実現できない場合、当面の間、次善の策として手紙や画像（動画）、ビデオ会議方式などで間接的な面会交流を行うことも１つの方法です。

> **第○条（手紙と写真による面会交流）**
> 　Ｂは、令和○年○月までの間、Ａに対し、３か月に１回程度の割合で、子どもたちを撮影した写真５枚以上及び３分以上の動画１本を適宜の方法で送る。
>
> **第○条（直接の面会交流）**
> 　ＡとＢは、令和○年○月以降のＡとＣ及びＤの直接の面会交流について、その頻度、時間、場所その他の実施方法について、Ｃ及びＤの発育状況等に配慮しつつ、同年○月末日までに改めて協議する。

(2)　禁止事項を設ける場合の書き方

監護親としては、面会交流中に非監護親が子どもにどのような言動をするか気になるものです。監護親が安心して子どもを面会交流に送り出せるよう、あらかじめ禁止事項を取り決めておくこともできます。

①　離婚原因を話したり監護親を非難したりする言動の禁止

> **第○条（離婚原因への言及及び監護親の非難等の禁止）**
> 　Ａは、前条の面会交流の際に、Ｃ及びＤに対して、Ｂとの離婚原因への言及や、Ｂを非難する趣旨の言動をしないことを確約し、これに違反した場合にはＢが次月から面会交流に応じなくてもＡは異議を述べることができない。

② 高価すぎるプレゼントの禁止

第○条（贈り物の制限）
Ｂは、ＡがＣ及びＤに対して、その年齢を踏まえた社会的に相当な金額の誕生日プレゼント、クリスマスプレゼントその他の物品を贈ることを認める。ただし、Ａは、事前にＢに相談し、Ｂの教育方針を尊重するものとする。

③ メールやLINEのアドレス交換の禁止

第○条（連絡先交換の禁止）
Ａは、前条の面会交流の際に、Ｃ及びＤとの間で、携帯電話番号、メールアドレス、LINEのIDその他の連絡先の交換をしない。

(3) 祖父母の同席のもとでの面会交流を認める場合の書き方

最近増えているのが、子どもが離婚したことによって突然孫と会えなくなってしまった祖父母からの相談です。法的には祖父母と孫との面会交流は権利として認められているわけではないのですが、契約によって任意に定めることは差し支えありません。

第○条（祖父母の同席）
Ｂは、前条のＡとＣ及びＤとの間の面会交流において、Ａの両親が同席することにつき異議を述べない。

(4) 養育費の支払いと面会交流を引換条件にすることはできるか？

典型的なパターンとして、離婚時に母親（元妻）が子どもを引き取って最初は父親（元夫）に子どもを面会交流させていたが、父親からの養育費の支払いが滞るようになったので、母親が子どもを父親に会わせなくなる、というものがあります。

このような例は実際の現象としては非常に多く見られるのですが、しかしこれが法的に正当かというとそうではなく、あくまで面会交流は、非監護親とも交流を持つことで子ども自身の健全な成長・発達を図るという意味において子ども自身の権利でもあるのですから、たとえ養育費の支払いで父母同士が揉めたとしても、それと面会交流の実施とをからめて引換条件にすることはできません。

当事者同士の契約書でそのように取り決めたとしても、裁判所で争われた場合には、そのような引換条件の取決め自体が「公序良俗違反」により無効とされる可能性が高いので、注意が必要です。

(5) 監護親が約束に違反して面会交流に応じない場合にはどうしたらよいか？

面会交流についてせっかく取り決めても、子どもが成人するまでの数年間に途絶えてしまうことは残念ながら少なくありません。そこには子どもの成長や父母それぞれの環境の変化などさまざまな要因がありますが、「監護親が正当な理由なく取決めを反故にして面会交流に応じない」というケースについてはどのような対処が考えられるでしょうか。

① 損害賠償請求

本書で紹介しているのは家庭裁判所の調停・審判を利用せず当事者間で契約書を作る場合についてですが、この場合には契約書自体に執行力がないため、約束を守らない相手方へのペナルティとしては、別途訴訟で損害賠償（慰謝料）請求をすることくらいしか手がありません。

契約書の中では、違約金（合意による損害賠償金であり、実際の損害額がそれより低くても合意が優先しますので、取り決めておいたほうが履行の確保に役立ちます）の定めをしておくことが考えられます。

ただ、監護親のほうが「お金さえ払えば子どもを会わせなくてよい」と誤解してしまうようでは、そもそも面会交流について取り決める意味がありません。面会交流は子どものためでもあるという意識が大切です。

第○条（不履行による違約金の定め）

　Ｂが正当な理由なく、第○条の面会交流に応じない場合、ＢはＡに対して１回につき○万円の違約金を支払う。

②　家庭裁判所の調停・審判による面会交流の場合

家庭裁判所による面会交流調停・審判の場合には、調停調書や審判書に執行力があります。とはいえ、金銭の支払いや物の引渡しとは異なり、子どもの身柄を無理やり裁判所が連れていくことはできませんので、この場合の強制執行の方法は「履行しないと損害賠償を支払わなければならない」という間接強制の方法によることになります。

その場合、当事者（非監護親）のほうで家庭裁判所に間接強制の申立てをして、改めて裁判所から「不履行１回につき○万円を支払え」という内容の決定を出してもらうことになります。もっとも、調停・審判による面会交流の方法が具体的に記載されていないケースでは、何をもって違反となるのかが不明であるため却下されてしまうこともあります。

上記のような強制執行に進む前に、家庭裁判所から監護親に「履行勧告」という連絡をしてもらうこともできますが（家事事件手続法289)、これは文字どおりの勧告にすぎず、強制力はありません。

このように、面会交流は家族間契約の中でもデリケートなものであり、残念ながら法律で解決することができる範囲は限られているといえるでしょう。

5　不貞慰謝料契約

1　不貞慰謝料契約の基本

不貞行為は、配偶者とその不貞相手による共同不法行為（民法719）です。

例えば、夫が不貞行為を行った場合、被害者である妻は、加害者である夫と不貞相手の両方に対して（あるいは、いずれか一方に対してだけでも可）、不法行為に基づく損害賠償としての不貞慰謝料を求めることができます（民法709、710）。

不貞慰謝料債務は夫と不貞相手の連帯債務ですので、仮にこの不貞慰謝料が100万円だとすると、妻が不貞相手から30万円しか受け取っていない場合は、夫から残りの70万円を受け取ることができますが、不貞相手から100万円全額を受け取った場合には、さらに夫から受け取ることはできません。

なお、後者のケースでは、不貞相手から夫に対して、自分の支払った100万円のうちの一部を負担するよう求めること（求償）ができます。

2　不貞慰謝料契約の例

不貞慰謝料契約としては、例えば、次のようなケースが考えられます。

・離婚することを前提に、不貞配偶者又は不貞相手のいずれか一方にのみ、又は両方に対して不貞慰謝料を求める

・離婚しないことを前提に、不貞配偶者又は不貞相手のいずれか一方にのみ、又は両方に対して不貞慰謝料を求める

・いわゆる「ダブル不倫」のケースで、それぞれの配偶者から不貞相手に対して不貞慰謝料を求める

実務では、離婚を前提とするかどうかはともかく、不貞相手に対してのみ不貞慰謝料を請求するというケースが多いのですが、本書で扱うのは家族間契約ですので、夫婦と不貞相手の三者契約という形で見ていきたいと思います。

契約書例 **離婚しないことを前提に、妻が夫の不貞相手に不貞慰謝料を求め、夫も入れて三者契約を結んだケース**

妻のAさんは、夫のBさんが会社の同僚女性Cさん（独身）と1年前から不倫関係にあることを知りました。

Bさんは Aさんに謝り、Cさんとは別れると言っていますし、まだ子どもが小さいこともあるので、AさんはBさんと離婚せずにやり直して家庭を守りたいと考えています。

そこで、AさんはCさんを呼び出して話し合い、Cさんに会社を辞めることや、慰謝料の支払いなどを約束してもらいました。

この場合の契約書の例を見てみましょう。

不貞慰謝料等に関する合意書

A、B及びCは、以下のとおり合意した。

第1条（謝罪）

B及びCは、Aに対し、BC間の不貞行為によってAに多大な精神的苦痛を与えたことを認めて、心から謝罪するとともに、BC間の不貞行為が完全に解消し、今後再び同様の事態に陥らないことを確約する。

第2条（慰謝料の支払義務）

B及びCは、Aに対し、BC間の不貞行為による慰謝料として〇〇万円の連帯支払義務があることを認める。

なお、BC間の負担割合については、Aは関知しないものとする。

第3条（慰謝料の支払方法）

B及びCは、Aに対し、前条の慰謝料を令和〇年〇月〇日限り、A名義の下記口座に振り込む方法によって支払う。

記

〇〇銀行　〇〇支店　普通預金口座　口座番号〇〇

第４条（Ｃの退職と今後の接触禁止）

Ａ、Ｂ及びＣは、Ｃが令和○年○月○日までにＢの勤務先でもある株式会社○○を退職したことを確認する。

２　Ｂ及びＣは、Ａに対し、直接あるいは第三者を介した間接的な方法であるかを問わずに、今後はメール、SNS、電話、郵便、面談等いかなる方法によっても互いに接触しないことを確約する。

第５条（違約金の定め）

Ｂ又はＣが本合意書の定めのいずれかに違反した場合、違反者は、Ａに対し、違約金として違反行為１回当たり○万円を支払う。

第６条（清算条項）

Ａ、Ｂ及びＣは、本件に関し、当事者間には、本合意書に定めるほか何ら債権債務がないことを相互に確認する。

以上を証するため本書を３通作成し、Ａ、Ｂ及びＣが各自署名押印の上、１通ずつ保有する。

令和○年○月○日

住所

氏名　　Ａ　　㊞

住所

氏名　　Ｂ　　㊞

住所

氏名　　Ｃ　　㊞

３　解説と留意点

(1)　不貞相手から不貞配偶者への求償をしない旨の合意

被害者である配偶者が不貞相手のみに対して慰謝料を求めるケースでは、被害者が「自分の家庭を壊した不貞相手については、慰謝料を全額払わせて痛みを感じてほしいが、自分と家計を同一にする不貞配偶者には（すでに夫婦間で話がついているので）慰謝料を負担させるつもりはない」という意図を持っているものです。

一方、不貞相手側は「共同不法行為なのだから、自分だけが慰謝料を支払うのではなく、不貞配偶者にも半額支払ってもらいたい」などと考えて、後で求償を求めることがよくあります。

そこで、あらかじめ交渉してこの求償権を放棄してもらい、あくまで慰謝料は不貞相手が全額負担して支払うという合意をしておくことも考えられます。

> **第○条（求償権の放棄）**
> 　Cは、第○条に基づいてAに支払った慰謝料につき、Bに対する求償権を放棄する。

⑵　不定配偶者と不貞相手が職場で接触することを避ける旨の合意

上記契約書例のように、職場の同僚同士が不貞関係にある場合は結構多いものです。どちらかが退職や転勤になったりすれば、日常生活における接触の機会はなくなりますが、関係解消後も職場で２人が一緒に仕事を続ける場合には、接触禁止条項の表現を工夫するとよいでしょう。

> **第○条（職場における不必要な接触の禁止）**
> 　B及びCは、共通の職場である株式会社○○において、就業時間中に業務上やむを得ない用件のために接触せざるを得ない場合を除き、直接あるいは第三者を介した間接的な方法であるかを問わずに、今後はメール、SNS、電話、郵便、面談等いかなる方法によっても互いに接触しないことを確約する。
> 2　Cは職場の宴席には可能な限り出席しないものとし、やむを得ず出席する場合にはBの隣席や同じテーブルに座らないように努める。

⑶　正当な理由なく第三者に口外しない旨の合意

交際中や交渉過程で知られた自分のプライバシーに関わる情報を勝手に言いふらされたりしないよう、次のような口外禁止条項を設けることがよく見られます。

このように定めたところで「人の口に戸は立てられぬ」（世間に噂や評判が漏れていくのは止められない）ともいわれますが、それでも何も定めがないよりは、当事者間の心理的抑止効果が期待されます。

第○条（口外禁止）

Ａ、Ｂ及びＣは、本件不貞行為及びその発覚後の交渉過程において知り得た他の当事者の個人情報ならびに本合意書の内容について、正当な理由がない限り、第三者に口外しないものとする。

⑷ 不貞相手のSNSから不貞配偶者の画像等を削除させる旨の合意

中には、不貞関係にある相手との画像等を堂々と（あるいは、見る人が見ればわかるようにして）SNSに掲載するというようなケースも散見されます。被害者である配偶者からすると、そのような画像等が第三者の目に触れるような状態にされていること自体が苦痛であるとして、記事の削除を求めることもあります。

第○条（SNSの記事の削除）

Ｂ及びＣは、令和○年○月○日までに、ＢＣが一緒に写っている画像及び動画を掲載したインスタグラム、フェイスブック等のSNS上の記事を削除する。

⑸ 不貞慰謝料の消滅時効

「消滅時効」とは、権利を行使することができる一定の期間内に、権利者が権利行使をしなかった場合に、義務者が「時効援用」の意思表示をすることによって、その権利を消滅させることを指します（307ページのコラム「**債権の消滅時効と民法改正**」参照）。

不貞慰謝料のような不法行為に基づく損害賠償請求権の場合は、「損害及び加害者を知った時から3年間」で「消滅時効」にかかりますので（民法724一）、注意しましょう。

また、「不法行為の時から20年間」の「除斥期間」という消滅時効類似の期間が経過すると、同様に権利が消滅してしまうことになります（民法724二）。

■コラム■

自然債務

■自然債務とは

債権（債務）の中には、裁判で債権者が請求しても権利を否定されて負けてしまい、そのため強制執行ができないけれど、債務者のほうから自発的に履行した場合には有効なものとして扱われる（例えば現金の支払いであれば、債務者が自発的に支払った場合には、債権者はその支払われた金銭を返さなくてよい）という性質のものが存在します。

何だか不思議な気がしますが、このような債務は「自然債務」と呼ばれており、フランスの民法では「返還請求は、任意に弁済された自然債務に関しては、認められない」と定められています。

日本の現行民法では特に明確な定めはありませんが、例えば次のようなものがこの自然債務に当たるといわれています。

・道義的責任に基づく債務
・不法原因給付（例えば犯罪依頼の報酬など）の返還債務
・訴訟を起こさないという特約付の契約に基づく債務
・消滅時効の完成した債務

■家族間契約と自然債務

家族間では、このうち「道義的責任に基づく債務」が問題になることがあるかもしれません。

例えば、親子の間で次のような会話があった場合はどうでしょう。

父「留学費用として250万円出してやるから、しっかり勉強してくるんだぞ」
子「弟や妹の教育費もかかる時期なのに無理させてごめんなさい。僕が社会に出て、うんと稼げるようになったら返すからね」
父「そんなこと気にするな」

この場合、法律が予定している典型的な契約の枠組みに収めようとすると、期限の定めのない金銭消費貸借契約、条件付金銭消費貸借契約、贈与契約など、いろいろな解釈が成り立つでしょう。父はあげたつもり、子は借りたつもりかもしれませんし、その逆のパターンも考えられます。

父から子に貸金返還請求を起こすにはちょっと法的根拠が弱いように思われますが、留学後に起業して成功を収めた子が「少なくとも道義的責任があるから返そう」と考えて、「お父さん、あのときはありがとう」と自発的に250万円を父に渡した場合には、自然債務の履行と考えてよいでしょう。

でも、実際にはこのような感心な子ばかりとは限りませんし、父が亡くなった後に弟や妹から「貸金請求権を相続した」「贈与だから特別受益として持ち戻せ」などと主張されて相続争いのもとになることも考えられます。

家族間であっても、現金のやり取りその他の約束事は、「自然債務」にとどめることなく、きちんとその法的性質の整理や履行の確保をしておくことが望ましいといえます。

6 パートナー(準結婚)契約

1 パートナー（準結婚）契約とは

(1) 事実婚（内縁）

事実婚とは、法的な婚姻（法律婚）はしていないものの、それと同視できるような実態を持つ関係をいい、「内縁」とも呼ばれています。

一般的には、そのような状況になっても結婚しないということは、それ相応のさまざまな背景事情があるわけですが、中には「パートナー（準結婚）契約は締結したい」というケースもありますので、本項ではそのような場合について見ていきましょう。

事実婚として、年金受給権、死亡退職金、不貞行為による慰謝料などについて法的保護を受けるためには、以下のような要件をできるだけ多く満たすことが必要です。

・長期間の同居
・家計を１つにしている
・２人の間に子どもが生まれ、父親に認知されている
・同一の姓（通称）を名乗るなど、夫婦として周知されている
・事実婚契約書を取り交わしている
・住居の賃貸借契約の締結時に内縁の配偶者として記載している
・勤務先に内縁の配偶者として届出をしている
・住民票に「未届の配偶者」として記載されている（注：地方公共団体により扱いが異なります）

事実婚（内縁）として一定の法的保護を受けられるとしても、離婚や相続の場面では依然として法律婚とは隔たりがあるのが現実です。つまり、事実婚は、どこまでいっても法律婚の場合とまったく同じにはなれないということを押さえておきましょう。

⑵ 同性婚

同性同士の結婚（同性婚）については、たびたびその可否が取り沙汰され、下級審レベルでは違憲判決（札幌地判令和３年３月17日）も出ているところですが、現時点において日本では法的に認められていません。

もっとも、平成27年に渋谷区で同性同士のパートナーシップ条例が制定されて話題になり、それ以降、各地方公共団体で相次いで類似の条例が制定されています。

よく誤解されるようですが、これは「〇〇区では同性婚が法的に認められた」というわけではありません。民法や戸籍法とは関係なく、その地方公共団体の中だけで通用する証明書や各種の特典が与えられたにすぎず、その要件や効果は地方公共団体によってまちまちです。パートナーシップ条例の適用を目的に転居する場合には、事前によく調べてからにしましょう。

2 パートナー（準結婚）契約の例

パートナー（準結婚）契約を締結する例としては、例えば次のようなケースが考えられます。

・結婚という法的なパッケージに縛られたくはないが、いざというときにお互いに困らないよう、ある程度の取決めはしておきたい
・どちらかに配偶者がいるため結婚できない
・家族が反対しているので今すぐは結婚できない
・夫婦別姓でいたい
・同性同士である

契約書例　**妻との離婚協議が長引き結婚できないケース**

Ａさんは、妻との折り合いが悪く、家庭内別居状態が長年続いていました。子どもが中学校を卒業したのを機に、Ａさんが家を出て別の独身女性Ｂさんと暮らし始めたところ、しばらく経ってＢさんが妊娠したことがわかりました。

Ａさんは、ゆくゆくはＢさんと再婚したいと考えていますが、妻は離婚を断固拒否しており、これから長く揉めることになりそうです。

Ａさんとしては、これから生まれてくる子どものためにも、Ｂさんとのパートナー（準結婚）契約を締結しておくことにしました。

この場合、どのような契約書を取り交わせばよいでしょうか。

事実婚に関する合意書

Ａ（夫に準じる者）及びＢ（妻に準じる者）は、Ａとその戸籍上の妻との間の離婚協議が調わないため婚姻の届出をすることができないものの、互いに婚姻の意思を持ち法的な婚姻に準じた関係であることを前提に、以下のとおり合意した。

第１条（事実婚の開始と婚姻に準じた義務）

Ａ及びＢは、令和〇年〇月〇日から同居し家計を同じくして事実婚を開始したものであり、今後も互いに婚姻に準じた同居義務、生活費分担義務及び貞操義務を負うことを確認する。

第２条（子どもの認知）

Ａは、Ｂとの間に子ども（令和〇年〇月ころ第１子出産予定）が生まれた場合には、生後１か月以内に認知の届出をする。

２　子どもの親権者はＢとし、Ａ及びＢが協力して子どもの監護養育を行う。

第３条（離婚及び再婚）

Ａは、戸籍上の妻との間で協議を進め、離婚成立に向けて迅速かつ誠実に対処する。

2　Ａ及びＢは、Ａの離婚成立後1か月以内に婚姻の届出を行う。

第4条（事実婚の解消）

Ａ及びＢが前条第2項以外の理由により事実婚を解消する場合には、以下のとおりとする。

⑴　民法768条に準じた財産分与を行う。

⑵　Ａ又はＢの不貞行為により事実婚の解消に至った場合、不貞行為者は、相手方に対して前項とは別に慰謝料200万円を支払う。

⑶　Ａは、Ｂに対し、ＡＢ間の子どもの養育費として、子どもが大学を卒業する月まで、毎月末日限り子ども1人当たり7万円を支払う。

第5条（紛争解決方法）

Ａ及びＢは、本合意書に関して紛争が生じたときは、両名が法的な婚姻に準じた関係にあることを前提として、誠実に協議して解決するよう努める。

2　前項による解決が困難な場合には、家庭裁判所の家事事件手続又は双方の合意のもとで家族間紛争に関するADRを利用して解決するものとする。

以上を証するため本合意書を2通作成し、ＡＢがそれぞれ署名押印して1通ずつ保有する。

令和〇年〇月〇日

氏名　　Ａ　　㊞

氏名　　Ｂ　　㊞

証人（Ｂの母）住所

氏名　　　　㊞

3　解説と留意点

⑴　始期の明確化と終期の清算方法

事実婚の特徴として「始期がはっきりしない」という点があります。最初は時々泊まるつもりが回数が増えて同棲となり、いつしか家計をともにするようになって事実婚の状態が形成されていく……といった具合です。いつから契約の効力が発生するか、すなわち事実婚の状態になったかについて契約の中で明記することが望ましいでしょう。特段明記されていない場合には契約書の作成日をもって始期と考えることができます。

そして、2人の事実婚関係の解消時（婚姻関係であれば離婚に相当するとき）にどうやって清算するかについても、具体的に定めておくのが望ましいといえます。

⑵ 重婚的内縁

2人のうち一方又は双方に戸籍上の配偶者がいる場合、その事実婚は「重婚的内縁」といわれ、きちんと契約書を交わしていても、裁判の場面では「公序良俗に反する」として無効と判断されてしまう場合もあり得ます。また、配偶者のいる当事者の浮気が原因で事実婚解消に至っても、当初から排他的な貞操義務を前提としていないため、他方からの慰謝料請求が認められない場合もあり得ます。

もっとも、戸籍上の配偶者との間の婚姻関係が実質的にはすでに破綻しているようなケースでは、他の通常の事実婚関係と同様に法的保護を受けられるというのが判例の傾向です（最判平成17年4月21日等）。

⑶ パートナー（準結婚）契約と委任及び任意後見契約との併用

2人のうちどちらかが高齢になると、「いざというとき」を想定しなくてはなりません。病気やケガで体が不自由になったり、認知症で判断力がなくなったりした場合に、パートナーに財産管理や療養看護をスムーズにしてもらえるよう、上記契約書とは別に委任及び任意後見契約（151ページ参照）を結んでおくとよいでしょう。

ちなみに、前記の渋谷区のパートナーシップ条例では、パートナーシップ証明書の交付要件の1つに「任意後見契約公正証書の作成」が含まれています。

⑷ パートナーに遺産を残す方法

パートナー（準結婚）契約を交わしても、パートナーが相続人になれるわけではありません。どちらかが亡くなった後に残されたパートナーの生活保障をするためには、次のいずれかの法的措置を採る必要があります。

いずれも、法的及び税務の面でメリットやデメリットがありますので、まずは専門家に相談してから検討するとよいでしょう。

① 生前贈与

② 養子縁組

③ 遺言書による遺贈

④ 死因贈与契約

7　夫婦間贈与契約

1　夫婦間贈与契約とは

(1)　贈与税の基礎知識

第３章とは別に本章でわざわざ「夫婦間」における贈与契約を取り上げたのは、「相続税対策になる」などといわれて注目されている「夫婦間で居住用不動産を贈与する場合における贈与税の配偶者控除の特例」（以下「夫婦間贈与の特例」といいます）について説明するためです。

まずは、贈与税の基礎知識を押さえておきましょう。

原則として、１年間に110万円の基礎控除額を超える財産の贈与を受けた場合、贈与を受けた人には贈与税が課税されることになります。

夫婦間の金銭のやり取りについていうと、夫婦や親子の間にはお互いに扶養義務があるため、夫が妻に生活費や子どもの教育費として必要な金銭を渡しても、それは「贈与」ではなく「扶養義務の履行」であるため、贈与税は課されません。

しかし、夫婦間であっても、扶養義務の範囲を超える多額の金銭を相手方に渡すと、贈与税が課される可能性があります。

そして、夫が妻に不動産という高額の財産を贈与した場合には、110万円という贈与税の基礎控除額を超えるのが通常でしょうし、扶養義務の履行ともいえないので、本来なら多額の贈与税が課されてしまいそうです。

(2)　夫婦間贈与の特例とは

ここで、夫婦間贈与の特例について見てみましょう。夫婦間贈与の特例は、婚姻期間が20年以上の夫婦の間で「居住用不動産」又は「居住用不動産を取得するための金銭」の贈与が行われた場合に、基礎控除額である110万円のほかに、最高2,000万円まで配偶者控除を受けられるという内容になっています。

要件は次のとおりです。

① 婚姻期間が戸籍上の入籍日から20年を過ぎた後に夫婦間で贈与が行われたこと

② 配偶者から贈与を受けた財産が「居住用不動産」又は「居住用不動産を取得するための金銭」であること

③ 贈与を受けた年の翌年3月15日までに、贈与を受けた者が上記②の「居住用不動産」に現実に住んでおり、その後も引き続き住む見込みがあること

なお、以下のケースでは、夫婦間贈与の特例が「適用されない」ので注意が必要です。

・内縁の夫婦間の贈与である
・その不動産を転売したり賃貸したりする目的での贈与である
・その不動産が外国にある
・同じ配偶者からの2回目以降の贈与である（初回のみ適用可能）
・配偶者が過去に住宅を購入した際に借りた住宅ローンの返済に充てる金銭の贈与である

(3) 不動産の贈与と不動産取得のための贈与の優劣

上記要件②では「居住用不動産」か「居住用不動産を取得するための金銭」のいずれでもよいとされていますが、節税のためにはどちらが望ましいと思いますか？

答えは「居住用不動産」すなわち不動産の現物です。

なぜなら、金銭の場合はその額面金額が課税対象になりますが、不動産の現物の場合は、土地であれば路線価方式又は倍率方式による評価額（市場価格の約7割程度）になり、建物であれば固定資産税評価額（築年数にもよりますが市場価格や建築代金より相当低額）になるため、金銭の場合よりもかなり安く評価されることになります。

つまり、同じ2,000万円という上限額であっても、金銭よりも不動産の現物で贈与を受けたほうが、より価値の高いものを非課税枠に入れることができるということです。

2　夫婦間贈与契約の例

夫婦間贈与契約を締結する例としては、例えば、次のようなケースが考えられます。

・相続税対策の１つとして税理士に勧められた
・結婚20周年のプレゼントとして夫が所有している自宅不動産を妻に贈与したい
・マイホームを購入するに当たり、妻に共有持分を購入するための金銭を贈与したい

契約書例　**夫が妻に自宅不動産を贈与するケース**

Ａさんは、妻のＢさんと結婚して今年で25年になります。

銀婚式を機に、Ａさんが所有している自宅不動産をＢさんに贈与することにしました。

この場合の契約書例は次のとおりです。

夫婦間の居住用不動産贈与契約書

贈与者（夫）Ａは、受贈者（妻）Ｂとの間で、本日、次のとおり贈与契約を締結した。

第１条（居住用不動産の贈与）

Ａは、Ａの所有する下記の各不動産をＢに贈与するものとし、Ｂはこれを承諾した。

記

（土地）

所　在　　○○

地　番　　○番○

地　目　　宅地

地　積　　○㎡
（建物）
所　在　　○○
家屋番号　○番地○
種　類　　共同住宅
構　造　　○葺○造
床面積　　1階　○㎡
　　　　　2階　○㎡

第2条（目的物の引渡し及び移転登記手続）

Aは、Bに対し、令和○年○月○日限り前条の各不動産を引き渡すとともに、前条の贈与を原因とする所有権移転登記手続を行う。なお、同手続にかかる費用はBの負担とする。

第3条（公租公課）

第1条の各不動産に関する令和○年分の公租公課については、前条の引渡し日を基準とし、同日までに相応する分はAの負担、その翌日以降に相応する分はBの負担とする。

以上を証するため本覚え書を2通作成し、A及びBが各自署名押印してそれぞれ1通ずつ保有する。

令和○年○月○日

氏名　　A　㊞

氏名　　B　㊞

3　解説と留意点

(1)　居住用不動産を取得するための金銭の贈与

贈与契約書自体は、通常の贈与契約書とほぼ変わりありません。

上記契約書例は居住用不動産の現物を贈与するケースですが、「居住用不動産を取得するための金銭」を贈与する場合には、以下のような記載方法になります。

第１条（居住用不動産を取得するための金銭の贈与）
　Ａは、Ｂが居住用不動産を取得するための資金として、Ｂに対して〇〇万円を贈与するものとし、Ｂはこれを承諾した。
第２条（贈与に係る金銭の支払い）
　Ａは、Ｂに対し、前条の金員を、令和〇年〇月〇日限り、Ｂの指定するＢ名義の預金口座に振り込んで支払う。

⑵ 特例適用により贈与税がゼロでも申告が必要

夫婦間贈与の特例の適用を受けるためには、たとえ適用の結果として税金がゼロになる場合であっても、必ず税務署に対してその旨の申告手続を行わなければなりません。

添付書類としては、①贈与日から10日後以降の戸籍謄（抄）本、②贈与日から10日後以降の戸籍の附票の写し、③その居住用不動産の登記事項証明書など贈与の事実を証明するもの、④居住用不動産を現物で贈与を受けた場合は固定資産評価証明書が必要となります。

⑶ 民法改正も追い風に

夫婦間で生前贈与をした場合、相続人間の話し合い（遺産分割協議や遺留分侵害額請求）の際に特別受益として遺産に持ち戻して算定を行うのが原則です。

しかし、民法改正により、婚姻期間が20年以上の夫婦間で居住不動産の遺贈又は贈与をしたときには、相続時に特別受益の持戻免除の意思表示があったものと推定されることになりました（民法903④）。

このように、税務的な面だけでなく、法的にも夫婦間の不動産贈与が奨励されているのです。

⑷ 相続税の節税メリットがあるかどうかは税理士に相談

これまで見てきたように、夫婦間贈与の特例は、贈与税という意味では本来より節税になる有意義な制度だといえますが、配偶者に対して今ではなく自分の死後に不動産を渡す場合の相続税と比較すると、本当に節税メリットがあるかどうかは疑問です。

なぜなら、相続税については、以下のような要素も考慮すべきだからです。

① 相続税における配偶者控除は1億6,000万円が上限であり、そもそも大幅な控除が認められている

② 相続税における小規模宅地等の評価減の特例（被相続人が自宅として使用していた土地を配偶者が相続する場合には評価額が8割減額されるという特例）は、夫婦間贈与のような生前贈与には適用されない

③ 贈与税はゼロになるとしても、不動産取得税（相続の場合は生前贈与より優遇あり）、不動産の移転登記手続のための登録免許税（同上）、司法書士や税理士への報酬などがかかる

④ 贈与を受けた配偶者が贈与をした配偶者より早く亡くなってしまう可能性がある

これらのことを考えると、夫婦間贈与の特例があるからと安易に飛びつかず、我が家のケースで果たして本当に節税の意味があるかどうかを税理士にアドバイスを求めたり、節税以外にも贈与の動機があるかどうかなどを夫婦でしっかり話し合ってみるべきでしょう。

税務のポイント

税務に関する要件等の詳細は本項をご確認ください。ここでは、夫婦間贈与契約（税務上、「贈与税の配偶者控除」という）につき、実務で注意すべきポイントを解説します。

「3　**離婚契約**」の項（105ページ）でも触れましたが、財産分与をする人が含み益のある不動産を渡す場合、譲渡所得が生じることを解説しました。しかしながら、離婚する前に含み益のある自宅を夫婦間贈与で渡す場合には、他の要件を満たしていれば、含み益は実現しないことになります（ただし、相続税評価額が2,110万円以内であることを前提）。

また、夫婦間贈与後3年以内に贈与者に相続が発生した場合、相続財産に加算される3年以内贈与加算の適用はありません。しかしながら、相続開始年に夫婦間贈与を行った場合には、相続税申告には影響しませんが、受贈者

は贈与税申告を失念しないよう注意する必要があります。

そして、夫婦間贈与をする場合には、土地等だけではなく建物の持分（ほんの少しでよい）を贈与しておくことをお勧めします。なぜならば、夫婦の生前に自宅（例えば含み益3,000万円以上）を譲渡する可能性が仮にある場合、建物の持分を贈与せず土地等のみを贈与した場合、居住用財産3,000万円控除は適用できないためです。本特例は土地等に対するものではなく、あくまで建物をメインに考えたものであるため、ほんの少しの建物持分でも所有していることが必要とされます。

第5章

扶養と財産管理

はじめに

■扶養や財産管理の相談が増えている

最近、高齢者のいる家庭からの相談内容が変化してきたと感じています。相続対策や遺産トラブルの問題に加えて、高齢者の扶養や財産管理に関する問題が多くなってきました。平均寿命が延びたことや、健康寿命とのギャップに当たる期間が長期にわたるようになったことなどが影響していると思われます。

特に、生前に親を他の兄弟姉妹と会わせないようにする「囲い込み」や、親の財産管理をしていた子どもの「使い込み」をめぐる相談が増えています。

背景としては、以下のようなものが考えられます。

・普段から家族で財産や現金について話し合う習慣がなく、むしろタブー視しているので、お互いの認識の相違点に気付いていない
・親が、ある子どもに対して他の子どもについての愚痴や批判を口にしてしまう
・子どもが経済的に親に依存している

■図表５－１　平均寿命と健康寿命の推移

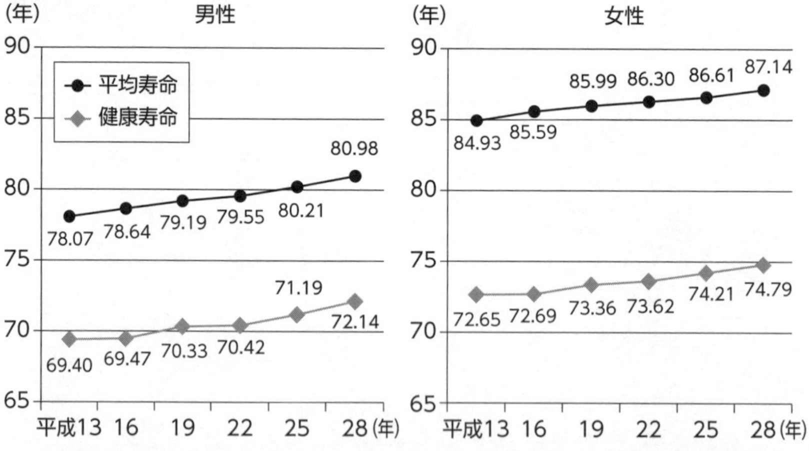

（出典）平均寿命：平成13・16・19・25・28年は、厚生労働省「簡易生命表」、平成22年は「完全生命表」
健康寿命：平成13・16・19・22年は、厚生労働科学研究費補助金「健康寿命における将来予測と生活習慣病対策の費用対効果に関する研究」平成25・28年は厚生労働省が「国民生活基礎調査」を基に算出

・子ども世代が、孫の教育資金がかさむ年代に差し掛かっていたり、定年前後で収入が減ってきたりしており、経済的不安を感じている
・親の面倒をみている子どもとみていない子どもとの間で、感情的な対立がある

問題が深刻になる前に家族間で契約を結んでおけば、将来のトラブルをある程度防ぐことができるでしょう。

この場合の契約とは、民法上の「委任契約」を土台にして、個々の課題に合わせて内容をカスタマイズしていくというイメージになります。その意味で、本章の契約例は他の章のものと比較してもオリジナリティの高いものとなっています。

■委任契約とは

「委任契約」は、委任者が自分に代わって受任者に法律行為をやってもらうという契約です（民法643）。法律行為だけでなく、おつかいなどの事実行為をお願いすることもできます（準委任契約）。

報酬が発生するかどうかはその契約次第ですが、注意すべき点は、委任者が考えていたとおりの結果が出せなくても、受任者は依頼事項を履行したことになるということです。その意味では雇用契約と似ています。ゴールが明確に決まっていて、そのために一定水準の結果を出すことまでお願いするのであれば、建築工事などで用いられる請負契約（民法632）が適しているのですが、実社会では「業務委託契約」などのタイトルで委任契約と請負契約の両方の要素を持つ契約が結ばれることが多いです。

受任者は、委任者に「善良な管理者としての注意義務」（民法644）を負っており、その依頼事項について世間で通常求められる程度の良識と注意をもって遂行するべき義務を負います。

また、委任者から途中経過を尋ねられたときや、依頼事項を終えたときには速やかに報告すべき義務（民法645）があります。

■契約の目的と骨組みを考える

契約書への記載方法を検討する前に、「この契約を締結することによって、何を実現したいのか」という目的を定めて、契約の骨組みをしっかり設計し

ておきましょう。

また、民法改正では各種条項の中に「契約その他の債務の発生原因及び取引上の社会通念に照らして」やこれに類する言い回しが、法的解釈の基準として頻繁に盛り込まれましたので（民法95、400、412の2、415、483）、契約の目的や背景事情などもわかるように明記しておくとよいでしょう。

【例】

① 契約の背景事情や契約に至った経過（前文）

・本契約は、父が長女一家に面倒をみてほしいという強い希望を述べたことから締結することにした。

・本契約は、これまで５年間にわたり次男の妻が無償で母の世話をしてきたことから、その不公平を是正するために家族全員で話し合って締結することにした。

② 契約の目的は何か（前文又は第１条）

・高齢者の財産（預貯金）の出入りを子どもの１人が管理して他の家族に報告する。

・高齢者の生活費を他の家族で分担する。

・親と同居していない子どもが親に面会できる機会を保障してほしい。

③ 契約の当事者を誰にするか

・父親と長男との１対１の契約とする。

・母親が委任者で、長男と長女が委任事項ごとに半々の割合で受任者となる。

・叔母を委任者とし、第１順位の受任者は甥で、第２順位の受任者は姪とする。

④ 何をどのようにするのか

・寝たきりの母親の指示どおりに銀行のＡＴＭで現金を下ろして持ち帰る。

・子ども３人が扶養料として毎月２万円ずつを母親の口座に振り込む。

・高齢の祖父と同居して日常的な介護をする。

・父親が入所している施設の連絡先となり、月３回以上面会に行き差入れなどをする。

⑤ 解約や契約内容変更の方法

・いずれか一方の当事者の健康や経済状態に変更が生じた場合に協議する。

・長女の配偶者が転居を伴う転勤になった場合には契約終了とする。

1　扶養契約

1　扶養契約の基本

⑴　扶養義務とは

夫婦、親子、祖父母、兄弟姉妹の間には、互いに扶養義務があります（民法752、877①）。このほか、民法には「直系血族及び同居の親族は、互いに扶《たす》け合わなければならない」（民法730）という規定もありますが、こちらは単なる努力義務を定めたものと解されています。

もっとも、特に事情があるときは、同居しているかどうかにかかわらず、家庭裁判所が３親等内の親族（叔父叔母、姪甥、配偶者の両親など）についても扶養義務を負わせることがあります（民法877②）。

扶養義務者や扶養権利者が何人もいて、当事者間では話がまとまらないときには、家庭裁判所がそれぞれの優先順位を決めてくれる場合があります（民法878）。

⑵　扶養義務の内容と程度

扶養義務の内容としては、①身上監護という意味での扶養（同居、日常生活の世話、療養・介護の手助けなど）と、②経済的な意味での扶養（生活費の援助など）があります。

近年は「おひとりさま」の状態で高齢を迎える人も多く、いくら現金があっても、上記①について頼りになる家族や親族がいなければ心細いですし、平均寿命が延びている分、上記②のような経済的な支援が必要になってくる可能性は誰にでもあります。

また、家族や親族の中に、心身の障害があり一人では生活できない人がいる場合もあるでしょう。

では、扶養義務者は自分の生活を犠牲にしてまでも扶養権利者のために尽くさなければならないのでしょうか。

この点、扶養の程度には「生活保持義務」と「生活扶助義務」の２種類があるといわれています。

① 生活保持義務

配偶者や未成年の子に対する扶養義務であり、自分と同水準の生活を扶養権利者にもさせるべきであるというものです。

② 生活扶助義務

上記以外の親族に対する扶養義務であり、自分の社会的な地位や資力にふさわしい生活を維持した上で、なお余力がある場合に、その範囲内で扶養権利者を扶養すればよいというものです。

具体的な扶養の程度や方法について、当事者間では話がまとまらないときには、家庭裁判所が、扶養権利者の需要や扶養義務者の資力その他一切の事情を考慮して決めてくれることがあります（民法879）。

⑶ 扶養契約の必要性

いざとなれば家庭裁判所が決めてくれるとはいえ、「法は家庭に入らず」ともいわれるとおり、誰がどうやって扶養するかということについては、やはり家族や親族の中で協議をして取り決めるのがベストでしょう。

そのために活用したいのが「扶養契約」であり、将来の事情変更に合わせて柔軟に運用できる余地を残しつつ、基本的な事項を合意しておくとよいと思われます。

2 扶養契約の例

扶養契約を締結する例としては、例えば、次のようなケースが考えられます。

・要介護状態になった親の面倒をみる

・両親を亡くした障がいのある甥や姪の面倒をみる

・高齢になった叔父叔母や姑などの面倒をみる

契約書例　**一人暮らしの叔母の面倒をみるケース**

Ａさんは独身で、社会人になってからずっと一人暮らしをしてきましたが、このたび80歳になり持病もあるので、同じく一人暮らしをしている姪のＢさん（58歳）と一緒に住んで老後の面倒をみてもらいたい（身上監護型の扶養）と思っています。

Ｂさんも、子どものころから親しく交流してきた叔母からの申出でもあり、亡くなった母からも頼まれていたので承諾しようと思っているのですが、叔父や他のいとこたちの目もあるので、きちんと取決めをしておきたいところです。

どのような契約書を取り交わせばよいでしょうか。

同居及び扶養に関する合意書

ＡとＢは、次のとおり合意した。

第１条（ＡとＢの同居及び日常生活支援）

ＡとＢは、令和〇年〇月〇日からＡ宅において同居し、ＢがＡの買い物や通院に付き添うなどしてその日常生活を支援する。

第２条（同居中の生活費の分担）

共同生活にかかる費用については、原則として住居費と水道光熱費はＡが負担し、食費と日用品費はＢが負担する。

第３条（ペットの世話）

Ｂは、Ａの飼っている猫１匹（名前：〇〇）の世話をする。

第４条（墓参りの代行）

Ｂは、毎月１回、Ａに代わり、〇〇寺において〇〇家の墓参りをする。

第５条（入院・入所時の保証人）

Ａが入院又は施設に入所する場合には、Ｂが保証人となる。

第６条（求償権）

Ａの医療費等の個人的な支出につき、Ｂが立替払いをしたときは、Ａに求償することができる。

第７条（本合意の存続期間）

本合意は、原則としてＡの終身にわたり存続するが、ＡとＢが合意すればいつでも解約できる。

第８条（委任及び任意後見契約の締結）

ＡとＢは、本合意書とは別に、公証役場において委任及び任意後見契約を締結することとする。

……（略）……

以上を証するため本書を２通作成し、ＡＢが各自署名押印の上、１通ずつ保有する。

令和〇年〇月〇日

住所

氏名　Ａ　㊞

住所

氏名　Ｂ　㊞

3　解説と留意点

(1)　相続開始後に他の相続人に契約書を示す場面も考える

親族への奉仕の気持ちから扶養を始めたという場合でも、他の親族からはどのように見られているかわかりません。

「相続で有利に運ぶためという魂胆があるのではないか」などと心ないことを言われたりして、実際に扶養権利者が亡くなった後で相続争いに発展することもあります。

そういう場合に、「こうやって元気なうちにきちんと取決めをして、面倒をみていた」という証拠として扶養契約書を示すことができれば、周りからの誤解も解けるでしょう。

このように、契約書というものは、当事者間ではむしろ必要性を感じない場合であっても、第三者に公正さを示すツールとして働く場合もあるのです。

(2) 有償が前提なら他の契約形態も検討する

「老後の面倒をみてくれたお礼に、私が死んだらこの土地建物をあげる」という話になることもよくあります。このような場合、遺言書ではちょっと頼りない面があります。

なぜなら、遺言書は、書いた本人以外の人が当然に内容を確認できるものではありませんし、たとえ確認できたとしても、いつまた書き変えられてしまうかわからないからです。

一方、「契約」という形にすれば、当事者間の合意ですので、「気が変わったから」などの理由で簡単に解消することはできません。

次のようなことも参考にしてみてください。

① 負担付贈与契約の要素を入れる

負担付贈与契約というのは、第3章「**3 負担付贈与契約**」(83ページ)でも説明したように、もらう側にも義務が課されるタイプの贈与契約です。

例えば、「老後の面倒をみてくれること」を条件(負担内容)として「不動産を贈与する」などです。

② 有償の委任及び任意後見契約を結ぶ

公証役場で作成する「委任及び任意後見契約」(本章「**2 委任契約及び任意後見契約**」151ページを参照)は、受任者や任意後見人に対して対外的な代理権限を付与するという意味もありますし、「毎月の報酬を○万円とする」など有償の設定が違和感なくできるという意味でも活用の余地があります。

その場合には、上記契約書例の第8条のように、扶養契約とは別個に公正証書を作成しておくことになるでしょう。

(3) 養子縁組との違い

親子以外の関係でありながら扶養契約を結ぶというのであれば、扶養契約の代わりに養子縁組をすることも検討してはいかがでしょうか。

養子縁組をすると法的な親子関係が生じるので、互いに扶養義務(民法877①)を負うことになりますが、その一方で、養子は養親の法定相続人としての地位を得ることになります。

負担付贈与契約書を作るよりは、養子縁組届を市区町村のインターネットからダウンロードして作成したほうが簡便だという見方もできるでしょう。

ただし、養子縁組をするということは、その旨が戸籍にも記載されますし、養子と養親という公的な身分関係を創出することになるので、心理的に抵抗を感じる人もいると思います。また、「養親には海外に居住している実子がいる」という場合には、その実子と養子との間に兄弟姉妹の関係も生じてしまいます。

養子縁組は、周りの人にも相談し、よく考えて慎重に行いましょう。

税務のポイント

相続税法の規定する扶養義務は基本的には民法の借用概念になりますが、一部修正を加えています。民法上、3親等内の親族については家庭裁判所の審判を受けて初めて扶養義務者となりますが、相続税法上は、この他に3親等内の親族で生計を一にする者についても扶養義務者に該当することとしています。具体的には、甥姪などが該当します。

また、扶養義務の履行については、税務上、「生活費」や「教育費」につき、贈与税の課税か否かが問題となります。税務上は、扶養義務者相互間において「生活費」や「教育費」に充てるために贈与を受けた財産のうち「通常必要と認められるもの」については、贈与税の課税対象となりません。ここで「生活費」とは、その者の通常の日常生活を営むのみ必要な費用をいい、治療費や養育費その他これらに準ずるものを含む概念です。また、「教育費」とは、被扶養者の教育上通常必要と認められる学資、教材費、文具費等をいい、義務教育費に限られません。この場合、「通常必要と認められるもの」は「社会通念上適当と認められる範囲」を指し、実務上、非常に曖昧な概念で頭を悩ませます。

そして、これらの贈与につき、数年間分を一括して贈与する場合には贈与税の課税対象となりますので、注意が必要です。必要な都度、贈与する場合には、贈与税の課税対象となりませんので、贈与する場合には工夫が必要となります。

2　委任契約及び任意後見契約

1　委任契約・任意後見契約の基本

現在の日本は、高齢者の増加により、認知症の人数が増加してきています。厚生労働省が令和２年の老人の日（9月15日）にあわせて公表した100歳以上の高齢者の数が初めて８万人を突破したとあります。医療が発達して長生きができるようになってきたのです。そうすると本章の「はじめに」でも述べましたが、平均寿命と健康寿命のギャップが問題になってくるのです。「健康寿命」とはＷＨＯが提唱した新しい指標で、「平均寿命から寝たきりや認知症など介護状態の期間を差し引いた期間」といわれています。

つまり、心身ともに自立し健康的に生活できる期間ということもできます。

平均寿命と健康寿命との間は、どのくらいの期間があるのでしょう。**図表５－１**（142ページ）をみますと、男性の平均寿命マイナス健康寿命は、8.84年、女性の平均寿命マイナス健康寿命は、12.35年となっています。

この期間は自立してではなく、誰かの力を借りながら生活することになるかもしれない期間になります。それは、高齢により体力が低下し、介護が必要になることかもしれません。

また、認知症の可能性もあります。認知症の場合は、財産の管理や処分等ができなくなります。例えば、介護費用を支払うために、定期預金を解約したいと思ってもそれができません。自宅で暮らすことが難しいため、自宅の売却をして介護施設への入所費用にしたいと考えたとしてもできないのです。財産の管理や処分等だけではなく、その他の法律行為もできません。

医療や入院、介護も法律上では契約になります。実際には、子どもが代わって手続を行うケースも多々ありますが、遠い親戚や親族以外の第三者が対応をする場合には、拒否されるケースがあります。このような場合、認知症を発症した後であれば「法定後見制度」を利用し、本人に代わって財産の管理や処分、病院や施設の契約などを行ってもらう「成年後見人」を家庭裁判所で選任することになります。

一般的に最も懸念されることは、法定後見制度を利用する場合、後見人に選任される人が面識のない専門家になることが多いということです。しかも、その場合には必ず有償となります。それを避けるために、判断能力のあるうちに、認知症になったときに財産管理をしてほしい身近な人に前もって「任意後見人」をお願いするということを「契約」しておくことができるのです。このことを「任意後見契約」といいます。

また、任意後見契約では対応できない状況があります。それは、判断能力はあるが、体が不自由な場合です。判断能力が十分なときは、任意後見契約を交わしていても備えにはなりますが、実際に利用することはありません。これを補うのが委任契約になります。

委任契約は、任意後見契約と違い、契約をしたときから効力があります。つまり、任意後見契約では補えない「判断能力はあるが、体が不自由」な状況に対応ができるのです。このことから、「委任契約及び任意後見契約」としてセットにして公正証書を作成することが多いです。判断能力が十分なときは委任契約でサポートをし、判断能力が不十分になったら任意後見契約に移行するため、移行型の任意後見契約と呼ばれています。

2　委任契約及び任意後見契約の例

契約書例　おひとりさまで今後世話をしてくれる人をお願いしたいケース

Aさん（70歳女性）は、両親を早くに亡くし、弟が1人います。

弟は結婚して遠方に住んでいて、仲が悪いわけではありませんが、数年会っていません。

Aさんは、若い頃に比べて体力的に無理もできないと考えはじめました。一人暮らしで自分に何かあったときの備えにと、終活セミナーで聞いた後見契約をしておきたいと考えました。長年の知り合いで信頼する人が引き受けてくれるというのでお願いすることにしました。

この場合、どのような契約書を取り交わせばよいでしょうか。

令和元年　第〇〇〇号

委任契約及び任意後見契約公正証書

当公証人は、令和〇年〇月〇日、当公証役場において、委任者 〇〇 〇〇（以下「甲」という。）及び受任者 〇〇 〇〇（以下「乙」という。）の嘱託により、次の法律行為に関する陳述の趣旨を録取してこの証書を作成する。

本　　　旨

第1　委任契約

第1条（契約の趣旨）

甲は、乙に対し、令和〇年〇月〇日、甲の生活、療養看護及び財産の管理に関する事務（以下「委任事務」という。）を委任し、乙はこれを受任する。

第2条（任意後見契約との関係）

前条の委任契約（以下、「本委任契約」という。）締結後、甲が精神上の障害により事理を弁識する能力が不十分な状況になり、後見事務を行うことを相当と認めたときは、乙は、家庭裁判所に対し、任意後見監督人の選任の請求をしなければならない。

2　本委任契約は、後記第2の任意後見契約につき任意後見監督人が選任され、同契約が効力を生じたときに終了する。

第3条（委任事務の範囲）

甲は、乙に対し、別紙(1)「代理権目録（委任契約）」記載の委任事務（以下「本件委任事務」という。）を委任し、その事務処理のための代理権を付与する。

2　乙は、本件委任事務を処理するに当たっては、甲の意思を常に尊重し、かつ、身上に配慮するものとし、適宜甲と面接し、ヘルパーその他日常生活援助者から甲の生活状況につき報告を求め、主治医その他医療関係者から甲の心身の状態につき説明を受けるなどにより、甲の生活状況及び健康状態の把握に努めなければならない。

第４条（証書等の引渡し等）

甲は、乙に対し、本件委任事務処理のために必要と認める範囲で、適宜の時期に、別紙(1)「代理権目録（委任契約）」８記載の証書等及びこれらに準ずるものを引き渡す。

２　乙は、前項の証書等の引渡しを受けたときは、甲に対し、預り証を交付してこれを保管し、前記証書等を本件委任事務処理のために使用することができる。

第５条（費用の負担）

乙が本件委任事務を処理するために必要な費用は、甲の負担とし、乙は、その管理する甲の財産からこれを支出することができる。

第６条（報酬）

乙の本件委任事務処理は、無報酬とする。

第７条（報告）

乙は、甲に対し、○か月ごとに、本件委任事務処理の状況につき適宜の方法で報告する。

２　甲は、乙に対し、いつでも、本件委任事務処理状況につき報告を求めることができる。

第８条（契約の変更）

本委任契約に定める代理権の範囲を変更する契約は、公正証書によってするものとする。

第９条（契約の解除）

甲及び乙は、いつでも本委任契約を解除することができる。ただし、解除は公証人の認証を受けた書面によって行うものとし、かつ、同時に後記第２の任意後見契約も解除しなければならない。

第10条（契約の終了）

本委任契約は、第２条第２項に定める場合のほか、次の場合に終了する。

(1)　甲又は乙が死亡し又は破産手続開始決定を受けたとき

(2)　乙が後見開始又は保佐開始の審判を受けたとき

(3)　甲が後見開始、保佐開始又は補助開始の審判を受けたとき

第２　任意後見契約

第１条（契約の趣旨）

甲は乙に対し、令和〇年〇月〇日、任意後見契約に関する法律に基づき、精神上の障害により事理を弁識する能力が不十分な状況における甲の生活、療養看護及び財産の管理に関する事務（以下「後見事務」という。）を委任し、乙はこれを受任する。

第２条（契約の発効）

前条の任意後見契約（以下「本任意後見契約」という。）は、家庭裁判所により任意後見監督人が選任されたときからその効力を生ずる。

２　本任意後見契約締結後、甲が精神上の障害により事理を弁識する能力が不十分な状況になり、後見事務を行うことを相当と認めたときは、乙は、家庭裁判所に対し任意後見監督人の選任の請求をする。

３　本任意後見契約の効力発生後における甲と乙との間の法律関係については、任意後見契約に関する法律及び本任意後見契約に定めるもののほか、民法の規定に従う。

第３条（後見事務の範囲）

甲は、乙に対し、別紙(2)「代理権目録（任意後見契約）」記載の後見事務（以下「本件後見事務」という。）を委任し、その事務処理のための代理権を付与する。

第４条（身上配慮義務）

乙は、本件後見事務を処理するに当たっては、甲の意思を尊重し、かつ、甲の身上に配慮するものとし、その事務処理のため、適宜甲と面接し、ヘルパーその他日常生活援助者から甲の生活状況につき報告を求め、主治医その他医療関係者から甲の心身の状態につき説明を受けることなどにより、甲の生活状況及び健康状態の把握に努めるものとする。

第５条（証書等の保管等）

乙は、甲から本件後見事務処理のために別紙(2)「代理権目録（任意

後見契約）」９記載の証書等の引渡しを受けたときは、甲に対し、その明細及び保管方法を記載した預り証を交付する。

2　乙は、本任意後見契約の効力発生後、甲以外の者が前項記載の証書等を占有所持しているときは、その者からこれらの証書等の引渡しを受けて、自らこれを保管することができる。

3　乙は、本件後見事務を処理するために必要な範囲で前記の証書等を使用するほか、甲宛の郵便物その他の通信を受領し、本件後見事務に関連すると思われるものを開封することができる。

第６条（書類の作成）

乙は、本件後見事務を処理するに際し、以下の書類を作成する。

⑴　任意後見監督人選任の申立時において、財産目録、預貯金目録及び証書等の保管目録

⑵　本件後見事務に関する会計帳簿

第７条（費用の負担）

乙が本件後見事務を処理するために必要な費用は、甲の負担とし、乙は、その管理する甲の財産からこれを支出することができる。

第８条（報酬）

乙の本件後見事務処理は、無報酬とする。

2　本件後見事務処理を無報酬とすることが、次の事由により不相当となったときは、甲及び乙は、任意後見監督人と協議のうえ、これを変更することができる。

⑴　甲の生活状況又は健康状態の変化

⑵　経済情勢の変動

⑶　その他本件後見事務処理を無報酬とすることを不相当とする特段の事情の発生

3　前項の場合において、甲がその意思を表示することができない状況にあるときは、乙は、任意後見監督人の書面による同意を得てこれを変更することができる。

4　第２項の変更契約は、公正証書によってしなければならない。

第９条（任意後見監督人への報告）

乙は、任意後見監督人に対し、〇か月ごとに、本件後見事務に関す

る次の事項について書面で報告する。

(1)　乙の管理する甲の財産の管理状況

(2)　甲を代理して取得した財産の内容、取得の時期・理由・相手方及び甲を代理して処分した財産の内容、処分の時期・理由・相手方

(3)　甲を代理して受領した金銭及び支払った金銭の状況

(4)　甲の生活又は療養看護につき行った措置

(5)　費用の支出状況（支出した金額・時期・理由・相手方等）

(6)　報酬の定めがある場合の報酬の収受

2　乙は、任意後見監督人の請求があるときは、いつでも速やかにその求められた事項につき報告する。

第10条（契約の解除）

甲又は乙は、任意後見監督人が選任されるまでの間は、いつでも公証人の認証を受けた書面によって、本任意後見契約を解除することができる。

2　甲又は乙は、任意後見監督人が選任された後は、正当な事由がある場合に限り、家庭裁判所の許可を得て、本任意後見契約を解除することができる。

第11条（契約の終了）

本任意後見契約は、次の場合に終了する。

(1)　甲又は乙が死亡又は破産手続開始決定を受けたとき

(2)　乙が後見開始の審判を受けたとき

(3)　乙が任意後見人を解任されたとき

(4)　甲が法定後見（後見・保佐・補助）開始の審判を受けたとき

(5)　本任意後見契約が解除されたとき

2　任意後見監督人が選任された後に前項各号の事由が生じた場合、甲又は乙は、速やかにその旨を任意後見監督人に通知するものとする。

3　任意後見監督人が選任された後に第1項各号の事由が生じた場合、甲又は乙は、速やかに任意後見契約の終了の登記を申請しなければならない。

第12条　甲は、乙に対し、甲の死亡後における次の事項の事務処理を委任する。

(1) 甲の生前に発生した一切の債務の弁済

(2) 入院保証金、入居一時金その他残債権の受領

(3) 甲の葬儀、埋葬、納骨

(4) 以上の事務に関する費用の支払い

2 前項の事務処理に関する費用は、甲の相続財産からこれを支出することができる。

別紙(1) 代理権目録（委任契約）

1 甲の有する一切の財産の管理、保存に関する事項

2 下記金融機関とのすべての取引に関する一切の事項

(1) ○○銀行　○○○○支店

　○○預金　口座番号：○○○○○○

(2) ゆうちょ銀行　通常貯金

　記号・番号　○○○○○・○○○○○○○○

(3) ゆうちょ銀行　定額貯金

　記号・番号　○○○○○・○○○○○○○○

(4) その他甲が取引するその他の金融機関・証券会社等全て

3 保険契約（類似の共済契約を含む）の締結、変更、解除、保険料の支払い、保険金の受領等保険契約に関する一切の事項

4 家賃、地代、年金その他の社会保険給付等定期的な収入の受領、家賃、地代、公共料金等定期的な支出を要する費用の支払いならびにこれらに関する諸手続等一切の事項

5 生活に必要な送金、生活に必要な財産の取得及び物品の購入その他日常生活関連取引（契約の変更、解除を含む）に関する事項

6 医療契約、入院契約、介護契約、施設入所契約その他の福祉サービス利用契約等、甲の身上監護に関する一切の契約の締結、変更、解除、費用の支払い等一切の事項

7 要介護認定の申請及び認定に対する承認又は審査請求に関する一切の事項

8 登記済権利証・登記識別情報、印鑑、印鑑登録カード、住民基本台

帳カード、個人番号（マイナンバー）カード・個人番号（マイナンバー）通知カード、預貯金通帳、キャッシュカード・クレジットカード等の各種カード、株券等有価証券・その預り証、年金関係書類、健康保険証、介護保険証、土地・建物賃貸借契約書等の重要な契約書類その他重要書類の保管及び各事項の事務処理に必要な範囲内の使用に関する事項

9　登記の申請、供託の申請、住民登録、印鑑登録の申請、住民票、戸籍謄抄本、登記事項証明書の請求、税金の申告・納付等行政機関に対する一切の申請、請求、申告、支払い等に関する事項

10　甲が所有するペットに関する飼育、第三者への飼育委託及び譲渡に関する一切の事項

11　以上の各事項に関する行政機関への申請、その処分に対する不服申立て、紛争の処理（弁護士に対する委任、公正証書の作成嘱託を含む）に関する事項

12　復代理人の選任、事務代行者の指定に関する事項

13　以上の各事項に関する一切の事項別紙

別紙⑵　代理権目録（任意後見契約）

1　不動産、動産、賃借権、貸付金・出資金債権、社員権等全ての財産の保存、管理、変更及び処分に関する事項

2　金融機関（ゆうちょ銀行を含む）、証券会社との全ての取引（預貯金の払戻し、振込み、名義書換等を含む）に関する事項

3　保険契約（類似の共済契約等を含む）に関する事項

4　定期的な収入の受領、定期的な支出を要する費用の支払いに関する事項

5　生活費の送金、生活に必要な財産の取得、物品の購入その他日常生活関連取引に関する事項

6　医療契約、入院契約、介護契約その他の福祉サービス利用契約、福祉関係施設入退所契約に関する事項

7　要介護認定の申請及び認定に関する承認又は審査請求ならびに福祉関係の措置（施設入所措置も含む）の申請及び決定に対する審査請求に関する事項

8　シルバー資金融資制度、長期生活支援資金制度等の福祉関係融資制度の利用に関する事項
9　登記済権利証・登記識別情報、印鑑、印鑑登録カード、住民基本台帳カード、個人番号（マイナンバー）カード・個人番号（マイナンバー）通知カード、預貯金通帳、キャッシュカード・クレジットカード等の各種カード、株券等有価証券・その預り証、年金関係書類、健康保険証、介護保険証、土地・建物賃貸借契約書等の重要な契約書類その他重要書類の保管及び各事項の事務処理に必要な範囲内の使用に関する事項
10　居住用不動産の購入及び賃貸借契約ならびに住居の新築・増改築に関する請負契約に関する事項
11　登記及び供託の申請、住民登録・印鑑登録の申請、住民票・戸籍謄抄本・登記事項証明書の各種証明書の請求、税務申告・納税等行政機関に関する一切の申請、請求、申告、支払い等に関する事項
12　遺産分割の協議、遺留分侵害額の請求、相続放棄、限定承認に関する事項
13　甲が所有するペットに関する管理、第三者への飼育委託及び譲渡に関する一切の事項
14　新たな任意後見契約の締結に関する事項
15　以上の各事項に関する行政機関への申請、その処分に対する不服申立て、紛争の処理（弁護士に対する委任、公正証書の作成嘱託を含む）に関する事項
16　復代理人の選任、事務代行者の指定に関する事項
17　以上の各事項に関する一切の事項

3　解説と留意点

委任契約書の第６条と任意後見契約書の第８条について、ひな型では無報酬としています。しかし、家族以外の第三者が受任する場合には「月額○万円とする」などのように報酬を定めておく場合があります。家族の場合でも、委任事務・後見事務の負担が大きい場合やその他の事情に合わせて報酬を定めておくことが可能です。契約書を作成する際には、ご確認ください。

また、「任意後見」と「法定後見」のことをもう少し詳しく説明します。「任意後見」は、判断能力があるうちに、お願いする人と「契約」をします。契約なので依頼する事項は任意で構いません。

契約書のひな型としては、考えられるものをすべて記載していますが、すべてでなくても構いません。お願いしたいことのみ選んで記載してください。ただ、記載していることしかできませんので、将来起こり得ることを想定して作成してください。また、被後見人が後見人の知らないところで行った契約行為などを「取消し」することができません。

任意後見人には、「取消権」「同意権」が付与されていません。

また、実際に任意後見制度を利用するために家庭裁判所へ申立てをすると、「任意後見監督人」が選任されます。これは、専門家が選任されることが多いです。知り合いや身近な人が任意後見人になるなど、普段行わない業務を行うことになるので、任意後見人と一緒に被後見人をサポートしたり、任意後見人の役目を監督する人になります。

任意後見監督人が選任され、それが専門家になると、報酬が発生します。これは被後見人が亡くなるまで続きます。

「法定後見」は、認知症を発症したりして、判断能力がなくなった後に、その人の財産を守ることや、法律行為をすることになったときに家庭裁判所に申し立てて成年後見人を選任することになります。その場合、前述にもあるとおり、面識のない専門家が選任されることが多くあります。

ただ、家族が申立てをして後見人になっているケースもありますので、すべてにおいて専門家というわけではありません。

任意後見人と大きく違うのは「取消権」があることです。

任意後見人ではできなかった、後見人の知らないところで行った契約も、取消しできます。

さらに、法定後見人にも専門家が選任されれば必ず報酬が発生します。これも被後見人が亡くなるまで続きます。

判断能力があるうちに、委任契約、任意後見契約で備えておくこと、法定後見との違いなど、専門家の意見を聴きながら準備を進めることをお勧めします。

3　二世帯同居契約

1　二世帯同居契約とは

(1)　さまざまな二世帯同居の形態

二世帯、つまり親世帯と子ども世帯が同居するというと、どのような建物を連想するでしょうか。

建物の構造や使い方によって、次のような3パターンがあります。

①　完全分離タイプ

外階段を作って1階と2階で玄関を別にし、内部も階をまたいで行き来できないよう構造的に分かれている。

②　内部分離タイプ

玄関は1つでも合意により内部の居住スペースが分かれている。

※　水回りやリビングなど一部を共有するかどうかでさらに区別される。

③　完全同居タイプ

玄関が1つで内部も両世帯が混然一体となっている。

また、所有名義の点からいうと、次の3パターンがあります。

①　親と子の共有

②　親又は子の単独所有

③　建物を登記上2つに分けて親子それぞれが区分所有

(2)　二世帯同居の問題点

上記のどのタイプであれ、二世帯同居ということになれば、互いにいろいろな面で助け合えますので安心感がある反面、血のつながりのない「子どもの配偶者」「配偶者の両親」という姻族が一緒に住むことを意味しますので、お互いにストレスが溜まりがちになります。

「私ならうまくやれそう」「あのお嫁さん（お義母さん）なら大丈夫」と思ってスタートしても、実際に同居してみて初めて問題点が浮かび上がってくる

■図表５－２　世帯の割合

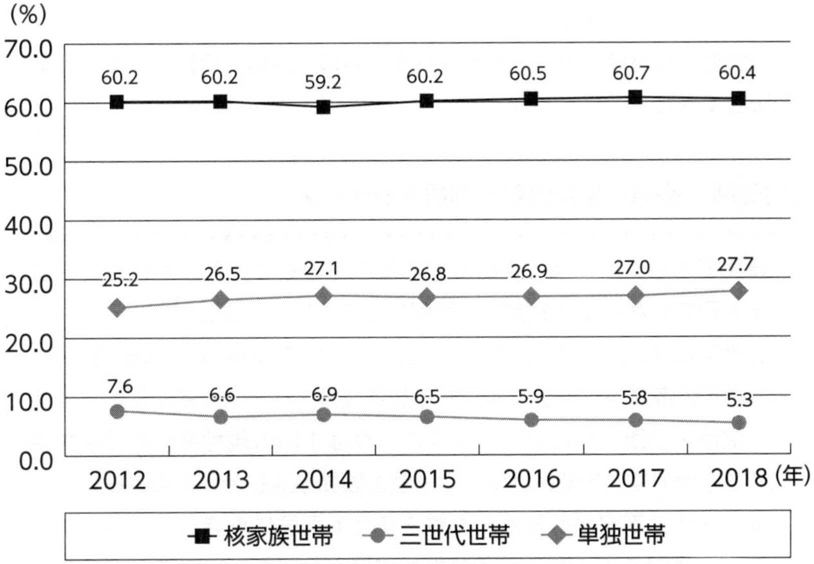

（出典）政策統括官（統計・情報政策、政策評価担当）「国民生活基礎調査」。2012 年の数値は、福島県を除いたもの、2016 年の数値は、熊本県を除いたもの

ものです。

本来であれば一番リラックスできて安全地帯であるはずの自宅が「居るだけでストレスを感じる場」になってしまっては、何のために高額の住宅ローンを組んで新居を建てたのかわかりません。

このような事態を避けるためにも、多少他人行儀に映っても最初の段階で「二世帯同居契約書」を作っておけば、長期的に見て気持ちのよい生活につながるでしょう。「契約」というよりも「ルール」という感覚で、何でも自由に取り決めておけばよいのです。

2　二世帯同居契約の例

二世帯同居契約を締結する例としては、例えば、次のようなケースが考えられます。

・若くて収入の少ない長男世帯の家計を助けるために、親が長男一家を呼び寄せた

・高齢の両親の面倒をみるために、次男一家がバリアフリーの二世帯住宅を建てて親を呼び寄せた
・家事育児を母親にサポートしてもらうために、共働きの長女一家が実家に転居してきた

契約書例　**長男一家が両親と同居するケース**

長男であるＡさんは、妻のＢさん及び子ども２人とともに、父のＣさんと母のＤさんが住む実家に同居することになりました。

二世帯仕様に建て替えた建物は、玄関が１つで、内部は１階を親世帯、２階を子世帯が使う予定です。トイレと洗濯スペースは各階にありますが、浴室・台所・リビング・ダイニングは１階の親世帯のものを共用にする予定です（２階にはシャワー室と簡易な流し台があるのみ）。

Ａさんは、不安がるＢさんを説き伏せて同居に承諾してもらったのですが、世間でよくあるような嫁姑問題が生じないように、皆で簡単な取決めをしておきたいと考えています。

この場合、どのような契約書を取り交わせばよいでしょうか。

二世帯同居に当たっての覚書

第１条（基本的な考え方）

当事者全員は、〇〇町寺前〇番地所在の建物（以下「新居」という。）において、家族がお互いに助け合って快適に暮らしていくために令和〇年〇月から二世帯同居を始める。

２　二世帯同居に当たっては、〇〇及び〇〇（ＡＢの子ども２名）を含めた３世代それぞれの生活様式や価値観を尊重し、お互いに譲り合いの精神で対応する。

第２条（各世帯の使用するスペースと時間帯）

各世帯の使用スペースと時間帯については、以下を目安とする。

（１）　１階の各居室はＣ世帯の専用スペースとし、Ａ世帯は家族とい

えども無断で立ち入らない。

(2)　2階は全室ともA世帯の専用スペースとし、C世帯は家族といえども無断で立ち入らない。ただし、子ども部屋については柔軟に対応する。

(3)　1階の玄関・浴室・台所・リビング・ダイニングスペース・2階への階段は全員の共用とする。ただし、A世帯は、C世帯の生活時間帯に配慮し、午後11時以降は使用しないようにする。

第3条（家事の分担）

基本的に家事は各世帯ごとに行うが、前条（3）の共用スペースに関連する家事（掃除、ごみ捨て等）については、両世帯で協力し補い合うものとする。

第4条（育児などの助け合い）

育児については当事者全員が助け合って行うものとし、Bが働くことになった場合にはA及びDが可能な限りサポートする。

2　A及びBは、C及びDの年齢や健康状態に配慮し、買い物、通院などに手助けが必要な場合には可能な限りサポートする。

第5条（生活費の分担）

生活費の分担は、以下のとおりとする。

(1)　水道代・ガス代・電気代・固定電話代・新聞代（○○新聞）・地震及び火災保険料は、全世帯分につきCが契約者となって支払う。

(2)　上記（1）を除く生活費や住宅ローンは、各世帯が各自の分を支払う。

(3)　Aは、上記（1）の分担金及びC世帯の厚意による食事の提供その他へのお礼の合計額として毎月○万円をDに渡す。この金額については、当事者全員の協議により変更することができる。

第6条（遵守事項）

当事者全員は、第1条の趣旨にのっとり、次のような行為を遵守する（A及びBは子どもたちにも遵守させる）よう配慮する。

(1)　テレビ、音楽、話し声などは音量に注意し、お互いに不快となるような騒音を出さないようにする。

(2)　A世帯は、2階に居住することから振動にも配慮し、特に1階寝室の真上に当たる２階寝室は静かに保つようにする。

(3)　お互いのプライバシーに配慮し、干渉しない。

第７条（問題解決方法）

本覚え書に定めるほか、同居開始後に協議すべき事項が出てきたときは、Aが中心となって各自の意見を聴き調整役となる。

……（略）……

以上を証するため本覚書を２通作成し、当事者全員が各自署名して１世帯１通ずつ保有する。

令和○年○月○日

氏名　　　A

……（略）……

3　解説と留意点

(1)　各世帯が使用するスペースと時間帯

「親世帯が子ども世帯の居住スペースに勝手に入ってくるのでプライバシーが保てなくて困る」という子ども世帯からの悩みはよく聞きます。また、「子世帯が遅くまで起きてウロウロしている気配がするので落ち着かない」という親世帯からの悩みもよく聞きます。

実際の建物の間取りや動線を考えて、各世帯が使用するスペースや時間帯を取り決めておくとよいでしょう。

あまり厳格にせず、およその目安としておいたほうがお互いに気が楽になります。

(2)　家事・育児・介護の分担

家事分担については、料理・掃除・洗濯を中心に嫁姑問題が最も顕在化しやすいところですので、必ずルール作りをしておきましょう。ここでも、厳格なものにし過ぎるとお互いに自分の首を絞めることになってしまいかねませんので、「決め過ぎない」ことも重要です。

育児や介護については、時間の経過によって状況がまったく変わり得るものですので、当面の具体的課題がある場合にはその範囲で取り決めておくのにとどめるとよいでしょう。

(3) 生活費・水道光熱費・住宅ローンの分担

生活費や水道光熱費については、同居している以上どうしても「自分の使った分だけ支払う」ということがしにくいので、およその「みなし金額」を決めておく必要があります。これも当初決めた金額では不相当な状況になってきたら変更すればよいのです。

住宅ローンについては、親世帯と子世帯でそれぞれ別個に金融機関との間で金銭消費貸借契約を結んでいるケースが多いと思いますが、どちらか一方だけが債務者となっていて、もう一方が毎月自分の負担分を現金で渡すというようなケースであれば、そのことをきちんと取り決めておく必要があります。

(4) 禁止事項・遵守事項

複数人の共同生活ですから、最低限のルールを守る必要があります。とはいえ、「禁止する」と書くときつい印象になるので「遵守する」というソフトな表現にしたほうが無難です。

例えば、以下のような事項を取り上げることが考えられます。

・テレビの音
・ゲームの音
・ピアノや三味線など楽器の音
・喫煙者がいる場合、喫煙スペース以外では喫煙しない
・ペットがいる場合、他世帯の居住スペースには入らせないようにし、新しく飼う場合には家族全員の賛同を条件とする

4　財産管理契約

1　家族間の財産管理契約とは

⑴　家族間の財産管理契約が必要な背景

親が高齢になってきたときに、子どもが親に代わって財産管理をするケースは大変多いです。むしろ、亡くなる当日まで自分で財産管理をするという高齢者のほうが例外的とすらいえます。

多くは、子どもが親の預貯金口座のキャッシュカードを預かって暗証番号を教えてもらい、親から委任を受けて金融機関のＡＴＭコーナーで金銭を下ろして持ち帰り、本人に渡したり本人の指示どおりの使途に使ったりするという形が取られているようです。

当事者である親子の間ではそれで何の問題も生じないのですが、他の子どもが親の死後に金融機関で過去10年分の取引履歴を取り寄せて、「入院していたお母さんがＡＴＭで50万円下ろせるはずがないから、妹が下ろしに行ったに違いない。いったいこれを何に使ったのか」などと詰問するようなことがしばしば見られます。

そのほかにも、「この時期にはお母さんからこんなＬＩＮＥをもらった」「そのときの会話を録音していた」「言葉も発せないほど衰弱しているお母さんの動画がある」などと、さまざまなデジタル資料を突き付けてくることがあります。また、弁護士などに頼んで、病院、高齢者施設、金融機関などに照会をかけてもらい調査を進めるケースもあります。

このような時代ですから、親の財産管理を引き受ける子どもとしては、後々周囲に自分の行為の正当性を示すための防御策として、親との合意を何らかの形で書面に残しておくことはもはや必須といえるでしょう。

その場合、別項（151ページ）で紹介した「委任契約及び任意後見契約書」を使うことも１つの方法ですが、もう少しカスタマイズしたものを作りたいというニーズに応えるため、本項ではさらに掘り下げてみたいと思います。

⑵　下ろした現金をめぐるトラブルのパターン

親の生前に預貯金口座から下ろされた金銭をめぐっては、相続の場面でそれぞれの立場から次のようなパターンの主張が出ることが多いです。予想される主張から推測して、どのような資料を揃えておけばよいかのヒントにしましょう。

財産管理者の主張例	それ以外の相続人の主張例
・親が自分で下ろしに行ったので、自分は関与していないし、何に使ったかも知らない。	・その時点で親は寝たきりであり、外出できたはずがない。
・自分が親に頼まれて下ろしに行ったものだが、その使途は医療費の支払いである。	・親の許可なく勝手に下ろして持って行ったに違いない。不当利得として相続人に返還すべきである。
・親が下ろしに行き、日頃のお礼にと自分に贈与してくれたものである。	・親から贈与を受けたのであれば、特別受益に当たるから遺産に持ち戻すべきである。

2　財産管理契約の例

家族間の財産管理契約を締結する例としては、例えば、次のようなケースが考えられます。

・相続の際に他の兄弟から追及されるのに備えておきたい
・親から財産管理を頼まれたが資産が多いので有償で引き受けたい
・親に「物盗られ妄想」が見られるようになってきた

契約書例　相続時に他の兄弟から追及されたときに備えておきたいケース

Aさんは85歳で、最近オレオレ詐欺の被害に遭いそうになり、自分の財産を管理することに自信をなくしてしまったため、長女でありシングルマザーのBさん宅に同居して、財産管理をすべてBさんに任せようと考えました。

Bさんとしては、Aさんの申し出を引き受けてもよいのですが、頭が回りすぐに他人の揚げ足を取るタイプの兄や、金融機関勤務で潔癖な性格の兄嫁のことを思うと、Aさんが亡くなった後の相続時に必ずそのことで揉めるだろうという予感がしています。

この場合、親子でどのような契約書を取り交わしておけばよいでしょうか。

財産管理契約書

第１条（契約の趣旨）

Ａ及びＢは、今後予想されるＢと他の親族らとの紛争を回避し、Ａ及びＢが平穏に暮らすため、以下のとおりＡの財産管理に関する契約を締結する。

第２条（財産管理の委任）

Ａは、Ｂに対し、Ａの財産の管理に関して別紙「代理権目録」記載の委任事務（以下「本件委任事務」という。）を委任し、その事務処理のための代理権を付与する。

第３条（証書等の引渡し等）

Ａは、Ｂに対し、本件委任事務処理のために必要と認める範囲で、適宜の時期に、次の証書等及びこれらに準ずるものを引き渡す。

①登記済権利証、②実印・銀行印、③印鑑登録カード・住民基本台帳カード、④マイナンバー通知カード及び個人番号カード、⑤預貯金通帳、⑥各種キャッシュカード、⑦有価証券・その預り証、⑧年金関係書類、⑨土地・建物賃貸借契約書等の重要な契約書類

第４条（費用の負担）

Ｂが本件委任事務を処理するために必要な費用は、Ａの負担とし、Ｂは、その管理するＡの財産からこれを支出することができる。

第５条（報酬）

Ｂの本件委任事務処理は、無報酬とする。

第６条（契約の変更又は解除）

Ａ及びＢは、いつでも本契約を変更又は解除することができる。

第７条（協議による解決）

本契約に定めのない事項又は本契約の解釈について疑義が生じたときは、Ａ及びＢは互いに誠意をもって協議し、解決するものとする。

……（略）……

以上を証するため本書を２通作成し、ＡＢが各自署名押印の上、１通ずつ保有する。

令和○年○月○日

住所

氏名　　Ａ　　㊞

住所

氏名　　Ｂ　　㊞

（別紙）

代理権目録

１　不動産、動産等すべての財産の保存、管理及び処分に関する事項

２　金融機関、郵便局、証券会社とのすべての取引に関する事項

３　保険契約（類似の共済契約等を含む）に関する事項

４　定期的な収入の受領、定期的な支出を要する費用の支払いに関する事項

５　生活費の送金、生活に必要な財産の取得に関する事項及び物品の購入その他の日常関連取引（契約の変更、解除を含む。）に関する事項

６　税金の申告、納付ならびに不服審査申立に関する事項

７　医療契約、入院契約、介護契約その他の福祉サービス利用契約、福祉関係施設入退所契約に関する事項

８　登記済権利証、印鑑、印鑑登録カード、住民基本台帳カード、預貯金通帳、各種キャッシュカード、有価証券・その預り証、年金関係書類、土地・建物賃貸借契約書等の重要な契約書類その他重要書類の保

管及び各事項の事務処理に必要な範囲内の使用に関する事項
9　復代理人の選任、事務代行者の指定に関する事項
10　以上の各事項に関連する一切の事項

3　解説と留意点

(1)　現金や動産の管理

「いつ自分が銀行に行けなくなるかわからない」という不安を抱えているためか、高齢者は手元に多額の現金を保管していることがよくあります。現金については、本人を説得して可能な限り預貯金口座に入金しておくようにすることをお勧めします。

インゴットなどの貴金属は重量や個数を控えた上で、銀行の貸金庫に保管しておくのが適切です。

宝石、腕時計、美術品、着物などの動産で財産的価値のあるものについては、1つ1つ由来を聞いたり鑑定書を確認したりした上で写真に収めておくとよいでしょう。

(2)　財産管理を有償とする場合

上記契約書例では、親子であることから財産管理の報酬を無償としましたが、これを有償とする契約も可能です。

その場合には、次のような例を参考にしてください。

第○条（報酬）
Aは、Bに対し、本件事務の報酬として月額○円を支払う。
2　前項の金額が次の事由により不相当となったときは、A及びBは、協議の上、前項の金額を変更することができる。
(1)　Aの資産状況の変化
(2)　Bの財産管理内容の変化
(3)　その他前項の金額を不相当とする特段の事情の発生

> 3　前項による金額変更をする場合には、Aの署名押印のある私文書（覚書）によるものとする。

(3) 報告書はどこまで詳しく記載するべきか

「報告書」というと難しく感じますが、おおむね次のような点を押さえておけば大丈夫です。パソコンでExcelなどの表計算ソフトが使えればベストですが、ノートに手書きで書いたり市販の家計簿や小遣い帳などを利用してもよいでしょう。

① 財産管理を始めた時点で判明している親の財産を一覧表にする

② 毎日の収入と支出について、日付、項目、金額を書き留め、できるだけその裏付けとなるレシートなどを取っておく

③ 親から受けた指示の内容や健康状態などをメモしておく

(4) 専門家に依頼するのも１つ

このように見てくると、「とても自分一人で対処する自信がない」という人も多いでしょう。親の資産が多岐多額にわたる場合などには、思い切って司法書士や行政書士その他専門家に財産管理を依頼してしまうとか、自分で作成した報告資料のチェックだけをこうした専門家にやってもらうなどするのも１つの方法といえます。

税務のポイント

財産管理契約に関する税務上の論点というのは特段ありません。ここでは、財産管理に関連して税務上、問題になるような場面を紹介します。

実務上、特に問題になるのは相続税申告における税務調査の場面です。国税庁発表の情報によれば、令和元年度における相続税申告の税務調査を実施した際の否認率は85.3%にも上ります。また、その中でも最も否認されやすい財産は「現金・預貯金等」になります。実際の税務調査で最も注意を要するのは、被相続人保有の預金口座における過去数年分の不明出金です。つまり、被相続人の口座から引き出された資金の行き先を探しているのです。資

金の行き先は、「家族名義の預金口座」「タンス預金」などが考えられます。家族内での財産管理契約をしっかりと締結するのであれば、相続発生時の管理残高を相続税申告に反映させる必要があります。また、被相続人の生前における管理口座の支出内訳についてもしっかりと証拠を残しておくことが税務調査対応として望ましいといえます。

5 収益物件の共同管理契約

1　家族間における収益物件の共同管理契約とは

(1)　共有物の保存・管理・処分をするには

不動産が１人の人の所有物であれば、何でもその所有者が決めることができますが、複数の共有者がいる共有不動産の場合はどのように意思決定するのでしょうか。

民法では、次のように区分されています。

①　共有不動産の変更・処分行為（民法 251）
　共有者全員の同意が必要である。
（例）建物の改築・解体、土地の売却など

②　共有不動産の管理行為（民法 252 本文）
　共有持分（価格）の合計が過半数となる共有者の同意が必要。
（例）建物のリフォーム、土地の地盤改良など

③　共有不動産の保存行為（民法 252 ただし書）
　各共有者が単独で行うことができる。
（例）建物の壊れた部分の修繕など

なお、「賃貸借契約を結ぶこと」は、存続期間が民法上の制限に反しないか（民法 602）や、借地借家法の適用があるかなどによって、多少の例外（上記②の管理行為に当たるもの）はあるものの、原則として上記①の変更・処分行為に当たり、共有者全員の同意が必要になるものと考えてください。

※　なお、いわゆる「所有者不明土地関連法」のうち、令和３年４月 28 日に公布された「民法等の一部を改正する法律」（法律第 24 号）により、「所有者不明土地の利用の円滑化を図る方策」として、次の措置が手当てされています（法務省民事局「所有者不明土地の解消に向けた民事基本法制の見直し」より）。

●不明共有者がいる場合への対応

・不明共有者がいる場合には、利用に関する共有者間の意思決定や持分の集約が困難

⬇

○共有物の利用の円滑化を図る仕組みの整備

・裁判所の関与の下で、不明共有者等に対して公告等をした上で、残りの共有者の同意で、共有物の変更行為や管理行為を可能にする制度を創設する。

・裁判所の関与の下で、不明共有者の持分の価額に相当する額の金銭の供託により、不明共有者の共有持分を取得して不動産の共有関係を解消する仕組みを創設する。

➡不明共有者がいても、共有物の利用・処分を円滑に進めることが可能になる。

(2) 不動産会社との管理契約

上記①～③の区別は実際には曖昧でグレーな部分が多いため、共有不動産を賃貸する場合には、共有者全員が不動産会社との間で管理委託契約を結んで、管理会社に任せる場合が多いといえます。

この管理委託契約の内容はさまざまで、大きく分けると、受託者が賃料を集めてくれてその中から一定率の手数料を取るパターンと、入居者の募集や更新手続などの業務が発生したときにのみ単発で対価を取って対応してくれるパターンがあります。

(3) 共有者間で対外的な窓口と分配方法を決める

共有物である収益不動産を共同管理するという場合、①賃借人との間の賃貸借契約、②不動産管理会社との間の管理委託契約、③共有者間の共同管理契約の3本の契約を結ぶことが考えられます（②は必須ではありません）。

本項の主題である上記③の共有者間の共同管理契約は省略されがちなのですが､いくら共有者同士が家族や親族などの親しい関係にあるとはいっても、ここをしっかり定めておかなかったばかりにトラブルや混乱が起こってしまうケースもありますので、きちんと契約をしておくことをお勧めします。

2　収益物件の共同管理契約の例

家族間で収益物件の共同管理契約を締結する例としては、例えば、次のようなケースが考えられます。

・親から相続した不動産を兄弟姉妹で共有することになった
・離婚に伴う財産分与として、元配偶者から投資不動産の共有持分を分与してもらった
・夫婦や親子で自宅として共同購入した不動産だが、転居することになったので第三者に賃貸することにした

契約書例　**親から相続したマンション１室を姉妹で共同管理するケース**

姉のＡさんと妹のＢさんは、父から区分所有マンション１室を相続しました。共有持分割合は２分の１ずつです。

もともと父は投資物件としてこのマンションを購入したもので、すでに賃借人が入っています。

Ａさんは特に深く考えずにＢさんとの共有をよしとしてこのマンションを相続しましたが、何でもＢさんと相談して意見が合致しないと進められないことを知り、後悔し始めています。

取り急ぎ、賃料の分配をするに当たってどのような契約書を取り交わせばよいでしょうか。

「〇〇レジデンス〇〇号室」共同管理契約書

ＡとＢは、両名の共有不動産である東京都〇〇区〇〇通り〇丁目〇番〇号所在の〇〇レジデンス〇〇号室（以下「本件マンション」という。）との管理に関し、次のとおり合意した。

第１条（共同管理）

Ａ及びＢは、令和〇年〇月〇日付で両名の父から本件マンションの

所有権を各２分の１の共有持分割合で相続により取得し、父と賃借人○○との間の賃貸借契約における賃貸人の権利義務についても各２分の１の割合で相続により取得したものであって、以後、協力して本件マンションを共同管理していくものとする。

第２条（不動産管理会社の関与）

Ａ及びＢは、別途○○不動産会社との間で本件マンションの管理委託契約（ただし、賃料の回収業務を含まない。）を締結する。

２　同契約の課金対象となるサービスを利用する際には、必ず同社から見積りを取り、Ａ及びＢで検討の上対応する。

第３条（賃料の徴収と経費の支払い）

本件マンションの賃料の入金及び経費の支払いについては、Ａが本件マンションの会計管理のために新たに開設したＡ名義の預金口座（○○銀行 ○○支店 普通預金 口座番号○○）を使用し、Ａが管理するものとする。

第４条（利益の分配と報告）

Ａは、毎月１０日までに前月の賃料収入と経費を精算して生じた利益からＡの手数料として○円を控除した残額の２分の１をＢの指定口座に振り込む方法によって支払う（振込手数料はＢの負担とする。）。

２　Ａは、Ｂに対し、前項の振込日の翌日までに前月の収支内訳をメールにてＢに報告する。

第５条（主な協議事項）

本件マンションの賃貸借契約の締結、更新、賃料変更、退去時の敷金精算、原状回復工事の内容、その他賃借人又は不動産管理会社との間で協議を要する事項については、その都度ＡＢ間で協議して決定する。

第６条（管理組合への対応）

Ａ及びＢは、本件マンションの管理組合の会議へは、Ａ、Ｂの順番で交代で出席することとし、役員に就任しなければならない機会が生じた場合には、Ａ、Ｂの順番で交代で就任するものとする。

第７条（共有持分買取りの検討）

Ｂは、Ａが将来的にはＢの共有持分を買い取りたいという希望を持っていることを認識し、賃借人○○との次期契約更新時の３か月前である令和○年○月○日までに、諾否及び承諾の場合の希望売却価格を回答する。

第８条（協議による解決）

本契約書に定めのない事項につき問題が生じたときや、本契約書の内容を変更する必要が生じた場合、Ａ及びＢは誠意をもって協議し解決するものとする。

……（略）……

以上を証するため本契約書を２通作成し、ＡＢが各自署名押印の上、１通ずつ保有する。

令和○年○月○日

住所

氏名　　Ａ　　㊞

住所

氏名　　Ｂ　　㊞

3　解説と留意点

(1)　共有不動産の管理会社を作る

ときには、被相続人が投資用不動産を数多く持っていたり、賃貸マンションやビル１棟を相続するケースもあります。

そのような場合には、共有不動産の管理をするための会社を作ってしまうのも１つでしょう。

修繕のために蓄えておかねばならない金額が多額に上りますし、税金の面で有利になる場合があるかもしれません。

何よりも、上記契約書例のように何でも共有者同士で協議して決めなくても、その会社に委任をして代表取締役の意思１つで決められるようにできるという簡便さがあります。

⑵　共有不動産全部を売却する

共有不動産全部の売却は処分行為ですので、当然ながら共有者全員の意思が合致しなければできません。

全共有者が「売る」ということに賛成すれば、できるだけ高く売れたほうがどの共有者にとっても望ましいことなので、仲介する不動産会社を決めて売りに出してもらえば話が早いのですが、1人でも「今は売りたくない」とか、あるいは連絡がつかない共有者が出てきた場合にはそこで止まってしまいます。

空き家の老朽化が社会問題になっているのも、相続が重なり共有者が増え過ぎて、意見がまとまらず収拾がつかなくなってしまったというケースが多いといえるでしょう。

⑶　自分の共有持分だけを売却する

上記⑵のような全員一致での売却ができなかった場合、自分の共有持分だけを売却するということも考えられます。

この場合、第三者に売るよりも他の共有者に売ったほうが、買い手にとって価値が高いため、高く売れる確率が高くなるでしょう。

逆に、わざわざ赤の他人と共有関係になるような共有持分を買い取ろうという人（不動産会社）は、必ずや相当安く買い叩いてくるはずですので、それでもよいからどうしても手放したいという場合に限って検討するべきといえます。

⑷　共有物分割

上記のように、共有不動産の共有状態を解消するには、①他の共有者に自分の共有持分を買い取ってもらう、②第三者に自分の共有持分を買い取ってもらう、③他の共有者と共同で第三者に売却する、という３つの選択肢があります（この他に「建物を区分所有登記して分ける」「土地を分筆して分ける」という方法もありますが、お勧めできるケースは限定的です）。

もっとも、上記①、③は他の共有者と合意ができなければ実現できませんし、上記②のように共有持分だけを好き好んで買い取ってくれる人はなかなかいません。
民法では、そのような共有者のために、裁判所に対する「共有物分割請求」という方法を定めています（民法258)。具体的な手続としては民事調停でも訴訟でもかまわないのですが、訴訟になると場合によっては判決で競売手続を命じられることもあります（民法258②)。そうなるときわめて低価格で共有持分を手放さざるを得なくなりますので、たとえ大きく妥協してでも、共有者間の話し合いで解決することをお勧めします。

(5) そもそも共有にするのを避けるべき

これまで見てきたように、共有不動産は管理や処分をするのが何かと不便です。
共有不動産となるのを避けるためには、相続や離婚などの場面で「安易に財産を共有化することによって解決しようとしないこと」に尽きます。相続の場面であれば、遺言書を書いて１つの物件が１人の人の所有になるようにしておきましょう。

税務のポイント

共有物の問題はそもそも共有にしてしまったことに問題の所在があります。多くの場合、遺産分割協議にて兄弟姉妹の共有で相続してしまったことに起因します。
本来は、遺産分割協議を調整できるだけの資金を確保する必要があり、一般的には生命保険等を用いることが多くなります。
ここでは、共有物の管理ではなく共有物の出口戦略の１つである共有物分割について税務面から検証します。
兄弟で２分の１の共有持分を有する不動産（整形地、前面道路のみ接道）があるとします。この場合、土地の真ん中で地積が半分になるように分割することで課税上の問題は生じません。

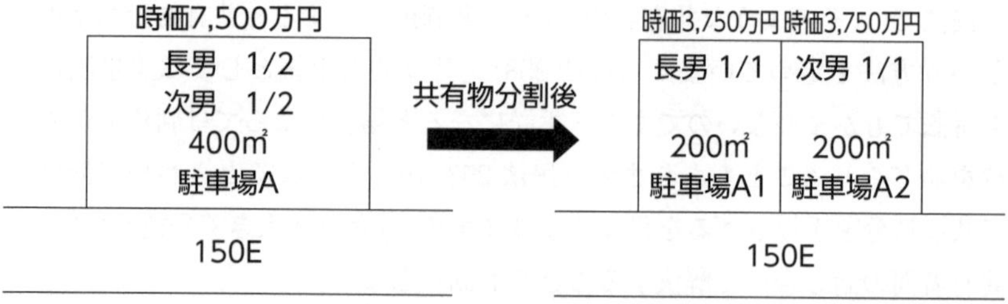

しかしながら、当該不動産が角地（整形地、前面道路・側道にて接道）している土地の場合には、単に地積を２分の１となるように分割すると、課税上の問題が生じることになります。

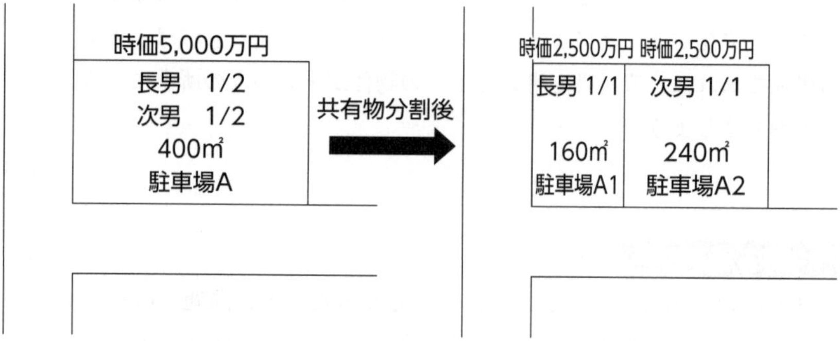

税法では、面積が共有持分の割合になるような分割ではなく、市場価値が共有持分の割合とするような分割にして初めて課税関係をクリアできますので注意が必要です。

6 高齢の親との面会交流契約

1　親との面会交流契約が必要な背景

面会交流というと、離婚して別居することになった親子の間のことを連想しがちですが、最近目に見えて増えているのが、特定の子どもが高齢の親を他の兄弟姉妹と会わせないようにする「親の囲い込み」問題です。

背景には、兄弟姉妹の間に「親が自分に不利な（他の兄弟姉妹に有利な）遺言書を書いたり相続対策をしてしまうのではないか」「他の兄弟姉妹が親から財産をこっそりもらったり使い込んだりしてしまうのではないか」という疑心暗鬼ともいえる心情があるようです。

判例では、長男が、認知症で施設に入所している両親を長女に会わせないようにしたという事案で、裁判所が「子が両親の状況を確認し、必要な扶養をするために、面会交流を希望することは当然であって、それが両親の意思に反し両親の平穏な生活を侵害するなど、両親の権利を不当に侵害するものでない限り、債権者（長女）は両親に面会をする権利がある」と明言して面会妨害禁止の仮処分を認めたもの(横浜地決平成 30 年 7 月 20 日)があります。

また、三女が母親と会うことを長女と次女が妨害したという事案で、三女から長女と次女に対する慰謝料等 110 万円の損害賠償請求が認められたもの（東京地判平成 30 年 11 月 22 日）もあります。このケースでは、三女がこっそり母親と会うことができた際にその会話を録音していたことで、長女と次女による妨害の事実がわかったという事情があり、そのような事情を証明できないケースでは三女が負けてしまうおそれがあります。

こうした事態にならないよう、高齢の親が子どもたちの誰かと同居する場合には、他の子どもとも自由に行き来できるように事前に取り決めておいたほうがよいケースもあります。

2　面会交流契約の例

高齢の親との面会交流契約が必要な例としては、例えば、次のようなケースが考えられます。

・兄弟姉妹の仲がよくない
・親が資産（特に現預金や貴金属）をたくさん持っている
・親が高齢になり判断力が鈍ってきている

契約書例　**母親と長女・長男の３人家族において、母親が遠方の長男宅に同居することになったケース**

Ａさんは弟のＢさんと２人姉弟で、父親はすでに他界しています。

86歳の母親は、肺炎で入院したのをきっかけに、退院後は郊外に住むＢさん宅で同居することになりました。

Ａさんは、この同居についてＢさんから姉である自分に対して何も相談がないまま、Ｂさんと母親だけで決めてしまったことが心の隅に引っかかり、３人で話し合いをしたいと申し入れて契約書を取り交わすことにしました。

母との面会交流等に関する合意書

〇〇〇〇（以下「母」という。）とその長女Ａ及び長男Ｂは、本日次のとおり合意した。

第１条（母とＢの同居）

当事者全員は、母が令和〇年〇月〇日から〇〇県〇〇市寺町〇番地所在のＢ宅において、Ｂの家族と同居することを合意する。

第２条（同居中の生活費）

前条の同居中の母の生活費については、母とＡ及びＢが次のとおり分担する。

ただし、Bの負担があまりに過大になるときや、当事者のいずれかの健康状態又は経済状態が大きく変動するなど特別の事情が生じたときは、その都度当事者全員で誠意をもって協議を行う。

(1) 母は、Bに対して、同居中の生活費として偶数月の末日に年金収入から○万円を渡す。

(2) Aは、母への小遣いとして、毎月末日限り○万円を母名義の預金口座に振込み送金する。

(3) 上記ではまかないきれない部分については、原則としてBが負担する。

第3条（Aと母との面会交流）

Bは、母とAが、直接の面会のほか、手紙・電話・メール・チャット・ビデオ会議その他のあらゆる方法で接触し交流を持つことに協力し、決して妨害しないことを誓約する。

ただし、B宅を使用したり、その他B又はその家族の協力が必要な方法によるときは、母又はAからBに申し入れて調整を図ることとする。

第4条（A宅などへの宿泊）

Bは、母がAとともに旅行やA宅への外泊をすることを承諾する。この場合の旅費は母及びAが負担する。

第5条（入院・入所時の保証人）

母が入院又は施設に入所する場合には、Bが保証人となる。この場合、BはAに対して母の病状などを適宜報告し、入院又は入所中も母とAができる限り第3条の面会交流を行えるよう調整する。

第6条（終活・相続対策についての情報共有）

母及びBは、母が財産の生前整理、遺言書作成、家族信託契約締結、相続税試算、葬儀の手配その他の終活・相続対策をするときには、必ずAにも情報共有を行う。

第7条（本合意の終了）

本合意は、以下の事由が生じた場合に限り、終了する。

(1) 当事者のいずれかが死亡したとき

（2） 当事者全員が書面をもって本合意の終了につき合意したとき

第８条（誠実協議）

当事者全員は、本合意書に定めのない問題が生じたときは、誠実に協議して解決するよう努めるものとする。

以上を証するため本書を３通作成し、当事者全員が各自署名押印の上、１通ずつ保有する。

令和〇年〇月〇日

母　　住所

　　　氏名　〇〇　〇〇　㊞

長女Ａ　……（略）……

長男Ｂ　……（略）……

3　解説と留意点

(1)　本人の意に反する面会交流の強制禁止

面会交流は誰のためにあるのか、ということ考えると、決して子どもだけではなく、親の気持ちや健康状態にも配慮しなくてはなりません。そうした当たり前のことでも１条入れておくと、いざというときに役立つことがあります。

第〇条（面会交流の強制禁止）

Ａ及びＢは、常に母の意思を尊重することとし、母がＡとの面会交流をしたがらない場合には無理強いしない。母の健康上の理由により、医療従事者からＡとの面会交流について消極的な意見が寄せられた場合も同様とする。

⑵ 同居している子から同居していない子への報告事項

同居していない子どもから見ると、同居している子どもが自分に内緒で親との密約を交わしているのではないか、などと心配しているものです。実際、同居している子どもが同居していない子どもを「親の死に目に会わせなかった」「葬儀にも呼んでくれなかった」という話もしばしば聞きます。「いくらなんでも、あんな優しい子がまさか」と言うのは親だけで、子どもの性格は親よりも兄弟姉妹のほうがよくわかっているものです。

家族間の「報告・連絡・相談」の範囲や方法をしっかり決めておくことで、風通しのよい関係を保っておきましょう。

① 健康状態に関する報告事項

第○条（健康状態に関する報告事項）

Bは、Aに対し、母について次の各事由が発生したときから10日以内に、次の各事項及びAからの質問に応じた関連事項を適宜の方法で報告する。

(1) 入院時　入院先病院名・病状・面会方法

(2) 施設入所時　入所先施設名・面会方法

(3) その他の転居時　転居先・転居理由

(4) 傷病の診断を受けたとき　病名・病院名・治療方針

(5) 介護サービスを受け始めたとき　施設名・サービス内容

② 財産の増減に関する報告事項

第○条（財産の増減に関する報告事項）

Bは、Aに対し、母の財産について3か月ごとに次の各事項をメールで報告する。ただし、Aが不要と述べた場合を除く。

(1) 1回2万円以上の支出があったときは、その金額及び内容

(2) 母名義の預金通帳のコピー

(3) その他、AからBへの質問事項への回答

⑶ 協議事項

契約書作成時点では流動的な事柄や、意見の食い違いから結論が出ない事項については、無理に決めずに将来の協議に委ねることも１つの方法です。

> **第○条（協議事項）**
> 　母が保有する株式会社○○の株式 4,000 株の今後の処分については、税理士法人○○の意見を聴いた上で、令和○年 12 月末日までに当事者全員で協議し決定する。

⑷ 子どもが親に会わせてもらえないとき

契約書を作る以前の段階で親と同居している兄妹姉妹が面会妨害などの実力行使に出てきたときには、次のような方法も参考にしてください。

・他の兄弟姉妹や叔父叔母などの親族に相談し、しばらく連絡役として間に入ってもらう
・親が介護や医療を受けている場合には、そうした福祉関係者に様子を尋ねて安否を確認する
・親が外出を禁じられるなどして虐待を受けていることが疑われる場合には警察に相談する
・弁護士に依頼して、親と同居している兄妹姉妹に面会妨害の事情の説明を求め、場合によっては家庭裁判所に親族間調整調停を申し立てる

⑸ 親が子どもに会いたくないとき

逆に、同居していない子どもが日頃から親に生前贈与や遺言書作成を強く迫る目的で会いに来るため、親のほうが困り果ててしまう場合もあります。

このようなときには、親としてはその子どもと２人だけで会わないほうがよいでしょう。

・親の口からはっきりと「ＮＯ」と伝える
・他の子どもも交えて皆に情報共有をし、背景にある財産の問題（相続）について家族で話し合う

・家族だけでは平行線ならば、税理士やファイナンシャルプランナーなど、親が信頼できる専門家を交えて話し合う
・恐怖を感じる場合には、他の子どもの家で同居させてもらうとか、一時的にホテル住まいや旅行をするなどして身を隠す

7 親の介護をめぐる兄弟間契約

1　親の介護をめぐる兄弟間契約とは

(1)　親の介護をめぐる兄弟間契約が必要な背景

親の療養や介護の問題は、本来であれば子どもたちが平等の立場で協力し合って行うべきものです。

しかし、そうはいっても、それぞれに離れた場所で暮らし、家族があり、仕事があるわけですから、なかなか理想どおりにはいかないのが現実でしょう。

兄弟の中の１人だけに親の世話を押し付けて、その他の人は知らん顔ということもよく耳にする話です。もちろん、最初は誰しも親の世話をしてくれている兄弟に心から感謝し、あれこれと気遣いをするのですが、その状態が何年も続けば、次第に「感謝」は「当たり前」に変わり、場合によっては「疑い」に変わることすらあります。

そして、たまに別居している子どもが惣菜を持って実家に遊びに行ったときに、親が「あぁ、おいしい。○○さん（同居している子どもの妻）はね、こういう物は食べさせてくれないんだよ。ちゃんと食費を渡しているのにさ」とでも言おうものなら、その「疑い」は助長されて「妄想」に発展していくこともあるでしょう。

同居している兄弟に「母さんがこう言っているから、もっとこうしてあげなよ」と意見をすれば「俺たち一家の苦労も知らないで、たまに来て勝手なことばかり言って」と対立し、最後には切り札のように「じゃ、お前が母さんを引き取って面倒みてくれよ」という言葉が出るようになり、それまで仲のよかった兄弟が疎遠になっていく……こうしたケースは実に多いのです。

客観的に見れば、誰も悪いことをしているわけではなく、それぞれの立場で精一杯のことをやっているのですが、当事者には相手の事情や真意がわからないため、兄弟間に修復しがたい溝ができてしまい、親が亡くなった後の相続の場面でそれが表面化してしまうことになるのです。

このような事態を予防するためにも、親の状況が変化したときなどをきっかけに、兄弟間で何らかの取決め（契約）を交わしておきましょう。

(2) 何をどのような手順で取り決めたらよいか

では、兄弟間でどんなことを取り決めたらよいのでしょうか。

これはその家族ごとにさまざまですが、高齢の親について兄弟間で話し合っておくべきこととしては、次の4つの分野があります。

・医療と介護
・生前の財産管理
・相続対策
・葬儀と供養

話し合う手順としては、次のとおりです。

① 現時点でただちに解決しなければならない課題を洗い出す。
② 上記①についてルールを取り決める。
③ 将来において問題となり得る課題を洗い出す。
　・一般的に問題となりやすい点
　・その家族特有の事情
④ 上記③のうち、現時点で決められるものについてルールを作る。
⑤ 上記③のうち、現時点で決められないものについては、将来どうやってルールを作るかという方法だけを決めておく。

こうしたルール作りの手順は、ビジネス上の取引に関する契約にも当てはまりますが、ビジネスの契約と違って、親の介護をめぐる兄弟間契約では、当事者の利害が真っ向から対立するとか、自分の損得だけを考えるという発想は当てはまりません。

同じく、違反した場合のペナルティを設けたり、変更しにくいように縛ったりするのではなく、兄弟それぞれの事情の変更に応じて「今の状況で各自ができることは何か」を柔軟に調整していくことによって、持続可能性を保てるようにするとよいでしょう。

2　親の介護をめぐる兄弟間契約の例

親の介護をめぐる兄弟間契約を締結する例（きっかけ）としては、例えば、次のようなケースが考えられます。

・親が入院したり施設に入所することになった
・入院したり施設に入所していた親が退院又は退所することになった
・親に認知症の兆候が見られるようになった
・親の面倒をみている兄弟が他の兄弟に手助けを求める声を上げた

契約書例　**父親の入院を機に、生前の医療から亡くなった後の供養までを兄妹で取り決めるケース**

長男のAさんは、父がガンを再発して入院したのを機に、妹のBさんと話し合って今後のことを取り決めておこうと考えています。

父は3年前に母を亡くして以来、実家で一人暮らしをしていますが、今度退院したら寝たきりになる可能性が高いので、Aさんが父を引き取るつもりです。

その際に、これまで家族の間でも触れてこなかった相続の問題について、父を交えてきちんと話し合う必要もありそうです。

この場合、どのような契約書を取り交わせばよいでしょうか。

父の療養介護及び終活に関する合意書

○○○○（以下「父」という。）の○○ガンによる入院を機に、長男Aと長女Bは、「兄妹仲よく助け合って父の面倒をみること」という亡き母○○○○との約束を守るため、父の療養介護及び終活に関して次のとおり合意した。

第1条（入院中のルール）

A及びBは、父が○○ガンにより○○病院に入院している間、次のとおり各種事務を分担して行う。

(1)　病院からの緊急連絡先はＡとする。

(2)　主治医の病状説明にはＡ及びＢの両名が立ち会う。

(3)　現金５万円等が入った父の財布はＢが預かり、それを使って病室に父の着替えや身の回りの備品を揃える。父の衣類はＢが持ち帰り洗い替えする。

(4)　Ａは土日のいずれか１回以上、Ｂは平日週３回以上、父の見舞いに行くよう努める。

第２条（退院後の生活）

父の退院後は、Ａが父を自宅に引き取り同居する。

Ｂは、空き家となる実家の鍵を預かり、風通しや草取りなど適切な手入れをする。

第３条（財産管理と報告）

父の退院後は、Ａが父の預貯金口座の通帳、保険証書、印鑑、カード類、現金、不動産の登記識別情報等の財産一切を管理し、Ｂの求めがあれば速やかに開示し収入と支出を報告する。

第４条（相続税試算の依頼）

Ａ及びＢは、父の相続税の試算を税理士に依頼する。費用については、父の了解を得た上で、Ａが管理する父の現預金から支出する。

第５条（相続対策）

Ａ及びＢは、前条の試算終了後、父の体調がよいときを見計らって、相続について父を交えた話し合いを行う。

話し合いの内容はＡ及びＢが各自で録音してもよいこととし、話し合い終了後は、父の意向を踏まえた遺言書作成の手配を行政書士に依頼する。

第６条（終末期医療）

Ａ及びＢは、父が胃ろう等の延命治療をしない尊厳死を望んでいることを共通認識とし、その意思に沿った終末期医療を受けられるよう努め、尊厳死宣言書の作成を手配する。

第７条（葬儀）

父の葬儀については、Ａが喪主となり、父が生前に○○葬儀社との間で結んだ契約に従った家族葬とする。葬儀費用に追加が生じたときは香典を充て、不足分はＡ及びＢが等分に負担する。

第８条（供養）

父の供養については、菩提寺である○○寺においてＡが施主及び墓の管理者となって法要等を主宰し、33回忌まで執り行った後は、父の意向により墓じまいをして両親を含む祖先の霊を永代供養とする。その費用については、Ａ及びＢが等分に負担する。

第９条（協議による解決）

本合意書に定めのない事項につき問題が生じたときや、本合意書の内容を変更する必要が生じたときには、父の意向を確認しつつ、Ａ及びＢが誠意をもって協議し解決するものとする。

……（略）……

以上を証するため本書を２通作成し、ＡＢが各自署名押印の上、１通ずつ保有する。

令和○年○月○日

住所

氏名　Ａ　㊞

氏名　Ｂ　㊞

３　解説と留意点

(1)　医療や介護

医療や介護の問題は、親がどこに誰と住み、どのような健康状態でどのようなケアを受ける必要があるか、そしてその費用を誰が負担するかという「親の老後の大枠」の問題といえるでしょう。

取決めをするポイントは以下のとおりです。

・親本人の意向を尊重する

・硬直的な合意にせず、親の健康状態の変化に合わせて変更できるようにす

る
・自分の配偶者の理解を得ておく必要がある
・「長男だから」「一番可愛がってもらっていたじゃないか」などと他の兄弟に押し付け合わない
・初めから無理のある「できない約束」はしない

⑵　生前の財産管理

生前の財産管理については、最も争いのタネになりやすい部分です。上記契約書例の第3条は兄妹間に信頼関係があることを前提として、比較的あっさりとした条項になっていますが、もっと詳しく記載するパターンを知りたい場合は、本章の「**4　財産管理契約**」（168ページ）を参照してください。

⑶　相続対策

多くのケースにおいて、相続対策は、親本人が言い出すというよりは、子どものうちの誰かが言い出しっぺになって始まるものです。

ただ、1人の子どもと親との間でだけ相談をして進めていくと、他の子どもが疑心暗鬼になってしまいますので、兄弟間契約においてまずは「根回し」をしておくことも重要です。

この際に、「実家の土地建物は誰がもらうか」や「特別受益となり得る生前贈与の有無」なども確認して、親が元気なうちにトラブルの芽を摘んでおきましょう。

また、相続対策については、ある程度の専門的知識も必要です。最近はインターネットで検索すればたいていの事項を調べることができますが、必ずしも専門家本人が本業の合間を縫ってコツコツと書いたものではなく、WEBライターが書いた記事を自分の事務所のホームページやブログ用にと買い取って、そのまま掲載している例も多くあります。そのため、中には、似たような記事を繋ぎ合わせたりする過程で間違った内容に編集されてしまっている可能性も否定できません。

また、どうしても人は自分に都合のよい解釈をしがちなので、「うちの場合はこの記事に書かれた状況に当てはまらないから、正反対の結論になるに違いない」など、思い込みの罠に陥ってしまう人もいます。上記契約書例では、税理士や行政書士といった専門家に関与してもらうことが予定されていますが、こうした専門家に相談してうまく活用することが相続の場面では特に大事です。

(4) 葬儀と供養

葬儀と供養は、終活と呼ばれる分野に属します。「まだ親が元気なうちに子どもから言い出すなんて、縁起でもない」という声が聞こえてきそうですが、何も考えないままに漫然とそのときを迎えると、葬儀費用、お布施、戒名代、お墓の管理費、墓じまいなど、あっという間に数百万円規模の現金が出ていくことになります。火葬の日程との関係でじっくり吟味する時間的余裕がない中、周りの親戚や関係業者から「一般的には皆こうしている」「○○家では代々こうやってきた」などと口々に言われると、ほとんど選択の余地はなく言われるままに対応せざるを得ないのが現実です。

相続人全員が合意して相続財産から費用を出すことができればまだよいほうで、法的には喪主・施主・管理者の単独負担となるため、これも相続人間で揉めるきっかけになってしまいます。

親が元気なうちに本人の意向を確認しておけば、「そんなに無理してまで派手にやる必要ないよ。もうそんな時代じゃないでしょ」などということになるかもしれません。ぜひ話し合ってみておかれるとよいでしょう。

8 介護をめぐる特別寄与料契約

1　民法改正による「特別寄与料」の制度

(1)　特別寄与料とは

令和2年7月1日施行の民法改正によって、被相続人の生前に親族が無料で療養看護その他の労力を提供し、そのことによって被相続人の財産の維持や増加があった場合には、「特別寄与料」という名目で、その親族から法定相続人に金銭を請求することができるようになりました（民法1050①）。

ここでいう「親族」とは「6親等以内の血族と3親等以内の姻族」のことで、例えば「長男の嫁」も含まれます。

これまでは、「長男の嫁」は法定相続人ではないため、亡くなった舅や姑の遺産を受け継ぐことはできませんでしたが、この特別寄与料制度の創設によって、そうした労力に対して法的権利をもって報いてもらうことができるようになったのです（決して「相続人」になるわけではないことに注意してください）。

(2)　金額はいくらが相当か

では、長男の嫁が舅や姑の面倒をみてくれたことに対する特別寄与料は、いったいいくらが相当なのでしょうか。

この点について、本人と法定相続人との間で協議が調わない場合は、家庭裁判所が、その貢献の時期、方法、程度、相続財産の評価額その他一切の事情を考慮して、そのケースでの特別寄与料としてふさわしい金額を決めてくれます（民法1050②本文・③）。ただし、その金額は、被相続人の遺産から遺言書などで遺贈された金額を引いた残りの金額を上回ることはできません（民法1050④）。

また、始まって間もない制度ですので、いわゆる「相場」のようなものが

■図表５－３　親族の範囲（6親等以内の血族と3親等以内の姻族）

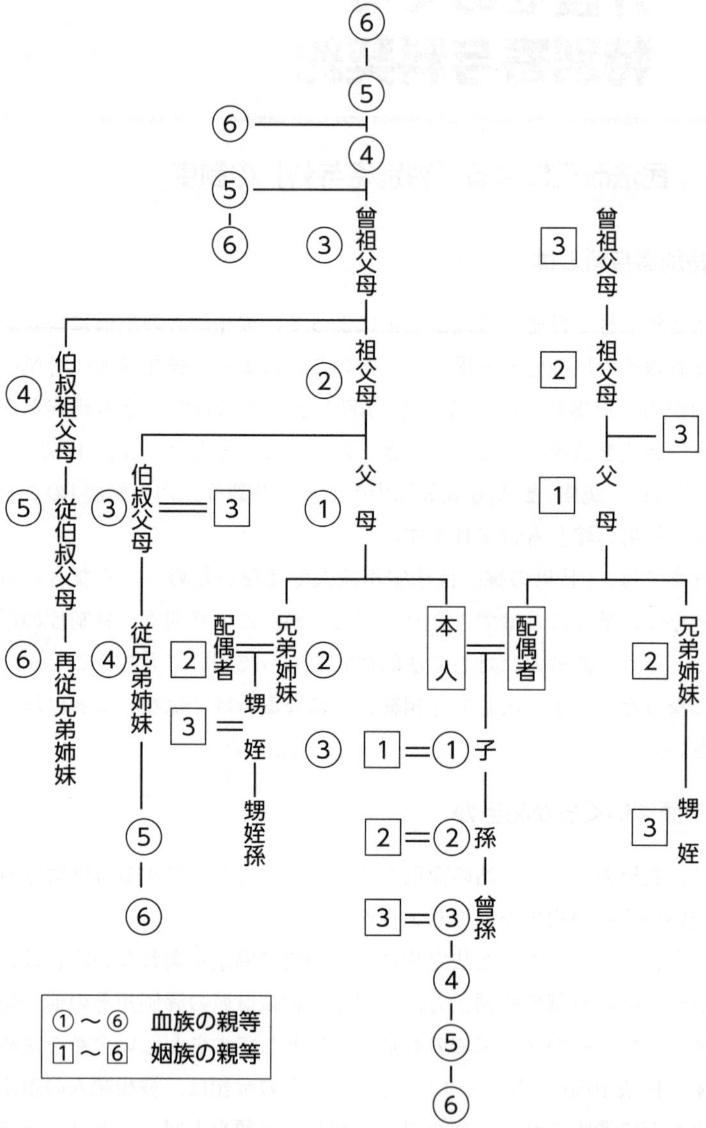

形成されているわけではありません。今後の判例の集積を待つことになるでしょう。

(3) 誰にいつ請求するか

特別寄与料は、相続人全員に対して請求する必要はなく、「この相続人には請求するけれど、あの相続人には請求しない」ということもできます。ただし、請求される相続人の法定相続分相当額しか請求できません（民法1050⑤）。

例えば、特別寄与料が総額200万円であるとして、法定相続分が4分の1である相続人1名に対してのみ請求する場合には、50万円しか請求できないということになります。

人情にかなったよい制度のようにも思えますが、請求できる期間が限られており、相続開始及び相続人が誰であるかを知った時から6か月以内であるか、又は知らないままでも相続開始から1年を経過した後は家庭裁判所に申し立てることができないとされています（民法1050②ただし書）。

つまり、原則として被相続人が亡くなってから6か月以内に本人から法定相続人に請求して協議をし、家庭裁判所に申立てをするまでの行動をしなければならないのです。

もともと無償で労力を提供していた親族が、このように早急に法定相続人に金銭請求をするというのは、かなり心理的ハードルが高いのではないかとも思われます。

2 介護をめぐる特別寄与料契約の例

介護をめぐる特別寄与料契約を締結する例としては、例えば、次のようなケースが考えられます。

・子どもの配偶者が親の面倒をみた
・孫（その親が存命であり代襲相続人には当たらない）が祖母の面倒をみた
・近所に住む姪が叔父（実の娘は海外在住）の面倒をみた

契約書例　**長男の嫁が舅の面倒をみているケース**

Ａさんは、妻に先立たれてから長男であるＢさん一家と同居して、その妻のＣさんから介護を受けていました。介護が一番大変な時期に、Ｂさんは地方に単身赴任して浮気をしたことが発覚し、ＢさんとＣさんの夫婦仲は険悪です。

Ａさんの死後、Ｃさんは弁護士のもとへ離婚相談に行ったところ、Ａさんの介護をしたことによって特別寄与料がもらえるかもしれないことに気付きました。

ＡさんにはＢさんのほかに長女であるＤさんがおり、法定相続人はその２人になります。

ＣさんはＢさんやＤさんとどのような契約書を取り交わせばよいでしょうか。

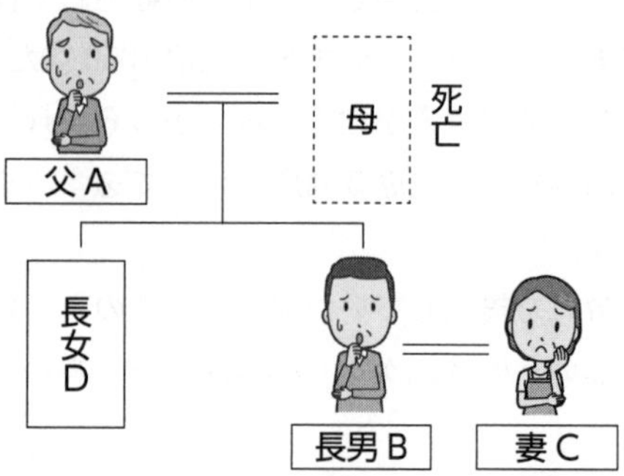

特別寄与料契約書

○○○○（以下「被相続人」という。令和○年○月○日死亡）の生前の介護に関する特別寄与料について、長男Ｂ、その妻Ｃ及び長女Ｄは、次のとおり合意した。

第１条（Ｃによる介護）

Ｂ及びＤは、Ｃが約○年間にわたって生前の被相続人の療養介護に尽力してくれたことにつき、心から深い感謝の念を表す。

第２条（特別寄与料）

Ｂ及びＤは、Ｃに対し、前条の尽力に対する民法1050条の特別寄与料として、300万円の連帯支払義務があることを認める。

第３条（支払方法）

Ｂ及びＤは、Ｃに対し、前条の特別寄与料を令和○年○月○日限り、Ｃの指定する下記金融機関に振り込んで支払う（振込手数料はＢ及びＤの負担とする。）。

記

○○銀行　○○支店　普通預金

口座番号○○○　Ｃ名義

第４条（清算条項）

Ｂ、Ｃ及びＤは、被相続人の相続に関し、ＢとＣとの間及びＣとＤとの間には、本契約書に定めるほか何ら債権債務がないことを相互に確認する。

なお、ＢとＣとの間の離婚をめぐる協議及びＢとＤとの間の遺産分割協議については、別途それぞれに行うものとする。

以上を証するため本書を３通作成し、ＢＣＤが各自署名押印の上、1通ずつ保有する。

令和○年○月○日

住所

氏名　　　Ｂ　　　㊞

……（略）……

3　解説と留意点

(1)　早期合意のポイントは特別寄与者への「感謝」

自分の親などに対して、本来であれば金銭には換えられない労力と親切を施してくれたのですから、この種の協議を行うに当たってはその感謝を伝えるのが第一です。

仮に、遺産が少なくて十分な現金を渡せないという場合には、その分、契約書上でもお礼の言葉を尽くすようにすると、相手も納得しやすいものです。

要するに「自分の苦労をわかってもらえた」「認められて報いてもらえた」と感じてもらうことが早期合意のポイントなのです。

(2) 生前に別の方策も検討するべき

冒頭の説明で述べたとおり、特別寄与料制度は、現実にはなかなか使われにくい制度かもしれません。

本来なら、特別の寄与を受けた被相続人本人が、生前にその特別寄与者に対して何らかの形で確実に財産を渡せるよう配慮し、恩義に報いておくべきでしょう。

例えば次のような方策が考えられます。

① 財産の一部を遺贈する旨の遺言書を書いておく

② 生前贈与をする

③ 生命保険金の受取人に指定しておく

(3) 親族でない療養介護者への対応

特別寄与料制度は、親族でない者へは適用されません。

しかし、親族でない者が被相続人の療養介護をしてくれたり、被相続人と一定の関係性を持っていたりするケースもよくあります。

例えば、次のようなケースです。

① 友人や近所の人などが、被相続人の生活のうち不可欠な一部（通院の送迎など）を担ってくれている

② 内縁の妻やまったくの他人が被相続人と同居して世話をしている

特に上記②のケースは、被相続人を言いくるめていつの間にか婚姻届や養子縁組届を提出してしまったり、生前に被相続人の財産（現預金）を使い込んでしまったり、被相続人の死後も居座ったために相続人が建物明渡し請求訴訟を起こさなければならなくなったりと、相続の場面で深刻な問題を引き起こす可能性があります。

「親族ではないから法的権利がない」とはいっても、それだけで相手が納得してくれるとは限らないので、被相続人の判断力が十分なうちに、こうした人たちにも何らかの対応をしておいたほうがよいでしょう。

税務のポイント

民法改正における「特別寄与料」の新設により、寄与した親族（相続人を除く6親等内の親族と3親等内の姻族。以下、「特別寄与者」といいます）は相続人に対して特別寄与料を請求できることになりました。ここでは、特別寄与料に関する税務論点を整理します。

① みなし遺贈

特別寄与者は被相続人から遺贈により財産を取得した者とみなされます。

② 2割加算

特別寄与者は被相続人の1親等血族及び配偶者以外の者に該当するため、2割加算の対象となります。

③ 支払相続人側の処理

相続人が特別寄与者に支払う特別寄与料の額は、当該相続人の相続税の課税価格から債務控除することができます。

④ 修正申告・更正請求等の「特則」対象

相続税法上で定められている修正申告や更正の請求等の「特則」の対象に、「特別寄与料を被相続人から取得した場合」が加わり、令和元年7月1日以後に開始した相続から適用されることになりました。更正の請求期間は、他の特殊事情が生じた場合と同様に、特殊事情が生じた日の翌日から4か月以内となります。

■コラム■

自己流契約書の失敗例

契約書を自己流に作ったことによる失敗例として、例えば次のようなものがあります。

いずれも、本書の著者らが実際に目にしたことがあるものです。

●契約書を２通作り、ABそれぞれが保管していたが、全部手書きであったため、片方の契約書だけ肝心な金額部分が書き間違えられていた。

●契約書にAの署名押印はあるが、Bの署名押印がなかったため、口頭で承諾したかどうかでトラブルになった。

● AB間の契約書の中に、当事者ではなく契約の効果が及ばないCの義務が定められていた。

●契約書内に記載した対象の不動産が、登記簿上の記載と異なっていたため法務局での登記を行うことができなかった。

●インターネットでいくつかの契約書を切り貼りしたため、記載している内容に矛盾がありトラブルになった。

●返済がなかったときの強制執行は、公正証書で作成しなければならないのを知らず、返済がなかった際に手続が煩雑になった。

●契約を解約できるかどうかの記載が曖昧な表現だったため、解約ができるかでトラブルになった。

●以前兄弟間で結んだ契約内容が曖昧で、当事者間では問題とならなかったが、相続発生後にお互いの相続人間で内容の解釈をめぐってトラブルとなった。

●家族間で結んだ契約書に重大な不備があり、専門家に依頼して修正することになったが、その間に契約当事者の一方が交通事故で寝たきりとなってしまい、契約書が修正できなくなった。

●法改正があったことを知らずに契約書を作成してしまい、当事者が望んだとおりの効力が発生しなかった。

第６章

家族信託

はじめに

近年、「家族信託」の利用が急増しているといわれています。テレビや新聞などで取り上げられることも増えてきましたので、聞いたことがあるという人も多いのではないかと思います。

家族信託が普及してきた背景には、認知症高齢者数の増加に伴う「財産凍結の問題」があります。詳細は後述しますが、認知症などによって判断能力が低下してきた場合、金融資産や不動産などの財産が凍結する（＝動かせなくなる）リスクに晒されることになります。

事前に家族間で信託契約を締結しておくことで、このような財産凍結リスクを回避することができるのが家族信託の最大のメリットです。今後、認知症による財産凍結対策の切り札として、家族信託の利用はますます拡大していくことでしょう。

なお、家族信託のことを、「民事信託」と呼ぶこともありますが、両者はほとんど同じものだと考えて差し支えありません。

それでは、内容を確認していきましょう。

1　家族信託とは

1　家族信託とは

家族信託とは、不動産や現金などの財産の管理や処分を信頼できる家族に託す制度です。その言葉どおり「家族を信じて託す」という意味です。「信託」とありますので、信託銀行などの金融機関に財産管理をお願いするものだと誤解している人も多いのですが、あくまで、家族に財産管理を託すものです。家族による家族のための財産管理の制度が家族信託です。

家族信託を開始するに当たっては、財産の管理を依頼する立場である委託《いたく》者《しゃ》と財産の管理を依頼される立場である受託者《じゅたくしゃ》が信託契約を締結します。

そして、信託契約の中で、信託から利益を受ける立場である受益者《じゅえきしゃ》や受託者に管理を依頼する信託財産などを決定します。家族信託では、委託者と受益者は同一人物となる形式（「自益信託」といいます）が一般的です。なお、委託者と受益者が異なる人物がなる形式を他益信託といいますが、家族信託ではあまり用いられることはありません。

家族信託の典型例は、高齢の親（委託者兼受益者）が元気なうちに子ども（受託者）に財産管理をお願いするケースです。子どもに財産の管理権限を移転しておくことで、親が将来認知症などによって判断能力を失った場合であっても、財産の凍結を避けることができるのです。

今後、認知症高齢者数の増加が確実視されている中、家族信託によって財産凍結対策を行うケースは増えていくことでしょう。

2　家族信託が普及した背景とは

家族信託が普及した背景には、何があるのでしょうか。もう少し詳しく確認してみましょう。背景には、2つの要因があります。

(1)　財産凍結問題の深刻化

超高齢社会の進展に伴い、認知症高齢者の人数は増加傾向にあります。平成29年度の高齢社会白書（内閣府）によると、2012年の認知症高齢者数は約462万人ですが、団塊の世代が75歳以上となる2025年には約730万人に上る（高齢者の約5人に1人）とされています。

認知症を発症すると、「判断能力（物事のメリット・デメリットを理解する能力)」が低下・喪失する可能性があります。法律では、意思能力という用語もありますが、両者に大きな違いはありません。

そして、法律上、判断能力がない状態で行われた行為は無効とされています（民法3の2）ので、認知症を発症すると、現金や不動産などの財産に関する行為（管理や処分など）が自分ではできなくなってしまうのです。脳梗塞や脳出血などの病気や事故によって判断能力が低下・喪失した場合もまったく同様です。

このように、判断能力の低下・喪失によって財産に関係する行為ができなくなり、財産が動かせなくなることを「財産凍結」といいます。

財産凍結によって下記のような行為ができなくなります。

■財産凍結の具体例

① 金銭に関すること

例：×預金の引出し　×定期預金の解約　×投資信託・株式の売却など

② 不動産に関すること

例：×自宅の売却やリフォーム　×アパートの建替えや修繕　など

③ 相続に関すること

例：×相続税対策　×遺産分割協議（相続手続）など

最近増えている相談は、高齢となった親が認知症を発症し、預貯金が引き出せなくなってしまった、親名義の実家が売却できなくなってしまった、というようなケースです。預貯金が引き出せなくなると、親の介護費用や医療費などは子どもが立て替えなくてはならないかもしれません。また、実家を売却してこれらの費用に充てることも難しくなってしまいます。

このように、財産凍結は家族の生活に直結する大きな問題ですから、親が元気なうちに家族信託を利用して事前対策しておきたいというニーズが高まっています。

⑵　法定後見制度のデメリットの顕在化

認知症などによって判断能力が減退し、財産凍結が起きてしまった後は、採り得る手段は「法定後見制度」しかありません。

法定後見制度は、成年後見制度（151ページ参照）の一種です。

成年後見制度とは、判断能力が不十分な人を法律面や生活面で支援する制度で、家庭裁判所が運用しています。判断能力が不十分な人を支援する人を後見人、支援される人を被後見人といいます。後見人の役割は、財産管理（預貯金の管理、不動産などの売買契約や賃貸借契約の締結、遺産分割など）と身上監護（介護の手続・施設入所の契約、病院の手続等）の役割があります。成年後見制度には、元気なうちに契約で後見人を決めておく「任意後見」という制度と、認知症などで判断能力が不十分となってしまった後に裁判所が後見人を決定する「法定後見」という制度があります。法定後見には、判断能力の程度に応じて「後見」「保佐」「補助」と3つの類型があります。

財産凍結に対する事後的な対応策は、法定後見制度を利用する以外にはありません。

法定後見制度には、判断能力が不十分となってしまった人の財産を詐欺被害や不当な契約などから守ることができるというメリットがある一方で、次のようなデメリットがあります。

■法定後見制度のデメリット

① 後見が開始すると財産が裁判所の監督下に置かれることになるので、原則として被後見人の生活のためにしか財産を利用できません。

② 後見人に弁護士や司法書士などの専門家が選任される可能性があります。「成年後見関係事件の概況－令和2年1月～令和2年12月」（最高裁判所事務総局家庭局）によると、8割近くのケースで司法書士や弁護士などの専門家が選任されています。

③ 後見人に専門家が選任された場合、管理対象財産の規模に応じて基本報酬が発生することになります。さらに、後見事務において特別困難な事務（遺産分割、不動産の売却など）を行った場合には、付加報酬（上記基本報酬額の50％の範囲内で相当額の報酬）がかかります。なお、この報酬

は後見が終了するまで継続的に発生します。

●報酬額の目安

管理対象財産	報酬（月額）
1,000万円以下	2万円
1,000万円超、5,000万円以下	3～4万円
5,000万円超	5～6万円

④　後見制度は被後見人の財産を守ることが目的なので、生前贈与、生命保険の活用、不動産の活用などの相続税対策を行うことができなくなります。
⑤　原則として被後見人が亡くなるまで後見が続くことになります。

以上のように、認知症の発症などにより財産が凍結してしまった場合、法定後見制度を利用する他ありません。成年後見制度を利用した場合、これまでのように「家族」だけで財産管理を続けていくことができなくなり、家庭裁判所の監督を受けることを余儀なくされるのです。

そこで、認知症によって財産が凍結した場合でも、裁判所や専門家ではなく、「家族」で財産管理ができる制度として「家族信託」の利用が急増しているのです。

2 家族信託の基本とポイント

それでは、次に実際の事例をもとに、家族信託の基本とポイントを確認していきましょう。この事例のように、高齢となった親名義の自宅と親の金銭を、家族信託によって財産凍結から守るケースが家族信託の典型例です。

■事　例

【相談者】

Ｃさん

【相談の経緯】

テレビで認知症による財産凍結の特集を観て、父親の財産凍結が心配になったそうです。財産が凍結したら医療費や介護費用をどこから捻出したらよいのかと不安に思っています。また、近い将来実家の売却も検討しています。そこで、専門家に相談することとしました。

【現在の状況】

- Ａさんは実家で１人暮らしをしています。Ｂさんは高齢者施設におり、すでに認知症を発症しています。
- ＣさんとＤさんはそれぞれ結婚し家庭があります。
- 昨年Ａさんは自宅で転倒して骨折。それ以来外出する機会が減り元気がない様子です。

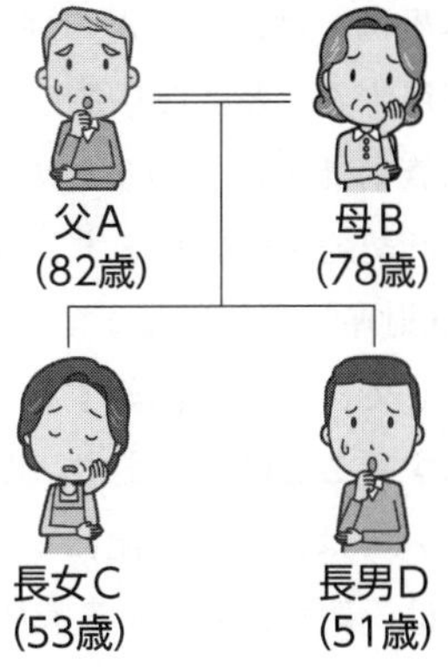

【Ａさんの資産状況】

- 自宅　（評価額　約 2,000 万円）
- 金融資産　　　　約 2,000 万円

1　家族信託の基本

(1)　基本イメージ

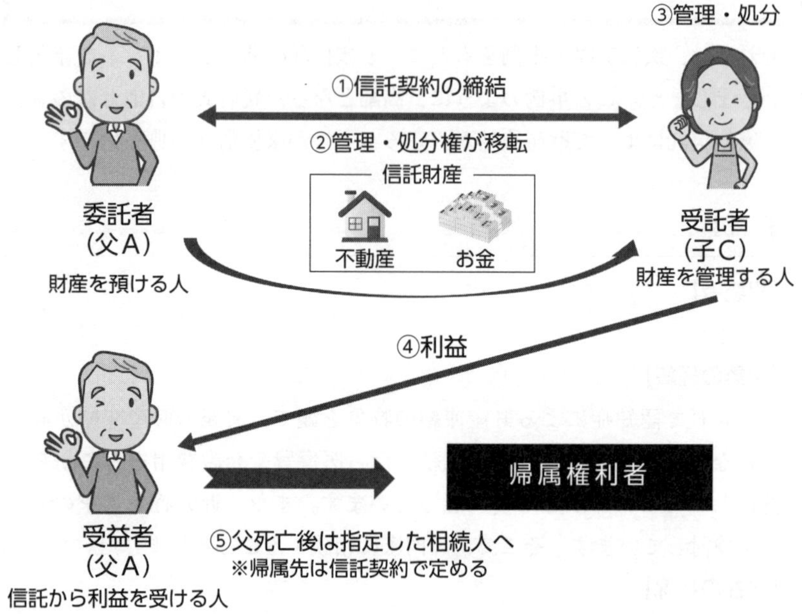

本事例では、Ａさんの判断能力喪失による財産凍結に備えて、家族信託を利用することになりました。

家族信託をはじめるために、まずＡさんを委託者、Ｃさんを受託者として信託契約を締結します。信託契約の中で、Ｃさんに管理をお願いする財産（信託財産）を決定します。

そして、信託が開始すると、信託財産の管理権限や処分権限はＣさんに移転することになります。このことを対外的にしっかり示すために、不動産については、信託登記によって登記名義をＣさんに変更します。金銭については、新たに開設する家族信託のための口座に移して管理をします。

したがって、家族信託が開始した後にＡさんが認知症等で判断能力を喪失したとしても、信託財産についてはＣさんが管理を行っていますので凍結を回避できるのです。

今後、医療費や介護費などはCさんが管理する家族信託の口座から直接支払うことが可能です。Aさんが認知症を発症したとしても、これで安心です。また、将来的に自宅を売却する際は、受託者であるCさんが売主として売買契約を締結することになります。その際に、Aさんが認知症を発症していたとしても問題なく売却の手続を進めていくことができます。

2 家族信託の主な登場人物

(1) 委託者とは

委託者は、受託者に財産管理を依頼する人です。上記の事例でいえば、Aさんに当たります。家族信託では、高齢となってきた親が委託者となるケースがほとんどです。

委託者の権限には、信託事務の処理状況などを確認する権利（信託法36、38⑥など）、受託者など信託事務に関わる者を選任したり解任したりする権利（信託法58、62など）、信託の変更や終了に関する権利（信託法149、164）などがあります。委託者の権利は、信託契約によって、一定の範囲で拡張又は縮小されることが認められています。

なお、家族信託においては、委託者＝受益者となる自益信託の形式をとることがほとんどとなります。

(2) 受託者とは

受託者は、委託者から依頼された財産の管理を行う人です。上記の事例でいえば、Cさんに当たります。

受託者は、信託財産の管理、処分、その他の信託の目的の達成のために必要な行為をする権限を有しています（信託法26）。具体的な権限は、信託契約によって定めることになります。例えば、信託金銭の管理、不動産の売却、賃貸などさまざまな権限を設定することが可能です。ただし、信託契約によって定めた信託の目的の範囲内で権限を行使しなければならないことには注意が必要です。

また、受託者には信託法上さまざまな義務が課されています。主な義務としては下記のようなものがあります。

■主な受託者の義務や責任

① 善管注意義務（信託法 29 ②）

受託者は、その地位や職業に応じて通常期待される高い注意義務をもって信託事務を行わなければならないとする義務です。

② 忠実義務（信託法 30）

受託者は、受益者のために忠実に、言い換えれば受益者の利益のために信託事務を遂行していかなくてはならないとする義務です。

③ 分別管理義務（信託法 34）

信託財産（＝委託者から管理などを任された財産）と、受託者固有の財産とを分別して管理しなければならないとする義務です。

さらに、受託者は信託法上の義務に違反したことによって、信託財産に損失が発生した場合には、受益者の請求により、その損失をてん補しなければなりません（信託法 40 ①）。

家族信託において、家族の中で誰を受託者にするのかは非常に重要です。家族でしっかり話し合って慎重に選定しましょう。

なお、成年後見制度と異なり、受託者は第三者の監督を受けることがないので、受託者を監督する役割を担う「信託監督人」（信託法 131）や受益者の持つさまざまな権利を代理で行使することによって受益者の利益を守る「受益者代理人」（信託法 138）を信託契約によって決定しておくこともあります。

⑶ 受益者とは

受益者とは、家族信託から利益を受ける人をいいます。上記の事例でいえば、A さんに当たります。家族信託では委託者と同一の人物となることがほとんどです。

受益者は信託法上、「受益権」という権利を有しています（信託法 2 ⑥）。

受益権とは、信託契約に基づいて受託者に対してさまざまな請求ができる権利をいいます。受益権の内容は下記の 2 つに分けることができます（信託法 2 ⑦）。

①　信託財産の引渡しや給付を求める権利（受益債権）

例えば、自宅を家族信託した際に引き続き自宅に居住する権利、アパートを家族信託した際に家賃の給付を受ける権利、家族信託された金銭から定期的に生活費などの給付を受ける権利などがこちらに当たります。

具体的にどのような権利内容とするかは、信託契約によって定めることになります。

②　①を確保するために受託者に一定の行為を求めることができる権利

①の権利を確保するために、受益者は受託者に対してさまざまな権利を行使することができます。例えば、受託者の権限外の行為や利益相反行為を差し止める権利、信託事務の処理状況の報告を求めたりする権利があります。受益者の利益を確保するために、受託者を監督する権利が主なものとなります。

3　家族信託の対象とできる財産

信託法上、家族信託の対象とできる財産については明文上特に制限はありません。実務上は、金銭的な評価ができるものであれば信託の対象とすることができるとされています。ただし、債務などの消極財産を対象とすることはできません。

信託財産としては、自宅やアパートなどの不動産、金銭、株式を家族信託の対象とするケースがよく見受けられます。

しかし、他の法律の規定によって信託の対象とできない財産もあります。

まず、「農地」を信託することは原則として禁止されています（農地法3②三）。

また、「年金受給権」を信託の対象とすることもできません（厚生年金保険法41①、国民年金法24）。

4　家族信託を理解するための3つのポイント

家族信託は、なかなか最初は理解しづらい制度です。ここでは、家族信託を理解する上での、3つのポイントを説明いたします。

■ポイント①　信託財産の管理や手続は「受託者」が行う

家族信託が始まると、信託財産の管理や処分は信託契約に従ってすべて受託者が行います。一方、信託財産から発生する利益は受益者のものとなります。

上記の例でいえば、家族信託が開始する前は、財産の管理や手続を行うのも、利益を受け取るのもいずれも所有者であるAさんでした。家族信託の開始後は、自宅や金銭の管理や手続は受託者であるCさんが行います。そして、これらから生じる利益は受益者であるAさんが受け取ることになります。

■ポイント②　どの財産を家族信託するかは自由に決定できる

家族信託では、信託契約の中で受託者に管理を託す「信託財産」を自由に決定することができます。必ずしもすべての財産を信託しなければならないというわけではありません。

例えば、不動産を複数所有している場合には、将来処分などが予想される特定の不動産だけを信託の対象とすることが可能です。金銭についても、信託の対象とする金額は自由に決定できます。

■ポイント③　いつ家族信託を終わらせるかは自由に決定できる

家族信託の終了時期は信託契約書で自由に決定できます。

上記の例の場合、Aさんが亡くなったときに信託が終了すると設定しました。Aさんが亡くなった後に財産を引き継ぐ人を「帰属権利者」といいます。帰属権利者にどのように財産を引き継がせるのか（割合、対象の財産など）は信託契約書で自由に決定できます。自分が亡くなったときの財産の承継先を決定できるという点で、家族信託は遺言と同じ機能を持っていることになります。

また、上記の例で当初受益者であるAさんが亡くなったら終了せずに、Aさんが亡くなった後は、第二受益者としてBさんを設定して家族信託を続けるという設定にすることも可能です。こうすることで、Bさんに財産の利益の部分だけを渡しながら、財産の管理は引き続きCさんが行うことが可能となります。このような形態を「受益者連続型信託」といいます。

5　家族信託は専門家に依頼しなくてもできるのか

家族信託の手続は必ず専門家に依頼しなければならないというわけではありません。信託契約書の作成や登記手続を自分で行うことができれば、専門家に頼む必要はもちろんありません。後述するように、家族信託にはそれなりに費用がかかりますので、自分で手続をして専門家の費用を節約したいと考える人もいるでしょう。

しかし、本書で取り上げている家族間の各種契約の中でも、家族信託の契約書は非常に難しい契約書です。専門家からすると、一般の人が作成するのはあまり現実的ではありません。仮に作成するにしてもかなりの時間がかかることでしょう。また、信託契約書に誤りや欠陥があった場合、予定していた財産管理ができなくなるリスクや相続の際に家族間でトラブルになる可能性もあります。

したがって、家族信託を開始する際、弁護士、司法書士、行政書士などの専門家に依頼するほうが賢明といえます。

3 家族信託が開始するまでの流れ

次に、家族信託が開始するまでの大まかな流れを確認してみましょう。前項「家族信託の基本とポイント」の事例のように、高齢となった親名義の自宅と親の金銭を家族信託するケースを前提に解説します。家族信託の内容や依頼する専門家によっては、下記のように進んでいくとは限りませんのでご注意ください。

ステップ①　専門家への相談

まずは、専門家（弁護士、司法書士、行政書士など）への相談を行うことが一般的です。

この相談には、委託者となる人と受託者となる人が両方参加するのが望ましいです。もし可能であれば、それ以外の家族も参加したほうがよいでしょう。

専門家から家族構成、所有財産、現状の心配ごと、今後のライフプランなどについてヒアリングを受けることになります。

そして、ヒアリング内容をもとに、専門家から家族信託の概要や他制度との比較などについて説明を受けることになります。

ステップ②　家族会議の開催

専門家への相談を踏まえて、家族会議を行い、一度家族全員で話し合う時間をとります。

家族会議では、委託者や受託者のように、信託契約の当事者になる人だけでなく、親が亡くなった際の相続人となる人にも参加していただきます。その趣旨は、それぞれの想いや希望を家族全員で共有することにあります。家族信託が将来の紛争の種にならないよう、家族全員の意見を汲み取りながら、家族信託を進めていくことが理想です。

家族で話し合った結果、家族信託は行わないということになったとしても、事前に家族の財産管理や相続について話し合っておくことは、それだけでも非常に意味があることです。

ステップ③　専門家への依頼

次に、家族信託を進めるということであれば、委託者と受託者が専門家へ手続を依頼します。

手続の開始に当たっては、専門家と業務委任契約を締結することになります。

ステップ④　信託契約書案の作成

続けて、専門家によって信託契約書が作成されます。

家族信託の契約書は、１つとして同じものはありません。家族の課題や希望は、家族ごとに異なるからです。

契約書が完成するまでには、何度か専門家と打合せをするのが通常です。

ステップ⑤　金融機関の審査

契約書の内容が定まり次第、家族信託する金銭を管理する口座（信託口口座※）を開設する金融機関へ信託契約書を提出し、審査を受けることになります。金融機関によってそれぞれ開設の要件が異なりますので、契約書の修正を求められることもあります。

※　家族信託を利用する際は、受託者に課されている分別管理義務をより確実に果たすため、信託する金銭を「信託口口座」と呼ばれる信託専用の口座で管理することが実務上推奨されています。

信託口口座とは、家族信託による金銭の管理専用に作成される口座で、「委託者Ａ受託者Ｂ」などのように委託者と受託者両方の名前が口座名義に入ることが多いです。また、仮に受託者が委託者より先に事故や病気などで死亡し受託者の業務ができなくなってしまっても、スムーズに後継受託者（信託契約で定めた予備の受託者）に名義変更がなされ信託金銭の管理が継続されます。

ところが、信託口口座を扱っている金融機関は、全国でもまだ限られているのが現状です。家族信託を検討する際には近くに対応する金融機関があるかどうかを事前に確認することが大切です。

信託口口座を開設できない場合には、受託者の個人名義の口座を便宜上「信託専用口座」とし、管理口座として利用する方法があります。この場合、事前に金融機関に信託契約書を提出する必要はありません。

信託口口座の開設は信託法上必須というわけではありませんが、分別管理の観点から考えると、開設した上で家族信託を行うほうが望ましいといえるでしょう。

ステップ⑥　公証役場への信託契約書の提出

次に、公証役場へ信託契約書を提出し、公証人の確認を受けることになります。

家族信託の契約書は、必ずしも公正証書で作成する必要はありません。しかし、上記の信託口口座を金融機関で開設する条件として、公正証書によることが求められているケースが多く、また将来の紛争予防の意味でも、実務上は公正証書で作成することがほとんどです。公正証書の詳細については、第１章「**５　公正証書**」(14ページ）をご覧ください。

ステップ⑦　信託契約の締結

公証人の確認が完了し、信託契約書の内容が確定すると次は信託契約の締結となります。

信託契約は公証役場で締結しますので、まずは作成の予約を行うことになります。そして、予約日に委託者と受託者が公証役場に出向き、公証人の面前で信託契約を締結します。信託契約の締結によって家族信託の効力が発生します。

ステップ⑧　信託口口座の開設

次に、信託した金銭を管理する信託口口座の開設を行います。事前に**ステップ⑤**で金融機関の審査を終えていますので、公証役場で作成した信託契約書を持参の上、金融機関に出向き信託口口座を開設します。金融機関によって異なりますが、口座の開設は受託者だけで行えるところが多いようです。

ステップ⑨　信託金銭の払込・信託登記

信託口口座を開設した後は、信託契約書で定めた金銭を委託者の口座から受託者の信託口口座に振り込みます。また、信託した自宅を受託者名義とする信託登記手続を行います。

ステップ⑩　信託の開始

ステップ⑨までを終えて、いよいよ家族信託による財産管理がスタートすることになります。今後、受託者は信託契約書に従って、信託された金銭や自宅を管理していくことになります。また、必要が生じたら自宅を処分することも可能です。

4　家族信託にかかる費用

次に、家族信託にかかる費用について確認してみましょう。

家族信託にかかる費用は、大きく分けると「専門家の費用」と「公証役場の費用や登録免許税などの実費」の２種類があります。

専門家に払う費用は、信託する財産の金額や信託契約書の内容によって変わってきますし、言うまでもないことですが、手続を依頼する専門家によっても費用は異なります。

なお、通常の家族信託は、委託者と受益者が同一人物となる自益信託ですので、贈与税や不動産取得税は課税されません。

1　専門家の費用

⑴　専門家のコンサルティング費用

■費用の目安【信託する財産評価額の 1％】

コンサルティング費用とは、弁護士・司法書士・行政書士などの専門家に家族信託の設計や信託契約書の作成などを依頼する費用です。「信託財産の評価額の１％」程度を報酬として設定している事務所が多いようです。

家族信託を始めるためには、遺言や成年後見制度など他の制度との比較・検討、家族の状況や希望、資産規模に応じた個別のスキーム設計などが必要です。これらにかかる費用がコンサルティング費用です。

なお、専門家によってコンサルティング内容が異なります。事前に内容を確認しましょう。

⑵　司法書士の報酬

■費用の目安【8 万円～10 万円】

不動産を信託する場合には、法務局へ信託の登記（名義変更の登記）を申請しなければなりません。登記申請は登記の専門家である司法書士に依頼するのが一般的です。司法書士へ依頼した場合の費用はおよそ８万円～10 万円が相場です。費用は不動産の評価額や不動産の個数によって異なります。

(1)の信託のコンサルティングを司法書士に依頼している場合には、同じ司法書士が登記までまとめて対応します。また、依頼する専門家によっては、(1)のコンサルティング費用に登記の費用も含まれている場合もあります。

2　公証役場の費用や登録免許税などの実費

(1)　公正証書の作成費用

■費用の目安【3万円～10万円】

家族信託は、委託者と受託者で「信託契約」を締結することによって開始します。そして、信託契約書を「公正証書」で作成する場合には、公証役場の費用がかかります。公証役場の費用は、信託する財産の価額によって異なります。

家族信託の契約書は、前述のように法律上必ずしも公正証書によって作成しなければならないというわけではありませんが、実務上はほとんどのケースで公正証書によって作成されています。

(2)　登録免許税

■費用の目安【固定資産税評価額×0.3%～0.4%】

登録免許税は、不動産を家族信託する場合にのみ発生する費用です。

不動産を信託する場合には、法務局へ信託の登記を申請する必要があります。その際に法務局へ納めなければならないのが登録免許税です。登録免許税は不動産の固定資産税評価額を基準に次のとおり計算されます。

(土地)　固定資産税評価額× 0.3%
　※原則は0.4%。令和5年3月31日までの特例措置。
(建物)　固定資産税評価額× 0.4%

例えば、土地が2,000万円、建物が800万円の不動産を信託する場合、土地の登録免許税が6万円（2,000万円× 0.3%）、建物の登録免許税が3万2,000円（800万円× 0.4%）、登録免許税は合計9万2,000円となります。

所有している土地や家屋の固定資産税評価額を知りたいときは、毎年4月～5月に市区町村から送られてくる固定資産税の納税通知書に付いている「課税明細書」を見てみましょう。

市区町村によって異なりますが、「評価額」や「価格」という項目に、土地や家屋の固定資産税評価額が記載されています。

⑶ 収入印紙

■費用の目安【契約書1件につき200円】

印紙税法という法律によって信託契約書には200円の印紙を貼付する必要があります。

⑷ 信託口口座の開設費用

■費用の目安【1口座につき3万円～10万円】

前述のように、金銭を家族信託する場合には、信託された金銭が受託者によって適切に管理がなされるように、「信託口口座」という家族信託専用の口座を開設することが実務上は推奨されています。

信託口口座の開設には、金融機関によって異なりますが、1口座につき3万円から10万円程度の費用がかかることが多いです。金融機関によっては開設費用が無料のところもあります。

⑸ 資料収集費用・郵送費

■費用の目安【3,000円～5,000円】

その他、家族信託を始める際には戸籍謄本や印鑑証明書、不動産の登記簿を取得する必要があります。また、資料の収集や不動産の登記申請で郵送費がかかります。これらの費用が合計で3,000円～5,000円程度かかることが一般的です。

5 家族信託のメリットとデメリット・注意点

次に、家族信託のメリットとデメリット・注意点を確認しましょう。

家族信託は、認知症対策・相続対策として非常に有用な制度ですが、万能な制度というわけではありません。あまり検討がなされないまま利用することによって、家族間に無用な軋轢を生じさせる可能性もあります。

家族信託の契約を締結する前に必ずデメリットや注意点についても把握しておきましょう。

1　家族信託のメリット

まず、家族信託のメリットから確認していきましょう。メリットには、次のようなものがあります。

⑴　財産の凍結を回避できる

家族信託の最大のメリットは、財産の凍結を回避できることです。家族信託の開始によって、信託契約によって定めた信託財産の管理は受託者が行うことになります。その後、委託者が認知症等で判断能力を失ったとしても信託財産が凍結することはありません。

何も対策をしていなかった場合には、判断能力の低下・喪失によりすべての財産が凍結することになります。

元気なうちに、家族信託によって財産の管理や手続を行う権限を子どもなどの家族に移転しておくことで財産の凍結を防止することができるのです。

⑵　家族だけで財産の管理ができる

家族信託では、財産の管理を家族だけで行うことができます。

もし何も財産凍結の対策をしていなかった場合には、法定後見制度を利用するしかありません。そうなると、本人の財産が家庭裁判所の監督下に置かれてしまうことは避けられません。後見が開始した後は、後見人が定期的に家庭裁判所に報告をする必要があります。また、本人の財産の処分に当たり、家庭裁判所の許可などが必要になるケースもあります。

さらに、後見人に弁護士・司法書士などの専門家が選任される可能性もあります。専門家が後見人になった場合には、本人の財産の管理に家族は関わることはできませんし、専門家への報酬を後見が継続する間は負担し続けなければなりません。

⑶ コストの節約ができる可能性がある

成年後見制度を利用した場合には、専門家（弁護士・司法書士など）が後見人に選任されると、その後継続的に専門家の報酬が発生していきます。この報酬は後見が終了するまで、つまり事実上本人が死亡するまでずっと発生し続けることになります。

家族信託の場合には、家族である受託者が財産の管理を行いますので、報酬は設定しないケースがほとんどです。

したがって、成年後見に比べて財産管理のコストを削減できる可能性があります。

⑷ 財産管理の負担を軽減できる

家族信託が始まると、受託者が信託財産の管理や処分を行うことになります。

言い換えれば、これは本人としては預貯金や不動産の管理を自分で行う必要がないということです。これは本人にとって大きなメリットです。高齢になってくると、預貯金や有価証券などの金融資産の管理や手続に不安を覚える人は多いものです。また、自宅や空き家などの不動産の売却や賃貸などの手続は若い人であっても非常に煩雑です。

これらの手続を家族信託によって受託者に任せておくことができれば、財産管理の負担をかなり軽減することができるでしょう。

⑸ 相続対策も同時に行うことができる

家族信託では、本人が亡くなった後に信託財産を誰に引き継がせるかを決めることができます。これは、家族信託は、遺言書と同様に財産の承継先を決定できる、すなわち相続対策も同時に行うことができるということを意味しています。

相続が発生した際、遺言書がない場合には、相続人全員で遺産分けについて話し合い（遺産分割協議）を行わなくてはなりません。この話し合いがまとまらないと、被相続人の預貯金の相続手続や不動産の名義変更を行うことができませんので、遺産分割協議は非常に重要です。

したがって、遺産分割協議における紛争を防止するために、遺言の作成が実務上は推奨されています。

しかし、遺言には、財産凍結を防止する認知症対策としての効果はありません。遺言は、あくまで亡くなった後の財産の承継を前もって決めておけるだけです。

これに対して、家族信託には、財産の凍結対策と相続対策が同時にできるというメリットがあるのです。

⑹　財産の承継先として“次の次”まで指定できる

⑸で確認したように、家族信託では遺言と同様に、財産の承継先を信託契約書の中で決定することができます。

ところが、遺言は承継先として“次”までしか決定できないのに対して、家族信託の場合はさらに“次の次”まで承継先を決めておくことができます。これを「受益者連続型信託」といいます。

例えば、下記の**具体例**①のように、家族信託によって、代々引き継いできた不動産を子どもがいない長男に引き継がせた後は、その財産を次男の子（孫）に引き継がせたいというような希望を叶えることができます。

しかし、これと同じことは遺言では実現できません。父の遺言によって長男に渡すことはできても、長男が引き継いだ財産を誰に渡すかまでは父の遺言では決定することができないのです。家族信託を利用しなければ、長男の妻の家系に不動産が相続されてしまうかもしれません。

また、**具体例**②のように、父から母へ引き継いで、母亡き後は長男に財産を引き継がせたいというケースもよくあります。このような場合、受益者連続型信託を利用することで、母は受託者に財産を管理してもらいながら、受益者として利益だけを受け取ることができます。母が認知症になっても財産が凍結することがありません。

ところが、これと同じことは遺言では実現できません。父の遺言によって母に財産を渡すことはできますが、母から長男への財産の承継を行うことはできません。また、父が亡くなったときに母が認知症であった場合の凍結リスクにも遺言では対応できません（父が死亡し遺言で母に財産が承継されたときに、母がすでに認知症であった場合には即座に財産が凍結してしまいます）。

■受益者連続型信託の具体例

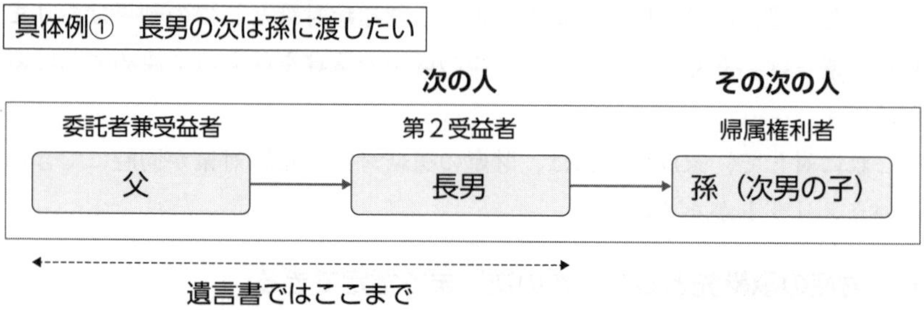

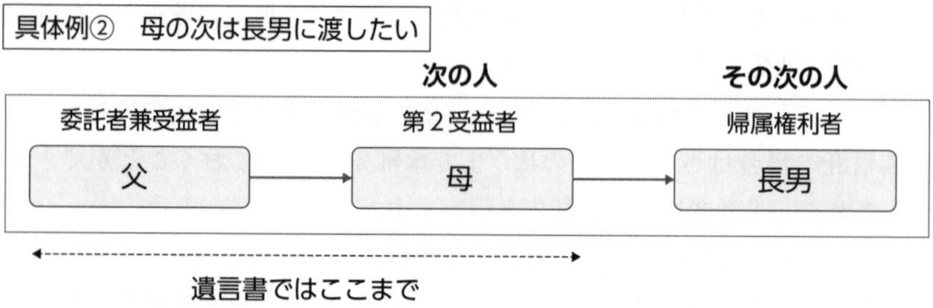

(7)　詐欺対策も同時にできる

近年、高齢者をターゲットとした詐欺被害が後を絶ちません。詐欺の手口は年々巧妙化しているといわれており、根本的な対策は難しいのが現状です。

そこで、有効なのが家族信託を利用した詐欺対策です。家族信託によって本人の財産を受託者が管理するようにしておくことで、万が一騙されてしまったとしても、被害は信託財産以外の部分に抑えることができます。家族信託によって、受託者に財産を移転しておけば、家族が詐欺にあっても被害を最小限に抑えることができます。

2　家族信託のデメリット・注意点

次に、家族信託のデメリット・注意点を確認していきましょう。すでに説明しているものもありますが、改めて確認しましょう。

(1)　認知症発症後は家族信託を行うのが難しくなる

家族信託を開始するには、委託者と受託者との間で「家族信託契約」を締結する必要があります。

法律上、「契約」を結ぶためには両者が契約内容を正確に把握し、合意をしていなくてはなりません。つまり、契約の締結には判断能力が不可欠なのです。

しかし、認知症を発症すると判断能力が低下し、家族信託契約の内容を正確に把握することが難しくなってしまいます。そうなると、契約が締結できず、家族信託を始めることができなくなる可能性が高まります。

もっとも、認知症という診断を受けたからといって家族信託が絶対にできなくなるというわけではありません。初期段階の軽度の認知症であればできる可能性もあります。諦めずに一度専門家に相談してみましょう。

(2)　受託者を頼める家族がいないと利用できない

家族信託とは、不動産や金銭などの財産の管理や承継を信頼できる家族に、元気なうちに託しておく制度です。

ですから、受託者として管理をお願いできる家族がいなければ利用できないということなります。子どもがいないケース、子どもがいても海外などに居住しており財産管理が依頼できないケース、家族の仲が悪いケースなどでは家族信託を用いるのは難しいかもしれません。

それでは、家族信託の受託者は家族以外に依頼することはできないのでしょうか。

信託業法という法律で、受託者としての業務を「業として」（＝収益や報酬を得るために不特定多数に対して反復・継続的に）行うことは禁止されています。業として行う場合には、信託業法上の認可や届出が必要となります。

ということは、業として行わないということであれば、家族でなくても知人や資産管理会社などを受託者とすることも可能です。もっとも、弁護士や司法書士などの専門家に受託者を依頼することはできないとされています。

家族信託によって財産管理をお願いする人がいない場合はどのようにしたらよいでしょうか。方法は2つ考えられます。

■方法①　信託銀行や信託会社の信託サービスを利用する

家族に頼める人がいない場合には、信託銀行や信託会社の信託サービスを利用するという選択肢も考えられます。

ただし、家族信託と異なり、管理をお願いできる財産が限られている（自宅が対象外、一定以上の金銭でないと対象外など)、継続的にコストがかかるなどの注意点があります。

■方法②　他の財産管理対策を検討する

任意後見などの他の財産管理対策を検討するという選択肢もあります。

(3)　初期費用がかかる

家族信託を始めるには専門家の報酬や登録免許税などの実費を合計して最低30万円～70万円程度の初期費用（最もオーソドックスな自宅・実家のみを対象とした信託の場合）がかかります。

家族信託の費用は依頼する専門家や信託財産の大小によって異なってきます。利用を検討している人は、一度専門家に相談して見積りをとってみるとよいでしょう。詳細は、本章の「**4　家族信託にかかる費用**」(222ページ）をご確認ください。

(4)　開始と同時に信託財産の管理権限は受託者に移転する

家族信託は、委託者と受託者の契約締結によって開始します。

注意すべき点は、契約締結と同時に財産管理や処分の権限が受託者に移転するという点です。委託者が認知症になってから管理権限が移転するのではありません。

委託者の年齢が比較的若く、まだ自分で自分の財産を管理したいと希望していたとしても、家族信託契約を締結した時点で管理権限は受託者に移転してしまいます。したがって、中には認知症になったら子どもに管理してもらうのはいいけど、今すぐは……と躊躇する人もいます。

そのような場合、財産を子どもに贈与してしまうわけではなく、「受益者としてこれまでどおり財産の利益（中身）は自分でもらえる」ということを伝えるとよいでしょう。

あくまでも受託者は「財産を管理するだけ」（手続を行うだけ）ですから、これまでと実態はあまり変わらないことがわかると安心するでしょう。

(5) 対応できる専門家が少ない

家族信託の手続の依頼先は、弁護士、司法書士、行政書士など法律の専門家となります。

これは、家族信託は信託法という法律に基づく制度であるからです。また、成年後見制度などの家族信託以外の財産管理制度や、亡くなった後の相続問題も関係するため、これらに精通している専門家が適任です。

しかし、家族信託は利用が始まってからそれほど時間が経っておらず、比較的新しい制度です。ですから、専門家であれば、誰でも詳しいというわけではなく、家族信託の実務経験がない専門家も多いのが現状です。経験がない専門家に依頼してしまい、家族信託の設計に誤りがあり、開始後にトラブルになるケースも増えてきています。

安全・安心な家族信託を行うために、専門家に依頼する際は、下記の５つの点をチェックしてみてください。

＜家族信託を専門家に依頼する際の５つのチェックポイント＞

①　家族信託の実務経験があるか

これまでに家族信託について、どれくらいの件数を行ったことがあるかを確認するとよいでしょう。40～50 件ほどの実務経験を持っている専門家であれば、家族信託について経験豊富であるといわれています。

②　事前に費用に関する説明があるか

家族信託を行うには、専門家の報酬・公証人費用・登記に係る登録免許税などの初期費用がかかります。特に専門家報酬は事務所によって異なりますので、何にいくらかかるのかなどしっかりと事前に説明を受けましょう。

③　成年後見制度・相続・遺言の実務に精通しているか

家族信託を始めるに当たっては、成年後見制度との比較・検討が重要です。

また、相続や遺言との比較・検討も行う必要があります。

よって、家族信託と関連するこれらの業務の知識や実務経験も多く持つ専門家への相談をおすすめします。

④ 他の専門家と連携しているか

家族信託を始める際には、相続税の試算を行うなど税務上の問題も同時に検討する場合があります。そのため、相続税に詳しい税理士と連携して検討してもらえるかが重要になります。

また、家族信託を始めるときは、今後の生活（住まいや現金、保険など）を考えるとてもよい機会です。不動産業者、ライフプランナー、IFAなどの財産の専門家、社会福祉士やケアマネジャーなどの介護・福祉の専門家とも連携してトータルでサポートしてくれる専門家に依頼するのがよいでしょう。

⑤ アフターサポートが充実しているか

家族信託は委託者と受託者の契約締結により開始しますが、最も重要なのは、家族信託によってしっかり財産管理を行っていくことです。家族信託開始後の財産管理や信託運営についてのアフターサポートを行っているかどうかも専門家を選ぶ際の大切なポイントです。

⑹ すべての金融機関で信託口口座を開設できるわけではない

前述のように、現時点ではすべての金融機関で信託口口座を開設できるというわけではありません。家族信託は比較的新しい制度であるため、開設に対応していない金融機関も少なくありません。

家族信託を開始する前に、普段利用している金融機関や近くの金融機関が、信託口口座の開設に対応しているかどうかを調べておきましょう。

また、開設に対応しているにしても、金融機関ごとに最低預金額がある、契約書の作成に専門家の関与が必須であるなど、さまざまな開設条件が設定されていますので注意しましょう。

⑺ 受託者はさまざまな義務や責任を負う

家族信託における受託者は、前述のようにさまざまな義務や責任を負うことになります。たとえ家族の財産だからといって、いい加減な管理が許されるわけではありません。家族間の財産管理であっても、受託者は他人の財産を預かるのと同じ義務や責任を負うことになるのです。

⑻　損益通算ができなくなる

アパートや駐車場などの収益物件を信託した場合に関係するデメリット・注意点です。自宅や金銭だけを家族信託した場合には関係ありません。

税法上、家族信託した不動産から生じた「損失」がある場合には、その損失がなかったものとみなされる、とする規定があります（措法41の4の2）。

したがって、家族信託を行った場合には、信託財産の「損失」と固有財産の「利益」を損益通算（利益と損失を合わせて計算すること）ができないことになります。

そのため、損益通算ができれば課税されなかった所得税が、一部の物件を家族信託したことにより課税されてしまう可能性もあるのです。ただし、同一信託（1つの信託契約書）内での、損益通算はできるとされています。

収益物件を複数所有している人は、思わぬ課税を避けるためも事前に税理士に必ず相談しましょう。

■損益通算と家族信託

【損益通算のイメージ】

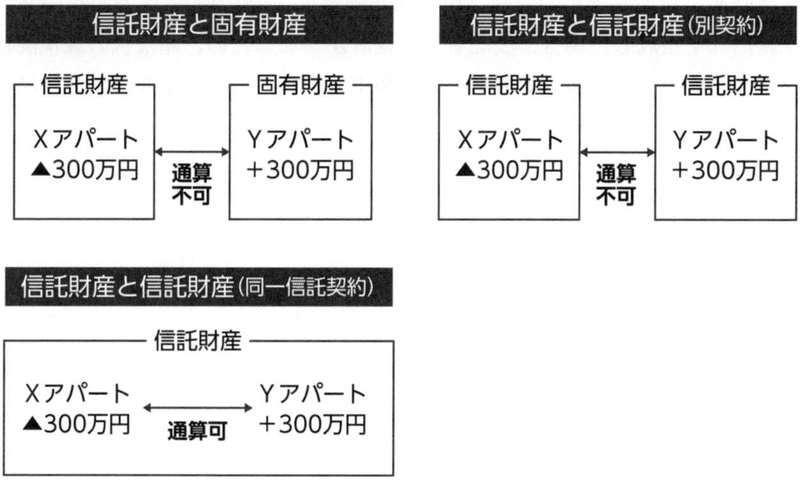

税務のポイント

家族信託に関する税務ポイントの基礎を解説します。信託税務では、そのほとんどを受益者等課税信託という考え方に基づき、課税を行います。つまり、受益者が誰かで課税関係が決まることを意味します。

具体的には、委託者：父、受託者：長男、受益者：父、信託財産：アパート（建物）の家族信託を組成した場合、委託者と受益者が同一人物（これを自益信託といいます）であるため、信託組成に伴う課税関係は生じません。ただし、受益者である父は信託組成前と同様、アパート収入に対する不動産所得を確定申告する必要があります。

次に、委託者：父、受託者：長男、受益者：長男の子（成年）、信託財産：アパート（建物）の家族信託を組成した場合、委託者と受益者が異なるため、贈与税の課税関係が生じます。つまり、父から長男の子への贈与となり、長男の子は課税価格が贈与税の基礎控除（110 万円）以上であれば、贈与税の申告義務が生じます。また、不動産収入は受益者に帰属するため、受益者である長男の子はアパート収入に対する不動産所得を確定申告する必要があります。

また、夫婦間贈与（税法では贈与税の配偶者控除）につき、家族信託を組成することが可能です。例えば、委託者：父、受託者：長男、受益者：母、信託財産：自宅及びその敷地（相続税評価額を 1,800 万円とする）につき、家族信託を組成した場合、委託者と受益者が異なるため、贈与税の課税関係が生じますが、受益者である母が贈与税申告を行うことにより、贈与税は課税されないことになります。

6　家族信託契約書の重要ポイントと注意点

1　信託の目的

【条項例】

> **第●条（信託の目的）**
>
> 　本契約に基づいて設定された信託（以下「本信託」という。）は、信託財産の適正な保全、管理、運用及び処分その他本信託の目的達成のために必要な行為を行い、受益者の従前と変わらぬ安定した生活と福祉を確保した上、信託財産の有効活用を図り、これを適正に承継させることを目的とする。

【解　説】

　信託の目的は、家族信託において最も重要でかつ必要不可欠な要素です。何を目的として家族信託が行われたのか、信託の目的は、信託の存在理由ともいえます。

　また、信託の目的は、受託者の権限の範囲を定め、家族信託開始後に受託者が信託事務を行っていく際の行動指針となる役割があります（信託法26)。受託者は、常に信託の目的に適った行動をしなければなりません。

　なお、不動産を信託する場合には、信託の登記を行わなければなりませんが、信託の登記の際に「信託の目的」も登記簿に記載されて第三者に公示されることになります。

2　信託財産の定め

【条項例】

> **第●条（信託財産）**
> 　本信託の目的財産は、次の各号に掲げる財産とする。
> 　なお、以下、信託財産のうち不動産を「信託不動産」、現預金その他の金融資産を「信託金融資産」という。
> ⑴　別紙「信託財産目録」記載の財産
> ⑵　次条の規定により追加信託された金銭その他の財産
> ⑶　信託不動産の売却代金、信託不動産を第三者に賃貸した場合の賃料その他信託不動産に関して取得した保険金、補償金、代償金等の一切の金銭
> ……（略）……

【解　説】

家族信託では、信託契約によって信託財産を決定します。

よって、信託契約書の中で信託する財産を正確に特定しなければなりません。不動産であれば登記簿のとおりに記載します。金銭であれば「金○○円」と具体的な金額を明記することが多いです。

なお、金銭については、預貯金そのものを信託するわけではありませんので「預貯金　○○銀行○○支店　普通預金　口座番号○○○○」というように口座の情報を記載するのは誤りです。なぜなら、金融機関に対する預貯金債権は譲渡が禁止されているからです。

また、信託した不動産を売却した場合の売却代金や信託した収益物件から発生する賃料など信託財産の管理や処分から発生した財産も信託財産となります（信託法16一）。

3　信託財産の追加

【条項例】

第●条（信託財産の追加）

委託者は、本信託の目的を達成するため、受託者に書面による通知をしてその同意を得た上、信託財産として、第●条記載の信託財産以外の金銭及び有価証券等の金融資産を追加信託することができる。

【解　説】

家族信託が開始した後であっても、必要に応じて信託財産を追加することができます。これを追加信託といいます。追加信託は、実質的には新たに信託を設定することと同じと考えられていますので、委託者だけでなく、受託者の同意を得るなど委託者と受託者双方が関与することが望ましいとされています。

また、追加信託をするには、委託者・受託者ともに判断能力が必要となります。よって、委託者が認知症の発症などにより判断能力を喪失した後は、追加信託を行うことができなくなります。

4　後継受託者の定め

【条項例】

第●条（受託者等）

本信託の当初受託者は、次の者とする。

住　所：●●●

氏名等：●●●

2　信託法第56条第1項各号に掲げる事由により当初受託者の任務が終了したときは、第二順位の後継受託者に次の者を指定する。

住　所：●●

氏名等：●●

【解　説】

家族信託における受託者は、ほとんどのケースで子どもなどの家族（＝個人）が担うことになります。

よって、受託者が事故などで死亡したり、又は重い病気にかかり受託者の任務が遂行できなくなる可能性があります。

そこで､このような事態に備えるため､信託契約書において「後継受託者」を事前に指定しておくことが望ましいでしょう。

なお、信託口口座開設の審査において、金融機関からも後継受託者の定めを置くよう求められることが多いです。

●信託法56条（受託者の任務の終了事由）

受託者の任務は、信託の清算が結了した場合のほか、次に掲げる事由によって終了する。ただし、第2号又は第3号に掲げる事由による場合にあっては、信託行為に別段の定めがあるときは、その定めるところによる。

一　受託者である個人の死亡

二　受託者である個人が後見開始又は保佐開始の審判を受けたこと。

三　受託者（破産手続開始の決定により解散するものを除く。）が破産手続開始の決定を受けたこと。

四　受託者である法人が合併以外の理由により解散したこと。

五　次条の規定による受託者の辞任

六　第58条の規定による受託者の解任

七　信託行為において定めた事由

……（略）……

5　信託財産の管理、運用及び処分等の方法

【条項例】

第●条（信託財産の管理、運用及び処分等の方法）

……（略）……

⑷　受託者は、本信託の目的に照らして相当と認めるときは、信託不動産を換価処分し、又は信託財産に属することとなる新たな土地・建物の購入、開発、建設、建替え、解体等を行うことができる。また、受託者は、これらの信託財産に属する土地及び建物に係る滅失・建物表題等の表示に関する登記、所有権保存・移転・信託等の権利に関する登記その他一切の登記手続を行う。

⑸　受託者は、本信託の目的に照らして相当と認めるときは、信託不動産に関する賃貸借契約の締結、変更、解除をすることができる。

⑹　受託者は、本信託の目的に照らして相当と認めるときは、金融機関から信託財産に関して必要となる借入をするに際し、信託不動産に抵当権、根抵当権、質権、譲渡担保その他の担保を設定することができる。

……（略）……

【解　説】

受託者の権限を具体的に定める条項です。

信託法26条では、受託者の権限について「受託者は、信託財産に属する財産の管理又は処分及びその他の信託の目的の達成のために必要な行為をする権限を有する。ただし、信託行為によりその権限に制限を加えることを妨げない」と定めています。

受益者のために円滑な財産管理や処分が実現できるよう、委託者の希望や信託の目的に応じて、なるべく具体的かつ詳細に権限を記載しておくことが求められます。

6　信託の終了

【条項例】

> **第●条（信託の終了）**
>
> 本信託は、次の各号のいずれかに該当することとなったときは終了する。
>
> (1)　委託者兼受益者が死亡したとき
>
> (2)　信託財産が消滅したとき
>
> (3)　受託者及び受益者（受益者代理人が選任されている場合は受益者代理人）が本信託を終了させる旨を合意したとき
>
> (4)　その他、信託法に定める終了事由が発生したとき

【解　説】

家族信託が「いつ」「どのような場合に」終了するのか明確にしておくことは非常に重要です。

家族信託は、認知症対策として利用されることが多いことから、「委託者兼受益者が死亡したとき」という定めを設けることが一般的です。なぜなら、委託者兼受益者が死亡してしまったときには「認知症対策」を行う必要がないからです。

また、受託者が管理すべき「信託財産」がなくなってしまった際も、もはや家族信託を続ける意味はありませんので終了することになります。

さらに、当初想定していなかった不測の事態が生じたときに備えて、「受託者及び受益者が本信託を終了させる旨を合意したとき」という定めを設けておくと安心です。これによりいつでも途中で信託を終了させることが可能となります。

7　残余財産の帰属先

【条項例】

第●条（残余財産の帰属等）

第●条第１号記載の事由により本信託が終了したとき（※委託者兼受益者が死亡したとき）は、本信託終了時の残余の信託財産を前記●●に帰属させる。ただし、信託の終了以前に同人が死亡していた場合は、同人に帰属させるとした残余の信託財産を、●●に帰属させる。

2　前項に記載した以外の事由により本信託が終了したとき（※合意終了など死亡以外の事由で信託が終了したとき）は、信託終了時の残余財産の帰属権利者として、その時点における受益者を指定する。

【解　説】

信託終了時に残っていた財産（残余財産）の承継先を決定する条項です。残余財産の承継先は信託契約書によって決定します（信託法 182 ①）。

残余財産はこれまで信託財産を管理してきた受託者が当然に取得するのではありません。また、自動的に相続人に承継されるわけでもありません。

条項例の第１項では、受益者が死亡したときに誰に承継させるのかを定めています。また、承継者が先に亡くなった場合に備えて、次に誰に承継させるのかについても定めておくほうが賢明です。なお、受益者の死亡により信託が終了し残余財産を承継した者に対しては、通常の相続と同様に相続税が課税されます。

条項例の第２項では、合意終了など受益者の死亡以外の事由で終了した場合の条項です。この場合、受益者はまだ存在していますので、受益者以外の人に残余財産を承継させてしまうと贈与税が発生してしまうので注意が必要です。

第7章

相続と遺産分割

はじめに

人が亡くなると相続が開始します（民法882）。この相続とは、亡くなった人の財産に属した権利義務を相続人が引き継ぐことをいいます（民法896）。相続人が複数いる場合、相続財産は相続人全員の共有に属し、各相続人が民法で定められている法定相続分に応じて権利義務を承継します（民法898、899、900）。

亡くなった人の財産は、権利義務を承継した相続人により名義変更等の手続を行います。この手続を行うためには、相続人全員で「誰が」「何を」相続するのかを話し合う遺産分割協議が必要になります。各相続人は、この遺産分割協議に基づいて、相続手続を行っていきます。このように、遺産の分割には遺産分割協議が必要になりますが、以下のような問題が生じることがあります。

■問題①：相続人同士の仲が悪く、話し合いができる状態ではない場合

このような場合、遺産分割協議がまとまらない可能性があります。相続人により「誰が」「何を」相続するのか決まらない場合は、調停や裁判になることは想像がつくと思います。調停や裁判になると遺産の分割までに時間がかかります。

金融資産であれば、金融機関から預貯金を引き出すことができませんので、亡くなった人に必要な支払いがあった場合には、誰かが費用を立て替えることになります。なお、2018年の民法改正で、遺産分割前の預貯金払戻制度（民法909の2）が創設され、一定の要件の下で、一定の金額までが金融機関から引出しできるようになりました。それでも、上限金額内での引出しを認めているにすぎません。

不動産であれば、名義を変更することができませんので、売却して換金することができません。

自社株式では、株式の名義を変更することができませんので、事業の継続が困難になることが予想されます。

■問題②：相続人に判断能力が不十分な人がいる場合

相続人の中に認知症等で判断能力が不十分な人がいる場合は、遺産分割協議を行うことができません。このような場合、判断能力が不十分な人に代わり、遺産分割協議ができる人を決める必要があります。具体的には、後見人の選任を家庭裁判所に申し立てることになります。

しかし、原則として判断能力が不十分な人に後見人がつくと、その人が亡くなるまで後見人が財産管理や身上監護などを行うこととなります。つまり、遺産分割協議のためだけに後見人をつけるということではないのです。

後見人が専門家の場合には、家庭裁判所が決定する費用がかかります。家族の場合であっても、家庭裁判所へ財産管理や身上監護の報告を行う義務が生じます。また、後見人は判断能力が不十分な人の権利を守ることが任務です。そのため、法定相続分を主張することとなります。

不動産が相続財産の大半を占め、判断能力が不十分な人が不動産を承継しない場合、その分を金融資産等で代償する必要があります。

■問題③：相続人に未成年者がいる場合

相続人に判断能力が不十分な人がいる場合と同様で、こちらも遺産分割協議を行うことができません。通常は未成年者の法律行為は親権者が代理するのですが、親権者も同じ相続人として未成年者との間で遺産分割協議をする場合には、親権者と未成年者との間で利益が相反することになります。このような場合には、未成年者に代わり、遺産分割協議ができる人を決める必要があります。こちらは、家庭裁判所へ特別代理人の選任を申し立てることになります。

この特別代理人は、後見人とは違い、遺産分割協議においてのみ権限を有します。つまり、遺産分割協議が整った時点で、特別代理人の任務は終了します。なお、特別代理人は、未成年者の権利を守ることが任務です。後見人と同様に、法定相続分を主張する点には注意が必要です。

■問題④：相続人に連絡がとれない人がいる場合

相続人の中に連絡がとれない人がいる場合、その相続人を捜すことになります。このような場合、戸籍の附票から現在の住所地を特定することが可能です。

しかし、相続人が住所地にいない場合には、見つけることが困難になります。その際は、不在者の財産管理人を選任（民法952)、失踪宣告（民法30）などの手続が必要になります。

このように、遺産の分割には多くの問題点があります。相続と遺産の分割をスムーズに行うためには、どのような方法があるのでしょうか？

例えば、遺言がある場合、原則として遺言の内容に従って相続分の承継、遺産の分割又は遺贈が行われます。**問題**①～④で記載したような問題がある場合にも、遺産の分割をスムーズに行うことができるようになるのです。また、問題がない場合でも、相続の手続をより円滑に進めることが可能になります。

1 遺産分割協議締結までの具体的な流れ

1 遺言書の有無を確認

被相続人が遺言書を遺していないかを確認します。

多くのケースでは、自筆証書遺言又は公正証書遺言のどちらかを遺しているケースが考えられます。

自筆証書遺言の場合、どこに保管していることが多いのでしょうか。仏壇、神棚、机の引出し、金庫の中又は知り合いや専門家に預けていることもあるかもしれません。このように、自筆証書遺言は不特定の場所に保管又は預けられています。これを探す必要があります。また、自筆証書遺言は、保管者又は発見した人が家庭裁判所に提出して検認の請求をしなければなりません（民法1004）。

公正証書遺言又は法務局に預けている自筆証書遺言の場合、必要書類を用意することで遺言の検索を行うことができます。これにより、遺言書の有無を確認することができます。なお、家庭裁判所での検認の手続は不要です。

遺言書があれば、原則として遺言書に従い遺産の分割を行うことになりますので、遺産分割協議は不要となります。遺言書がない場合又は遺言書に記載のない財産がある場合には、対象の財産について遺産分割協議を行うことになります。

2 相続人の確定

遺産分割協議は相続人全員で行う必要があります。そのために、相続人を確定させる必要があります。具体的には「被相続人の出生から死亡に至るまでの戸籍（除籍、改正原戸籍）謄本」を取得することになります。

誰が相続人に当たるのかは民法に相続分とともに記載されています（民法900）。配偶者がいるときは、常に戸籍上の配偶者は相続人です。なお、内縁の妻は含まれません。この配偶者は次の順位の相続人とともに遺産分割協議をすることになります。

⑴　第一順位：被相続人の子

被相続人に子がいる場合、第一順位の相続人になります。被相続人に離婚歴があり前妻(前夫)との間に子がいればその子も相続人です。婚外子であっても認知していれば相続人になります。養子として記載のある子がいれば、その養子も相続人になります。

被相続人の出生から死亡に至るまでの戸籍（除籍、改正原戸籍）謄本をすべて取得することで、被相続人の子の全員を明らかにすることができるのです。

この場合は、被相続人の子が現在も生存していることを証明するため、子の戸籍謄本も取得する必要があります。

なお、再婚同士の婚姻の場合、配偶者の連れ子は、親同士の婚姻のみでは自分の子にはなりません。配偶者の前妻（前夫）との子を実子として相続権を持たせるには、養子縁組をすることが必要になります。このことを知らず親が再婚同士で晩年家族として一緒に暮らし面倒をみてきた子であったとしても、戸籍上の子ではないので、相続人ではないというケースがあります。逆に、離婚によって疎遠になっている前妻（前夫）に引き取られた子は相続人になります。このような場合には、注意が必要です。

被相続人の子の戸籍謄本を取得すると、被相続人の相続開始以前に亡くなっている場合があります。このような場合は、代襲相続（民法901）が発生します。ただし、代襲相続が生じるのは被相続人の子が相続開始以前に死亡したときだけではなく、相続人の欠格事由に該当又は廃除によって相続権を失ったときも該当します。この場合、被相続人の子の子（被相続人の孫）が代襲者として相続人になります。なお、代襲者も被相続人の相続開始以前に死亡、相続人の欠格事由に該当又は廃除によって代襲相続権を失った場合、代襲者に子がいれば再代襲が発生します。その後、再々代襲と続きその者が相続人になります。ただし、被相続人の子が相続放棄をした場合には、代襲相続は生じません。

この場合は、代襲者が現在も生存していることを証明するため、該当する代襲者の戸籍謄本が必要になります。代襲者が亡くなっている場合には、代襲者が亡くなっていることのわかる戸籍謄本と再代襲者の戸籍謄本が必要になります。再々代襲の場合も同様です。

(2) 第二順位：被相続人の直系尊属（父母、祖父母等）

第一順位の相続人又は代襲者になる子や孫がいない場合、生存している直系尊属が相続人になります。つまり、父母や祖父母が生存しているときは、その人が相続人になります。なお、直系尊属が複数いて親等の異なる者の場合、近い者が相続人になります。例えば、被相続人に子がいなく、父・母及び祖父・祖母が生存していた場合には、親等の近い父・母が相続人となります。祖父・祖母は相続人になりません。父・母の両名がすでに亡くなっている場合は祖父・祖母が相続人になります。

この場合は、被相続人の直系尊属が生存していることを証明するため、父・母の戸籍謄本が必要になります。父・母が亡くなっている場合には、亡くなっていることの証明と祖父・祖母の戸籍謄本が必要になります。

(3) 第三順位：被相続人の兄弟姉妹

第一順位、第二順位に該当する者がいない場合、兄弟姉妹が相続人になります。兄弟姉妹は両親を同じくする兄弟姉妹（全血）だけでなく、父又は母のどちらかのみが同じである兄弟姉妹（半血）も含みます。ただし、全血か半血かで法定相続分は異なります。

ここでも、第一順位の子のときと同様、相続人になるはずだった兄弟姉妹が被相続人の相続開始以前に死亡、相続人の欠格事由に該当又は廃除で相続権を失った場合、代襲相続が発生します。つまり、被相続人の甥、姪が相続人になるのです。ただし、第三順位である兄弟姉妹の代襲相続は、被相続人の甥、姪である再代襲までに限られます。

この場合は、直系尊属がいないことを証明する戸籍謄本を取得する必要があります。つまり、父・母及び祖父・祖母等が亡くなっていることが証明できる戸籍謄本を取得することになります。この際、直系尊属は何世代まで遡るのかという問題がありますが、日本の最高年齢を超えるまで遡ることが望ましいです。

直系尊属がすべて亡くなっている証明ができれば、兄弟姉妹が生存していることを証明するため、この兄弟姉妹の戸籍謄本を取得することになります。

このように、相続人の確定には時間がかかることが少なくありません。特に子どものいない人の場合、前述のとおり直系尊属や兄弟姉妹の戸籍謄本を取得しなければなりません。兄弟姉妹が多い場合には、なおさらです。このような戸籍謄本は、自身が亡くなる前であっても取得することが可能です。万が一に備え、取得できる範囲で集めておくことをお勧めします。

3　財産内容の確認

遺産分割の対象となる財産は、相続開始時に被相続人が所有していた財産のうち遺産分割時にも存在している財産と解されています。

【財産の例】

①　不動産
②　預貯金・有価証券
③　現金
④　動産

上記の例にあげたような財産を調べていくことになります。つまり、相続開始日である「死亡した日時点」で「何が」「どこに」「いくら」あったのかを確認していくことになるのです。

⑴　不動産の確認作業

不動産については、固定資産税納税通知書を基に法務局で登記簿謄本（全部事項証明書）を取得します。また、山林や私道については、固定資産税の支払いが必要なかったり非課税になっていたりすることがあります。つまり、固定資産税納税通知書に記載がされていないため、不動産の存在に気が付かないケースがあるのです。このようなことを避けるため、市区町村役場へ名寄帳（固定資産課税台帳）を併せて確認することをお勧めします。名寄帳とは、市区町村が作成している固定資産課税台帳を所有者別にまとめたものです。「もしかしたら○○県○○市に不動産を持っているかも」というような場合にも、この名寄帳を請求することで不動産の有無を確認することができます。しかし名寄帳には、市区町村をまたいだ調査はできないとか、非課税不動産は記載されないなどの問題点もあります。

なお、今後、法改正によって、特定の人が所有者となっている不動産の一覧を法務局が証明書として発行する制度（仮称：所有不動産記録証明制度）が創設される可能性があります。

⑵ 預貯金・有価証券等の確認

預貯金・有価証券等については、金融機関・証券会社等へ確認を行います。その際に「死亡日時点の残高証明書」を取得することで、相続財産の価額が明らかになります。

⑶ 現金の確認

現金については、自宅や貸金庫などにあるものが対象になります。タンス預金なども もちろん相続財産になります。しかし、現金は最終的にいくらあったのかを確定させることが難しいです。タンス預金に関しては、現金が見つかったとしても、お札に持ち主の名前が書いてあるわけではありません。被相続人の財産であったとしても、相続人の財産だと主張される可能性もあります。争いの原因にもなりますので注意が必要です。

また、亡くなる間際や亡くなった後に、葬儀費用などの目的で預貯金を引き出しておくというケースも多くあります。この引き出した金銭は「預貯金」から「現金」になっただけで、相続財産でなくなったわけではありません。被相続人のために使用した以外は、現金として相続財産に含まれます。

⑷ 動産の確認

動産で代表的なものは自動車です。こちらは車検証から所有者を確認する必要があります。ここで注意することは、所有者欄に記載がなく、備考欄にローン会社等の記載がある場合です。このような場合には、そのローン会社等に連絡をして残債務の有無等を確認する必要があります。その他、高額な宝石類や骨董品等の動産がある場合には、相続財産に含める必要があります。

(5) 債務について

金銭債務（借金、保証債務など）は、遺産分割の対象とはなりません。債務は各相続人に対して法定相続分が引き継がれるものだからです（民法902の2)。ただし、債権者の承諾を得て、協議の中で債務を負担する人を決め、遺産分割協議書に記載することは可能です。まずは債権者に連絡を取り、相談することが必要になります。

このように、財産を確認していく必要があります。しかし、家族状況によっては「何が」「どこに」あるのかわからないケースも増えています。代表的なものがネット銀行です。

現在の日本では、財産を一括で調べる方法がありません。本人しか知らない財産の場合には、預貯金の通帳、郵便物、家の中にある金融機関からもらった粗品などで当たりを付けて確認することになります。よって、見つけることができない財産も出てきてしまうのです。そのようなことがないよう、生前に「何が」「どこに」あるかを書き記したものがあればスムーズに確認することができます。エンディングノートや財産目録を作成し、相続人が悩むことのないようにしておくことをお勧めします。

4 特別受益・寄与分の確認

各相続人の相続分を調整・修正するものとして特別受益（民法903)、寄与分（民法904の2）があります。

① 特別受益

被相続人から、生前に「遺贈、婚姻や養子縁組のための生前贈与、生計の資本としての生前贈与」を受けたことをいいます。亡くなる前にすでに利益を受けているのに、考慮せずに遺産を公平に分けたら、先に利益を受けた人が得することになるからです。

特別受益があった場合、「相続財産＋生前に贈与された額」を相続財産とみなします。

② 寄与分

被相続人の財産の維持又は増加について、特別な貢献をした人に対して、本来の相続分に寄与分を加えたものを相続分とすることです。寄与分が認められるのは「被相続人の事業に関する労務の提供又は財産上の給付」「被相続人の療養看護」その他の方法により「被相続人の財産の維持又は増加」について特別な給付をした場合に限られます。

実務では、特別受益、寄与分については、法的手続の中で認められるための要件が非常に難しいものになっています。これらの主張を検討される場合は、専門家に相談が必要です。

5　相続分の確定、遺産分割の方法

相続人が確定し、財産内容の確認ができ、特別受益、寄与分の検討が終わると、具体的な相続分や分割方法の検討になります。

各相続人は、遺産に対して法定相続分に応じた権利を持ちます（民法900）。具体的な遺産分割の基準として、民法906条で次のように定められています。

●民法906条（遺産の分割の基準）

> 遺産の分割は、遺産に属する物又は権利の種類及び性質、各個人の年齢、職業、心身の状態及び生活の状況その他一切の事情を考慮してこれをする。

遺産の分割においては、相続人全員が合意するなら必ずしも法定相続分にこだわる必要はなく、どのように遺産を分けても構いません。

分割方法には、現物分割、代償分割、換価分割、共有分割があります。どの分割方法を選択するかは、相続する財産の種類、性質、相続人の関係性によって検討していくことが必要です。

上記の分割方法が決まり、相続人全員の合意ができた時点で遺産分割協議の締結になります。遺産分割協議においては、口頭でも有効とされています。

しかし、相続手続や後の争いを防止するためにも、遺産分割協議の内容を書面にした遺産分割協議書の作成をお勧めします。特に相続人が複数いる場合で、不動産がある場合には、名義変更時に遺産分割協議書の提出が必要となります。遺産分割協議書を作成し、相続人全員の署名と実印での押印をしてもらいましょう。また、相続人全員の印鑑登録証明書を併せて保管しておくことがお勧めです。

税務のポイント

ここでは、相続税計算を行うに際して注意すべきポイントを解説します。必要な計算要素は、①相続人の数、②財産評価、③遺産分割協議の確定（遺言を含みます）となります。我が国の相続税の計算は、相続税総額を計算し、当該総額を財産取得者の取得割合に応じて割り当てる形式を採用しています。そうすると、①②で相続税の総額が計算でき、③で財産取得者に割り当てることになります（法定相続分課税方式)。

次に、①にて相続人の数は、本項における「相続人の確定」に対応する部分になりますが、注意すべきは、民法上の相続人は相続税法における相続人に必ずしも一致するわけではないということです。一般的には被相続人と養子縁組をした場合、民法上は何人と養子縁組をしても相続人となる地位を取得しますが、相続税法上は、実子がいれば養子は１人、実子がいなければ、養子は２人までしかカウントしません。ただし、後妻の子と養子縁組（いわゆる連れ子養子）した場合には、相続税法上、実子とみなされることになりますので、注意が必要となります（他にも実子とみなす例外があります)。相続税法上の相続人の数が関係するのは、「基礎控除」「生命保険金の非課税枠」「死亡退職金の非課税枠」の算定に関係することになります。

そして、遺言がない場合を想定し、遺産分割協議と相続税申告との関係を解説します。仮に相続税の申告期限（相続の開始があったことを知った日の翌日から10か月）内に遺産分割協議がまとまらない場合であっても、相続税の申告期限が延長されるわけではありません。その場合には、法定相続分で相続したものとして各相続人が納税義務を負うことになりますので注意が必要です。

また、相続税法には、遺産分割協議の成立（写しの添付を含みます）を要件とする特例（配偶者の税額軽減特例、小規模宅地等の特例等）がありますので、期限内における遺産分割協議が望ましいといえます。また、令和3年度税制改正により、税務関係書類への押印義務が原則として廃止されますが、特例適用に際し添付義務のある遺産分割協議書（写し）については、実印の押印義務は変更なく押印（実印）はこれまでどおり必要となりますので、ご注意ください。

■コラム■

遺言書と契約の違い

現在、遺言書の作成件数が年々増加しています。日本公証人連合会による遺言公正証書の作成件数は、平成21年では約7,700件でしたが、平成30年では約1万1,000件に増えています。また、2019年1月13日から自筆証書遺言の方式緩和が行われ、法務局での自筆証書遺言の保管に関する制度が2020年7月10日から始まりました。これにより、遺言書を作成される人がより増えるのではないかと予想できます。

争いになる相続を避けることや相続手続を円滑に行うには、遺言はとても有効的です。しかし、遺言の効果を正しく理解していないと想いや願いを叶えることができないことがあります。それには、遺言書と契約の違いを理解する必要があります。

遺言書と契約の違いを知る上では、第1章「1　契約の基本的知識」の中の契約の類型にあるように、民法で規定されている「契約自由の原則」について改めて確認する必要があります。契約自由の原則とは、誰とでも内容に関係なく自由に契約を締結できるという民法で明文化された規定です（民法521）。この契約自由の原則は、以下の4つに分類されます。

【契約自由の原則の４分類】

① 締結自由の原則：契約を締結することもしないことも自由であるとする原則

② 相手方自由の原則：誰を相手に契約しても自由であるとする原則

③ 内容自由の原則：契約内容を当事者間で自由に決定できるとする原則

④ 方式自由の原則：契約は特定の方式を必要としないとする原則

遺言書との違いにおいては、この４分類において４つめの分類にある「方式自由の原則」が大きく関わってきます。

契約では、方式に制限がないため、農地や賃貸借のように書面の作成が義務付けられているものを除き、基本的には口頭でも成立することになっています。しかし、遺言書では、この点が大きく違います。それでは、遺言書はどのようなことが必要になるのでしょうか？

遺言の方式は、以下のとおり民法で定められています。

●民法 360 条（遺言の方式）

遺言は、この法律に定める方式に従わなければ、することができない。

●民法 967 条（普通の方式による遺言の種類）

遺言は、自筆証書、公正証書又は秘密証書によってしなければならない。ただし、特別の方式によることを許す場合は、この限りでない。

※ 遺言の方式については、民法 967 条～984 条を参照

また、遺言書を作成するためには、遺言能力が必要になります。こちらも以下のとおり民法で定められています。

●民法 961 条（遺言能力）

15 歳に達した者は、遺言をすることができる。

●民法 963 条

遺言者は、遺言をする時においてその能力を有しなければならない。

※ 遺言者の能力については、民法 973 条、982 条を参照

このように、遺言書は契約と違い、法律に定められた方式で、法律に定められた能力を有した者が作成する必要があります。例えば、家

族の全員へ「自宅は妻へ、その他の財産は妻と子どもたちで均等に相続してほしい」と伝えてあり、全員がその内容に合意しているので遺言書を作成する必要はないというような話を聞くことがあります。しかし、これでは遺言の要件を満たしていないので成立しません。このような場合、争いがなければ相続が発生した後に、相続人全員で遺産分割協議書を作成すれば足りるかもしれません。しかし、第7章で記載しているとおり、妻が認知症の場合には、遺産分割協議ができないなどのリスクが残ります。

もう1点、遺言書と契約には大きな違いがあります。これについては、契約の成立について知る必要があります。契約の成立については、以下のとおり民法で定められています。

●民法522条（契約の成立と方式）

契約は、契約の内容を示してその締結を申し入れる意思表示に対して相手方が承諾をしたときに成立する。

ここでのポイントは、相手方へ「内容を示し」「申し入れる」ことと、相手方がそれを「承諾する」ということが必要になるということです。逆に、遺言の方式では、遺言者が財産を承継する受遺者に内容を示すことや、承諾してもらうことは要件としていません。つまり、遺言書については、遺言者の単独で作成をすることが可能になります。遺言書を作成したいと考える人の中には、今はまだ内容を伝えたくないと考える人も少なくありません。このような場合でも、遺言を作成することが可能になります。ただし、この場合には、別のリスクがあります。

上記で記載したとおり、遺言書において受遺者の承諾は必要ありません。それでは、遺言書に記載された内容を受遺者は拒むことができないのでしょうか。例えば、借金が多く財産を承継することが難しい場合や、そもそも財産を承継することを望まない場合です。この問題については、以下のとおり民法に定められています。

●民法985条1項（遺言の効力の発生時期）

遺言は、遺言者の死亡の時からその効力を生ずる。

●民法986条（遺贈の放棄）

受遺者は、遺言者の死亡後、いつでも、遺贈の放棄をすることができる。

2 遺贈の放棄は、遺言者の死亡の時にさかのぼってその効力を生ずる。

このように、受遺者は、遺言書の内容について承諾ができない場合、いつでも遺贈の放棄をすることができるのです。このようなことを考えると、遺言書を作成する際には、承諾をしてもらうかは別として、受遺者に伝えておく必要が出てくる状況も考えられます。遺言書の作成を検討される際には、このような状況も考慮して家族関係や財産状況、家族の生活状況を確認してから作成することをお勧めします。

前述のように、遺言書の内容を伝えたくないという想いとは違い、しっかりと内容を伝え、承諾をしてほしいという場合もあります。例えば、妻の介護をする代わりに、財産のすべてを相続してもらうというような状況です。この内容で遺言書を作成したとしても、民法の規定により後で承諾をせずに放棄されてしまう可能性があるのです。このような場合には、第３章で紹介した死因贈与契約が有効です。死因贈与契約は、死亡を原因として効力が発生しますので遺言書と同じような効果を得ることができます。また、契約書に解除条件を付けることで、一方的に解除されてしまうリスクを避けることが可能になります。ただし、財産に不動産が存在する場合には、注意が必要です。不動産を死因贈与契約で名義変更する場合には、登録免許税が増加してしまう可能性があるからです。

以上のように、相続時に財産を承継してもらう方法は複数ありますが、それぞれにメリット・デメリット、そしてリスクがあります。これらを総合的に判断することが必要になります。

2　現物分割

1　現物分割とは

被相続人が遺した不動産、有価証券、預貯金等の財産を「そのまま相続する」分け方です。

財産ごとに引き継ぐ人を決めて分ける方法で、他の分け方に比べて一番シンプルです。

ただし、財産内容により平等には分けにくいものもあるので不平不満が生じやすい分け方ともいえます。

土地の場合に複数に分筆（1つの土地を分けて登記し直し、複数の土地にすること）したり、建物の場合に区分所有登記をしたりして、各相続人がそれぞれ取得するのも現物分割になります。

2　現物分割の例

現物分割の例としては、例えば次のようなケースがあります。

・自宅不動産を長男が相続し、有価証券は次男、預貯金は長女が相続する

契約書例　**相続人３人で財産を分けるケース**

父親は10年前にすでに亡くなり、そのときの相続はすべて母親に引き継がれました。

今回母親が亡くなり、子ども３人（長男A、次男B、長女C）で財産を分けることになりました。

遺産分割協議の結果、長男は母親と自宅に一緒に住んでいたので自宅を相続し、有価証券は次男、預貯金は長女が相続することになりました。そのほかの財産等に関しては長男が相続することも合わせて決めました。

この場合の遺産分割協議書はどのように作成するとよいのでしょうか。

遺産分割協議書

被相続人　　　○○○○
最後の本籍　　○○○○
最後の住所　　○○○○

令和○○年○○月○○日、上記被相続人○○○○の死亡により相続が開始したので、その相続人全員において、相続財産についての分割協議を行った結果、次のとおりに決定した。

第１条　相続人Ａは、次の財産を取得する。

【土　地】

(1) 所在　　○○市○○町○丁目
　　地番　　○○番○○
　　地目　　宅地
　　地積　　○○○．○○㎡

【建　物】

(1) 所在　　○○市○○町○丁目○○番地○○
　　家屋番号　○○番○○
　　種類　　居宅
　　構造　　軽量鉄骨造セメント瓦葺○階建
　　床面積　１階　○○．○○㎡
　　　　　　２階　○○．○○㎡

【その他財産】

(1) 電話加入権　　00-0000-0000
(2)

第２条　相続人Ｂは、次の財産を取得する。

【有価証券】

(1) ○○証券　○○支店　口座番号：○○○○

第3条　相続人Cは、次の財産を取得する。

【預貯金】

(1)　○○銀行　○○支店　普通預金　口座番号：○○○○

第4条　相続人Aは、未払いの公租公課、その他の残存債務及び葬式費用のすべてを負担する。

第5条　本協議書に記載のない相続財産及び後日判明した財産、債務等は、相続人Aが取得する。

上記のとおり、相続人全員による遺産分割協議が成立したので、これを証するため本書を作成し、次に署名押印する。

令和 ○ 年 ○ 月 ○ 日

住所
相続人氏名　　A　　㊞
住所
相続人氏名　　B　　㊞
住所
相続人氏名　　C　　㊞

3　解説と留意点

現物分割は、被相続人が遺した財産を財産目録にして、そのまま引き継ぐことになるので、遺産分割協議書も引き継ぐ人ごとに書き進めていくと理解しやすくなります。

不動産に関しては、毎年市区町村役場から届く「固定資産税 課税明細書」をもとに「名寄帳」を取得して、所有している不動産を確認します。それから、法務局や登記情報サービスで不動産登記簿謄本を取得して、ひな型にある所在、地番、地目、地積、持分、敷地権等の記入をします。家屋であれば、所在、家屋番号、種類、構造、床面積、持分等の記載がある事項を記入していきます。

通常使用する「住所」とは違う場合も多いので、必ず確認しましょう。

記入が相違していると、不動産の名義変更をする際に、法務局で受付ができません。

金融機関の取引残高も、残高証明書を取得して取引内容を確認するようにします。金融機関の残高証明書は原則、本人ではない相続人が取得することになるので、金融機関に亡くなったことを告げて手続を進めることになります。また、その際に、金融機関の口座は凍結されますのでご注意ください。

上記以外の財産に関しても、取引の相手先に連絡をして残高や取引内容がわかる書類を依頼しておくと、財産目録を作成するに当たって、他の相続人へ説明する資料として役立ちます。

相続人自身でもできることですが、平日に出向いて手続することが多くなるので、時間と手間を考えて専門家に相談してみるのもよいのではないでしょうか。

税務のポイント

現物分割そのものに関する税務については、解説する内容が乏しいため、相続発生後において１つの土地を複数に分筆して各相続人がそれぞれ取得する現物分割の注意点を述べます。

税務論点として注意すべきは、分筆後の土地が不合理分割にならないことになります。国税庁が公表する通達には「分割後の画地が宅地として通常の用途に供することができないなど、その分割が著しく不合理であると認められるときは、その分割前の画地を「１画地の宅地」とする」と規定されています。ここで、「通常の用地に供することができない」とは、分筆後の土地に建物を建築することができないなど、土地の有効活用ができないというイメージになります。国税庁が公表する質疑応答事例では、不合理分割に該当する例として次の図を例示しています。

また、分筆後の各土地に通常の建物が建築できる場合であれば、税務署からの否認リスクは軽減されますが、実際には将来の売却を想定し、高値で売却できる分筆を検討すべきです。相続税だけ安くして売却価額が低いのでは本末転倒です。しっかりと不動産コンサルティングを受けながら分筆は検討すべきと考えます。

(1)

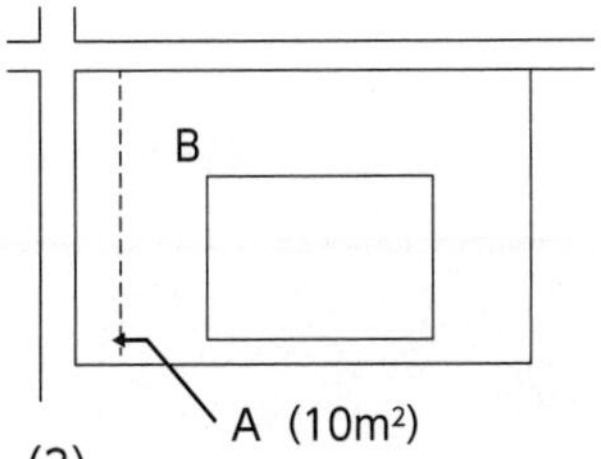

(2)

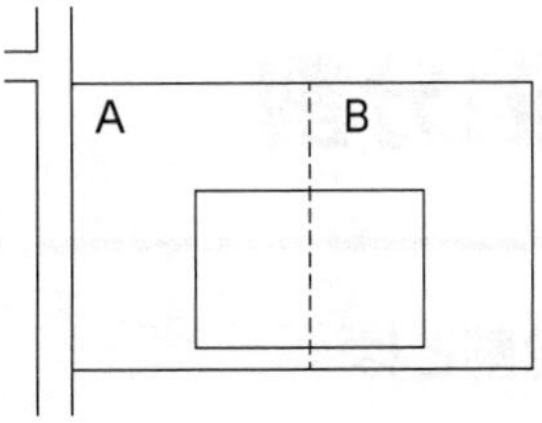

(3)

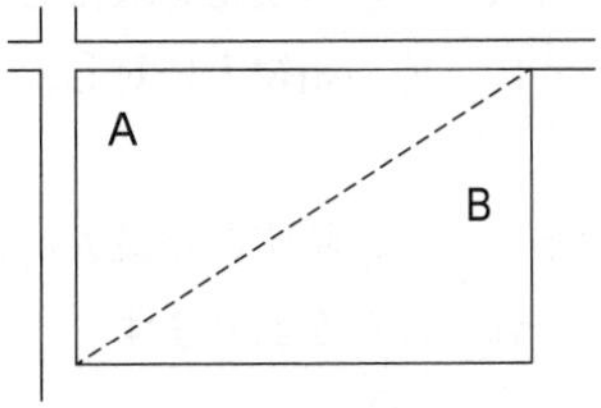

(4)

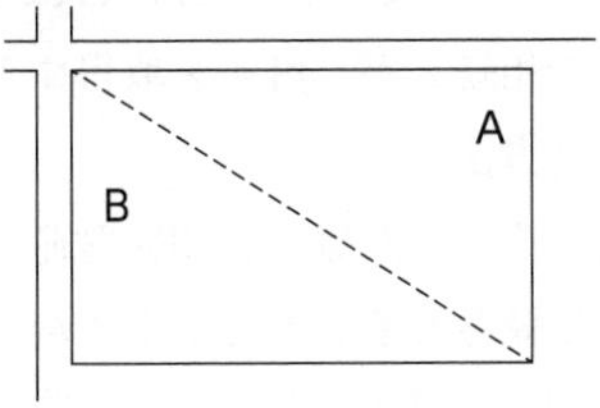

(5)

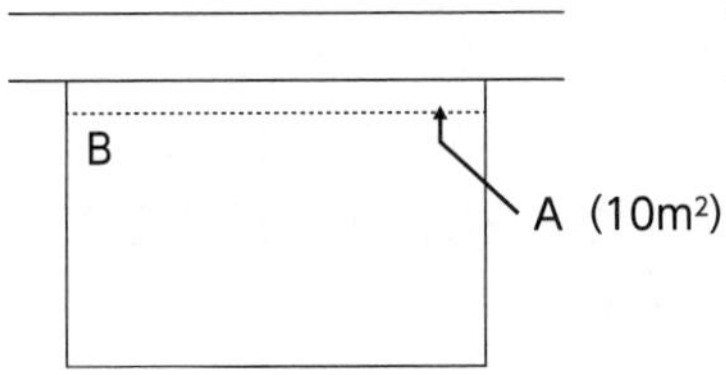

(6)

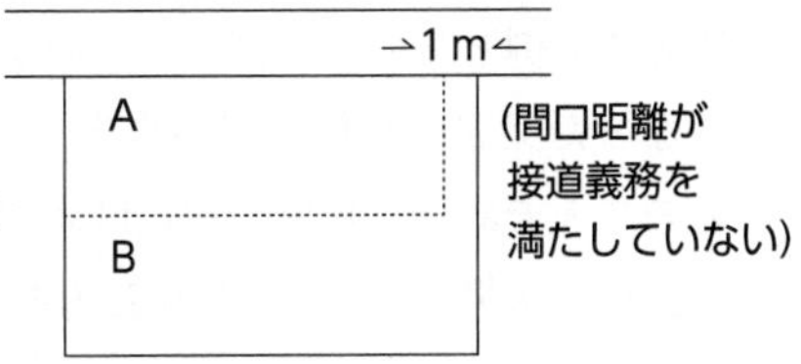

3　代償分割

1　代償分割とは

代償分割とは、相続人の１人又は数人が、被相続人の財産の現物を取得し、現物を取得した相続人が、財産を取得するかわりに、他の相続人に対し、金銭を支払う分割方法です。

現物で分割することが難しい相続財産（不動産等）や、特定の相続人に、特定の財産を相続させる必要性がある場合に行われることがあります。

2　代償分割の例

代償分割の例としては、例えば次のようなケースがあります。

・亡くなった父親の相続財産が自宅（2,000万円）のみで、相続人は長男と次男の２人であり、長男が相続財産の自宅を相続し、自宅を相続した代わりに長男が次男へ代償金1,000万円を支払う

契約書例　**長男がすべての財産を引き継ぎそのかわりに次男へ代償金として支払う場合**

Ａさん（会社経営者、75歳）は長男Ｂへの事業承継を考え遺言書作成等の生前対策を考えていた折に、交通事故に遭い帰らぬ人となってしまいました。

相続人は、父親と同居し、会社の跡継ぎになる長男Ｂと、会社にはなんの関与もせず、遠く離れ結婚している会社員の次男Ｃの２人です。

長男Ｂが父親と同居していたためその自宅と、会社の自社株等すべてを引き継ぎその代わり代償金を次男Ｃへ支払うことにしました。

この場合の相続人間の遺産分割協議書は、どのように作成するのでしょうか。

遺産分割協議書

被相続人　　　A
最後の本籍　　〇　〇　〇　〇
最後の住所　　〇　〇　〇　〇

令和〇〇年〇〇月〇〇日　上記被相続人Aの死亡により相続が開始したので、その相続人全員において、相続財産についての分割協議を行った結果、次のとおりに決定した。

第1条　相続人Bは、次の財産を取得する。

【土　地】
(1) 所　　在
　　地　　番
　　地　　目
　　地　　積

【建　物】
(1) 所　　在
　　家屋番号
　　種　　類
　　構　　造
　　床 面 積　1階　　㎡
　　　　　　　2階　　㎡

【非上場株式】
(1) 会社名　　株式会社〇〇
　　券　種　　普通株式〇〇株
　　記　号　　〇〇
　　番　号　　〇〇〇〇

第2条　相続人Bは、取得する財産の代償として相続人Cに、金〇〇〇〇円を支払うものとする。

支払期日は令和○年○月○日とする。

第３条　本協議書に記載のない相続財産及び後日判明した財産、債務等は……（略）

上記のとおり、相続人全員による遺産分割協議書が成立したので、これを証するため本書を作成し、次に署名押印する。

令和 ○ 年 ○ 月 ○ 日

住所

氏名　　B　　㊞

住所

氏名　　C　　㊞

3　解説と留意点

代償分割は比較的公平にスムーズに遺産分割できる方法です。

ただし、分けにくい財産である不動産や自社株など、金銭として支払うことができないものも多く含まれています。

そのため財産を引き継ぐ際に、もし相続税がかかるとしたら、相続税納税資金プラス代償金の支払いができる資力がないと利用することは難しいといえるでしょう。

■代償金を支払ってもらえなかった場合

代償金を支払ってもらう側からすると、ちゃんと払ってもらえるのかということが心配になります。上記にもありますが、受け継いだ財産がすぐに現金化できるものではないからです。

もし代償金が支払われなかった場合、遺産分割協議が解除できるのでしょうか。

最高裁の判例においては、「代償金が支払われないことを理由に遺産分割協議の解除は認められない」とされています（平成元年２月９日民集第43

巻2号1頁)。

ではどうやって請求するのかというと、1つの方法としては、「遺産分割後の紛争調整調停」を申し立てることが考えられます。

調停が不成立で終わった場合や、「遺産分割後の紛争調整調停」を申し立てる方法では解決できない場合には通常の裁判をすることになります。

通常の裁判となると、弁護士に依頼して解決を図ることになりますので、そうならないために遺産分割協議書への署名押印の前に、相手に代償金を支払う資力があるかを必ず確認することが重要です。それから、分割払いにはしないほうがよいでしょう。万が一遅れた場合に備えて、遅延損害金の合意をしておいてもよいかもしれません。

公正証書で遺産分割協議書を作成することもできます。その場合、「代償金支払義務者が代償金を支払わない場合には、強制執行に服する(強制執行受託文言)」旨を記載することによって、ただちに強制執行ができます。

公正証書であっても強制執行文言が入っていなければ、ただちに強制執行をすることができません。そこは注意が必要です。

税務のポイント

代償分割は実務上、よく利用される分割方法になります。ここでは税務上の留意点を解説します。

代償分割により遺産分割協議を行う場合には、遺産分割協議書に代償分割を行う旨を記載することが求められます。記載がない場合には、代償金の交付を受けた者に贈与税負担が生じることになります。代償分割を行う旨を記載することには留意を要します。また、代償分割を行うことにより相続財産全体として増減はありません。

代償分割を行う場合、代償金の支払いは即時が原則となるため、代償金の交付側は金銭債務を負っていることになります。ここで、代償債務を負う側に手許資金がない場合に含み益のある資産(不動産など)を交付した場合には、金銭債務の代わりに現物で弁済したこととなるため、譲渡所得の課税関係が生じてしまいます。なぜならば、税法上の整理として、代物弁済の処理となるためです。そのため、代償分割で遺産分割協議をまとめる場合には、生命保険などを有効活用し代償債務を負う側を受取人にしておくなどの方策が望まれます。

そして、代償金を交付する際、取得した遺産額を上回る代償金をした場合には、代償分割の制度趣旨を鑑みると、贈与税の課税リスクが残りますので注意が必要です。

4　換価分割

1　換価分割とは

換価分割とは、不動産や有価証券などの相続財産を一部又は全部売却してから相続人で分ける方法のことをいいます。

相続する財産が金銭の場合、分割は難しくありません。

しかし、相続する財産が不動産などの分けにくい財産の場合は、分割が困難になります。

例えば現金よりも不動産を多く所有している被相続人の遺産分割において、相続した不動産に住む予定がなく、手放しても問題がないような場合、分割をしやすくするために換価分割が用いられるケースがあります。

換価分割は不動産を対象として行われることが多いですが、有価証券や美術品、宝飾類等の動産を対象とすることもできます。

2　換価分割の例

換価分割の例としては、例えば次のようなケースがあります。

・被相続人の財産が現預金200万円と不動産（自宅）1,500万円であり、相続人が子ども2人（長男、次男）で、それぞれに持ち家がある

契約書例　**誰も住まない不動産が相続財産にあり、平等に分けたいケース**

Aさん（男性）は、先日父親を亡くし、弟Bと葬儀、埋葬、納骨を済ませ父親の財産の整理をしようと考えました。見つかった財産は、自宅不動産1,800万円と現預金300万円。不動産を平等に分けることが難しく、AさんもBさんも自宅を出て結婚し、持ち家に住んでいたこともあり、売却して金銭で分けようということになりました。

この場合の遺産分割協議書はどのように作成するとよいのでしょうか。

遺産分割協議書

被相続人　　　〇〇〇〇
最後の本籍　　〇〇〇〇
最後の住所　　〇〇〇〇

令和〇〇年〇月〇日 上記被相続人 〇〇〇〇 の死亡により相続が発生したので、その相続人全員において、相続財産についての分割協議を行った結果、次のとおりに決定した。

第１条　相続人Ａは、次の土地、建物を換価分割のため取得する。

【土　地】
(1) 所　在　　〇〇市〇〇町〇丁目
　　地　番　　〇〇番〇〇
　　地　目　　宅地
　　地　積　　〇〇〇．〇〇㎡

【建　物】
(1) 所　在　　〇〇市〇〇町〇丁目〇〇番地〇〇
　　家屋番号　〇〇番〇〇
　　種　類　　居宅
　　構　造　　軽量鉄骨造セメント瓦葺〇階建
　　床面積　　１階　〇〇．〇〇㎡
　　　　　　　２階　〇〇．〇〇㎡

第２条　相続人Ａと、相続人Ｂは、上記第１条不動産を相続人Ａが売却し、その売却代金から売却に要する一切の費用（仲介手数料、登録費用、登録免許税、司法書士報酬等の一切の手続費用含む）を控除した残金を、各２分の１の割合で取得する。

第３条　相続人Ａと、相続人Ｂは、次の財産を２分の１の割合で取得する。

【預貯金等】

（1） ○○銀行　○○支店

普通預金　○○○○

（2） ○○銀行　○○支店

定期預金　○○○○

第４条　相続人Ａ、相続人Ｂは、未払いの公租公課、その他の残存債務及び葬式費用すべてを２分の１の割合で負担する。

第５条　本協議書に記載のない相続財産及び後日判明した財産、債務等は相続人Ａ、相続人Ｂが２分の１の割合で取得する。

上記のとおり、相続人全員による遺産分割協議が成立したので、これを証するため本書を作成し、次に署名押印する。

令和○年○月○日

住所

相続人氏名　　Ａ　　㊞

住所

相続人氏名　　Ｂ　　㊞

3　解説と留意点

換価分割は相続財産を売却し、金銭に変えたのちに分配する方法であるため、分割しにくい財産が多い場合に適しています。

相続税がかかる場合も、換価により取得した金銭を納税資金に充てることができます。

また､相続税申告においては､換価した財産の評価額は売却価額ではなく、相続税評価額となります。一般的に相続税評価額は不動産の売却価額よりも低くなることが多いため、生前に不動産を売却し、売却による金銭を相続するよりも相続税を抑えられるケースがあります。

ただし、換価分割にはいくつかの注意点もあります。相続人間で「いくら以上なら手放す」というような、売却に関する条件が折り合わないこともあるでしょう。また、相続税申告の納付期限は「相続の開始があったことを知った日の翌日から10か月以内」と決まっています。売却代金を納税資金に充てる必要がある場合、売り急ぎにより売却価額が低くなってしまうかもしれません。

そして、売却により譲渡所得が発生すれば譲渡所得税もかかります（ただし、空き家となった被相続人の居住用不動産を売却したような場合には、譲渡所得の特例があります）。

したがって、換価分割を行う場合には、想定される売却価額や売却時期、売却に伴う税金を事前に確認しておく必要があります。

税務のポイント

換価分割がよく利用されるのは、実家の土地建物を共同相続人の誰も利用することがないため、売却して代金を分割するケースかと思われます。その場合、長男などの代表相続人がいったん相続する形として、諸経費を控除した残額を他の相続人へ割り当てるということになります。

税務論点としては、まず換価分割をした場合に贈与税の課税関係が考えられますが、国税庁のホームページで公表されているとおり、原則として換価分割であることの記載があれば問題は生じないかと思われます。ただし、あくまで「換価のために便宜なもの」とする記載があるように、長期にわたり名義を持った状態で売却した場合には、事実認定として分が悪くなる可能性がありますので留意が必要です。

また、換価分割をした場合には、共同相続人がそれぞれ譲渡した扱いになりますので、含み益がある場合には譲渡所得税の負担を強いられますので注意が必要です。現金だけもらうつもりでいる場合には、換価分割ではなく代償分割を選択する必要があります。ただし、その場合でも代表して実家を相続した相続人のみが譲渡所得税を負担することになりますので、家族間での慎重な話し合いが求められます。

これに付随して、譲渡所得に関しては各種特例の適用可能性が残ります。実家に同居していた相続人であれば居住用財産の3,000万円控除の可能性、被相続人が１人暮らしをしていた場合には、相続空き家の特例（3,000万円控除）などの適用可能性が残りますので、税理士に相談のうえ、遺産分割協議を進めていただければと思います。

ただし、上記例のように、長男が相続発生後10か月以内に売却した場合には、小規模宅地等の特例を適用できなくなりますので、こちらも注意が必要です。要件として、相続税の申告期限内は売却しないことを要件の１つとしていますので、売却するタイミングも慎重に検討する必要があります。

5　共有分割

1　共有分割とは

共有分割とは、対象となる相続財産を２人以上の相続人で共同して所有する分割方法です。

相続が開始するといったん相続人全員が共有している状態になります。共有には持分がありますが、この段階での持分は法定相続分です。

例えば、被相続人である親が亡くなって３人の子どもが相続人になるとすると、被相続人の財産はすべて３人の子どもがそれぞれ３分の１の持分で共有している状態になるのです。

相続財産の中に不動産が存在すると、相続が開始し、不動産が相続人全員の共有になった段階では、必ずしも相続登記をする必要はありません。しかし、この段階で登記することも可能です。相続人の共有のままで不動産の売却をしたい場合などがそれに当たります。

遺産分割協議の結果、相続開始時に一度共有状態となった不動産を相続人１人が単独で所有することもあれば、複数の相続人で共有することもあります。

2　共有分割の例

契約書例　３人の相続人が遺産分割協議により２人で不動産を共有することになったケース

Ｂさんは父親、母親Ａ、弟Ｃの４人家族です。

高齢の両親の面倒をみるため、Ｂさんは父親、母親Ａと同居していました。弟Ｃは転勤が多く遠方に住んでいます。

先日父親が亡くなり、母親Ａと弟Ｃと、父親の財産を分ける遺産分割協議を行い、弟Ｃは遠方に住んでいることもあり、母親ＡとＢさんで自宅不動産を引き継ぐことを決めました。この場合の遺産分割協議書はどのように作成するとよいのでしょうか。

遺産分割協議書

被相続人	○○○○
最後の本籍	○○○○
最後の住所	○○○○

令和○○年○月○日 上記被相続人○○○○の死亡により相続が発生したので、その相続人全員において、相続財産についての分割協議を行った結果、次のとおりに決定した。

第１条 相続人Ａ、相続人Ｂは、次の土地、建物を各２分の１の割合で取得する。

【土　地】

(1) 所　在　○○市○○町○丁目
　　地　番　○○番○○
　　地　目　宅地
　　地　積　○○○．○○㎡

【建 物】

(1) 所　在　○○市○○町○丁目○○番地○○
　　家屋番号　○○番○○
　　種　類　居宅
　　構　造　軽量鉄骨造セメント瓦葺○階建
　　床面積　1階　○○．○○㎡
　　　　　　2階　○○．○○㎡

……（略）……

上記のとおり、相続人全員による遺産分割協議が成立したので、これを証するため本書を作成し、次に署名押印する。

令和○年○月○日

住所
相続人氏名　　A　　㊞
住所
相続人氏名　　B　　㊞
住所
相続人氏名　　C　　㊞

3　解説と留意点

分けにくい不動産を、相続人で共有として引き継ぐと、売買や大規模なリフォームをする際には共有者全員の同意が必要になります。

しかし、共有にしておくことで、守っていきたい不動産を１人だけの都合で売却することを制限することは可能です。

ただし、共有で持ち続けることにはリスクがあります。例えば、共有者の１人が亡くなったとします。その共有持分を相続人がまた、共有で所有するとなると、どんどん共有者が増えていき持分が細分化していきます。

共有者が存命の場合でも認知症の問題があります。認知症になれば、契約などの法律行為ができなくなっていることが考えられるのです。そうすると前述した売買やリフォームといった共有者全員の同意をとることが困難になってしまいます。

以上のことを考えると、不動産の共有は将来へ問題を先送りしているようにもなってしまいますので、あまり好ましいものではないでしょう。

ただし、ケースによっては、共有する方法も選択肢に入ってくることもありますので、共有にすることのメリット、デメリットを専門家に確認してから行うようにしましょう。

税務のポイント

相続発生後、相続人間で共有状態になりますが、これを遺産共有と呼びます。遺産共有を解消するのが遺産分割となり、そこで、物権共有を決定するのが共有分割となります。また、共有分割を解消する手段として共有物分割（180ページ参照）となる位置付けです。

本項にて解説がありますが、共有分割は問題の先送りというイメージが強くなるため、通常は積極的に推進するものではありません。しかしながら、ここでは共有分割をしてもよいケースを税務面から検証します（相続税負担があることを前提）。

一般的に推奨されるのは、相続発生後に不動産を売却するケースです。不動産を取得する相続人が売却を前提としている場合には、共有分割でも問題ありませんが、相続税負担は生じます。当然ながら、相続税負担を小さくしたうえで売却できるなら、言うことありません。そこで、相続する土地が三大都市圏であれば500㎡以上（それ以外では1,000㎡以上）であれば、共有分割をすることで相続税評価を大幅に引下げ可能な「地積規模の大きな宅地」に該当する可能性があります。これを分筆のうえ、各相続人が筆ごとに相続して500㎡未満（三大都市圏）になれば使用することはできません。このように、共有分割をすることで税務面でもメリットを出せる場合があることに留意する必要があります。

6　相続分譲渡契約

1　相続分譲渡とは

本章の「はじめに」で記述したとおり、人が亡くなると相続が発生します。相続が発生すると、法定相続人は法定相続割合に応じて相続権を有することになります。

相続分の譲渡とは、遺産分割協議の前に、この相続権を他の人に譲り渡すことです。譲る相手は、他の相続人でもそれ以外の第三者でも可能です。また、有償・無償のどちらでも譲渡することができます。ここでは、本章の「**1　遺産分割協議締結までの具体的な流れ**」(247ページ）や「**7　相続放棄と相続分放棄**」(284ページ）との違いを説明します。

2　相続分譲渡の例

相続分譲渡の例としては、次のようなケースがあります。

■例①：遺産に関心がない

子どものいない夫婦で、夫が亡くなり、直系尊属（父、母、祖父、祖母等）は先に亡くなっていました。法定相続人は、妻と兄弟姉妹になります。しかし、兄弟姉妹の一部の人は、遺産について特に関心なく、すべての遺産を妻が相続してよいと考えています。

このような場合、遺産分割協議ではなく、相続分を譲渡することが可能です。兄弟姉妹を譲渡人とし、妻を譲受人として相続分譲渡契約を行うのです。遺産分割協議は、相続人全員で行いますが、相続分の譲渡であれば一部の相続人と行うことができます。例えば、今回の相続に関心がない姉がいて、今後の遺産分割協議にも参加したいと思っていない場合、先に姉から妻へ相続分の譲渡をしておくことで、姉は今後の遺産分割協議に参加する必要がなくなります。

■例②：遺産分割協議の揉めごとに巻き込まれたくない

両親と子ども３人の家族で、母が亡くなりました。父は先に亡くなっていたので、相続人は兄、弟、妹の３人になります。しかし、兄と弟が遺産分割協議で揉めてしまいました。妹は遺産を相続したいとは考えておらず、揉めごとに巻き込まれたくないと考えています。このような場合、妹は、兄又は弟に相続分を譲渡することで今後の遺産分割協議に参加する必要がなくなります。

■例③：相続人以外に遺産を相続させてあげたい

両親と子ども２人の家族で、母が亡くなりました。父は先に亡くなっていたので、相続人は兄と弟の２人になります。しかし、弟は自分の相続する半分は、生前から母の面倒をみていた兄の子どもにも遺産を相続してほしいと考えています。このような場合、弟の相続権の一部を兄の子どもに譲渡することで、兄の子どもも遺産分割協議に参加し、母の遺産を相続することができます。

■例④：なるべく早く現金がほしい

両親と子ども２人の家族で、母が亡くなりました。父は先に亡くなっていたので、相続人は兄と弟の２人になります。弟がほとんどの財産を引き継ぐことになりましたが、兄が葬儀代等を負担していました。兄は余裕のある生活をしているわけではないので、弟はなるべく早く相続手続を行って葬儀費用等を兄に返したいと考えていました。このような場合、兄から弟へ有償で相続分の譲渡をすることで、先に兄に現金を渡すことができるのです。なぜかというと、遺産分割協議を行い兄に負担した金額を渡すとなると、本章「**1 遺産分割協議締結までの具体的な流れ**」を経て、金融機関で財産の払戻しを行った後、兄へ現金を渡すことになるからです。遺産分割協議の締結には、さまざまな書類を取り寄せるため数か月かかることが多く、「先に現金を渡す」というのがポイントになってきます。

このように、相続分の譲渡をうまく活用することで遺産分割をスムーズに進めることや、遺産分割の揉めごとから逃れること、相続人ではなかった人に遺産を相続してもらうことが可能になります。実務では、金融機関での払戻手続の際に、この相続分の譲渡というのを、金融機関が認識できていない場合もあり、遺産分割協議よりも煩雑になる可能性があります。各金融機関によって取扱いが変わることもありますので注意が必要です。

契約書例　相続権はあるけれど関わりたくないケース

会ったこともない叔父Ａの相続権がＢにあるとして、叔父Ａの相続人から連絡がありました。叔父Ａは、ずっと独身で兄弟姉妹が相続人になっており、兄弟の１人がＢの父親（すでに死亡）で、叔父Ａの甥に当たるＢに、連絡をしてきたということでした。

Ｂは、正直、会ったことのない叔父Ａの相続に関心もなく関わりたくありません。唯一交流のある叔父Ａの相続人である兄弟姉妹の叔母Ｃに、Ｂの相続分を譲渡し遺産分割から離れたいと考えています。

この場合、どのような契約書を交わせばよいのでしょうか。

相続分譲渡証明書

被相続人	Ａ
最後の本籍	○○○○
最後の住所	○○○○
生年月日	○○年○○月○○日
死亡日	○○年○○月○○日

上記、被相続人の死亡によって開始した相続につき、相続分の全部（又は「○分の○」）を無償（又は「下記の金額」）にて譲渡いたします。

（有償の場合）

記

譲渡金額　金○○○○円

令和○年○月○日

住所　　　○○○○
譲渡人　　B　　㊞

住所　　　○○○○
譲受人　　C　　㊞

<注意点>

不動産の名義変更が発生する場合に備え、実印にて押印し、印鑑登録証明書の原本を添付することが望ましい。

3　解説と留意点

相続分の譲渡を活用する場合、以下のことに注意が必要です。

■債務がある場合

相続分を譲渡すると、その人は譲渡した分の相続権を失います。しかし、債務がある場合の支払義務はなくなりません。つまり、借金がある場合には、債権者から請求があれば返済する義務があるのです。これが後述する本章の「**7　相続放棄と相続分放棄**」(284ページ)との違いです。相続分の譲渡をする場合には、債務について確認しておく必要があるのです。

また、相続放棄と違う点は、誰に相続権が移るのかということです。相続放棄をした場合には、その相続人は、相続開始時点からいなかったことになります（民法939)。つまり、相続権は他の相続人に均等の割合で移ります。しかし、相続権の譲渡の場合には「誰に」「どの割合で」相続権を譲渡するか指定をすることができるのです。このようなことに注意して相続放棄又は相続分の譲渡を検討することになります。

■相続分の取戻し

相続人以外へ相続分を譲渡した場合、1か月以内であれば他の共同相続人は、その価額及び費用を償還して相続分を譲り受けることができるとされています（民法905①・②)。つまり、前述の**例**③のように、弟が兄の子どもに相続分を譲渡したような場合です。このような場合、兄は自分の子どもへ価額及び費用を償還して取り戻すことができるのです。

■税金がかかる可能性

相続分を譲渡すると、各種税金がかかる可能性があります。例えば、相続人以外へ相続分を譲渡した場合です。この場合、無償で譲渡を行ったときと有償で譲渡を行ったときとで税金が変わります。無償で譲渡を行った場合、譲受人（相続権を譲り受けた者）に贈与税が課税されます。一方、有償で譲渡を行った場合、譲渡人（相続権を譲り渡した者）に譲渡所得税が課税される可能性があります。相続人が相続分の譲渡を行う際には、税金に関しても確認する必要があるのです（詳細は下記「税務のポイント」を参照）。

ここまでは、法定相続人における相続分の譲渡についてお伝えしてきました。それでは、遺言があった場合には、相続分の譲渡は可能なのでしょうか。これに関しては、遺言書の内容により、譲渡が可能かどうか判断することとなります。

遺言に「〜に○分の○」のように、相続分の指定をした場合、相続分の譲渡が可能になります。しかし、「〜に不動産を相続させる」のような遺産の分割方法を指定した場合には、相続分の譲渡はすることができません。遺言書を作成する際、相続人が相続分の譲渡を検討している場合には、このような点も考慮する必要があるのです。

このように、相続分の譲渡にはメリット・デメリットがあるものの、効果的に活用することで希望の相続が可能になることがあります。しかし、前述の**例**①〜④のような場合には、遺言書を作成していれば対応できることがほとんどです。残された相続人の負担を減らすためにも、生前に対策できることは検討するようにしましょう。

税務のポイント

相続分の譲渡に関する税務論点を紹介します。ここでは、相続人が他の相続人に相続分を譲渡（無償、有償）した場合と、相続人が相続人以外に相続分を譲渡（無償、有償）した場合に分けて解説します（ただし、有償の場合には適正額を前提とします）。

まず、他の相続人に相続分を譲渡（無償）した場合の課税関係は、譲渡した相続人は相続財産を取得しないため、相続税の負担はありません※。これに対して、譲り受けた相続人は贈与税ではなく相続税の負担があります。

また、他の相続人に相続分を譲渡（有償）した場合の課税関係は、譲渡した相続人は譲渡代金を受け取るため、これに対して相続税の負担が生じます。これに対して、譲り受けた相続人は受け取った相続分から支払った代金を控除した残額に相続税の負担が生じます。

次に、相続人以外の第三者に相続分を譲渡（無償）した場合の課税関係は、譲渡した相続人はいったん相続財産を相続したとみなされるため、譲渡した自らの相続分に対して相続税の負担が生じます。これに対して譲り受けた第三者は贈与で財産を取得したとみなされ、贈与税の負担が生じます。

また、相続人以外の第三者に相続分を譲渡（有償）した場合の課税関係は、譲渡対価の受取の有無に関係なく、譲渡した自らの相続分に対して相続税を負担する必要があり、また、譲渡資産に含み益のある資産がある場合には譲渡所得が発生する可能性があります。これに対して、譲り受けた第三者は対価の支払いがあるため、贈与税の負担はありません。

※　最判平成30年10月19日

「他の相続人への相続分の譲渡」につき、「相続分の譲渡を無償で他の相続人に行った場合は贈与とみなす」と判示しており、今後、課税関係に影響を及ぼす可能性がありますので注意が必要です。

7　相続放棄と相続分放棄

1　相続放棄とは

相続において、債務が多い場合や財産を相続しないとした場合、相続放棄をすることがあります。これを実現するためには、遺産分割協議以外の方法としては2種類の方法があります。それが「相続放棄」と「相続分の放棄」です。この2つは、一見すると同じような意味に感じますが、法律上の効果は異なります。

相続放棄とは、相続に関する一切の権利を放棄することをいいます。法律では以下のように定められています。

●民法915条（相続の証人又は放棄をすべき期間）

> 相続人は、自己のために相続の開始があったことを知った時から3か月以内に、相続について、単純若しくは限定の承認又は放棄をしなければならない。（以下略）

●民法938条（相続の放棄の方式）

> 相続の放棄をしようとする者は、その旨を家庭裁判所に申述しなければならない。

つまり、相続放棄をする場合には、相続が開始した事実を知ってから3か月以内に、家庭裁判所へ相続放棄のための手続を行うということです。この相続放棄は、債務が多い場合に多く利用されます。借金を相続しない代わりに、その他一切の財産も相続しないというような場合です。この際、注意すべきことは「3か月以内」という期限があることです。相続放棄を検討する場合には、なるべく早い段階から相続人を調査し、財産状況を確認する必要があるのです。

では、相続放棄を利用した場合、どのようなことになるのでしょうか。これも以下のように定められています。

●民法 939 条（相続の放棄の効力）

> 相続の放棄をした者は、その相続に関しては、初めから相続人とならなかったものとみなす。

2　相続放棄の例

相続放棄については、しっかりと理解していないと後で思いもよらないトラブルになる可能性があります。どのようなことに注意が必要か確認してみます。

■事　例

> ・被相続人：夫
> ・相 続 人：妻、子A、子B

このような家族関係で相続が開始したとします。被相続人は夫で、相続人は妻、子Ａ、子Ｂの３人です。まずはこのときの法定相続人と相続分を確認してみましょう。

【相続人・相続分】※法定相続

> ・相続人①：妻　　⇒　相続分：1/2
> ・相続人②：子A　⇒　相続分：1/4
> ・相続人②：子B　⇒　相続分：1/4

ここで子Ａが相続放棄をしたとします。すると、子Ａは「初めから相続人でなかった」となります。すると以下のように、法定相続人と相続分が変わります。

【相続人・相続分】※子Ａ：相続放棄

・相続人①：妻　⇒　相続分：1/2 ・相続人②：子Ｂ　⇒　相続分：1/2

ここまではご理解いただけるかと思います。それでは、子Ａと子Ｂがともに相続放棄をするとどうなるでしょうか。子Ａと子Ｂが相続放棄をした場合、妻がすべての財産を相続するように思えますが、実は違います。例えば、被相続人の父・母が生存していたとします。この場合、被相続人の父・母と妻が相続人になるのです。

【相続人・相続分】※子Ａ、子Ｂ：相続放棄

・相続人①：妻　⇒　相続分：2/3 ・相続人②：父　⇒　相続分：1/6 ・相続人③：母　⇒　相続分：1/6

なお、父・母が先に亡くなっていた場合には、被相続人の兄弟姉妹が妻と共同相続人になります。例えば、子Ａ・子Ｂが、妻にすべての財産を相続してほしいと考えて相続放棄をしたとしても、想いとは違う結果になってしまうのです。このような場合には、相続放棄をするのではなく、妻・子Ａ・子Ｂの遺産分割協議において、妻がすべての財産を相続できるようにするべきです。

「初めから相続人でなかった」とは、以上のような効果になります。これは債務が多い場合にも注意が必要です。

上記の相続関係で、債務が多いので相続放棄をしたとします。妻・子Ａ・子Ｂが相続放棄をした時点で、相続人は父・母になります。つまり、父・母が債務を相続することとなります。父・母が債務を相続しない場合には、父・母も相続放棄が必要になるのです。そして、父・母も「初めから相続人

でなかった」とされますので、兄弟姉妹が相続人になります。よって、兄弟姉妹も相続放棄が必要になるのです。この相続放棄は、必要資料とともに家庭裁判所へ申述しなければならないことは前述のとおりです。つまり、妻・子Ａ・子Ｂが相続放棄をした時点で、父・母にそして兄弟姉妹にこの作業を行ってもらう必要があるのです。もちろん、これを専門家に依頼する場合には、費用の負担も必要になりますので家族間でのトラブルになる可能性があります。相続放棄を検討する場合には、本章「はじめに」で記述した相続人の順位を把握し、今後の影響も含めて検討することが必要です。

3　相続分の放棄とは

相続放棄と混同されやすいのが「相続分の放棄」です。相続分の放棄とは、遺産に対する相続権を放棄する意思表示をすることをいいます。大きな違いとしては、家庭裁判所への申述が必要ないことと債務についての負担を免れるものではないということです。

4　相続分の放棄の例

前述した相続放棄の相続関係を例にすると「子Ａ・子Ｂが妻にすべての財産を相続してほしい」と考えた場合「相続放棄」をしてしまうと問題がありましたが、「相続分の放棄」であれば想いを叶えることができるのです。

ただし、債務がある場合には、子Ａ・子Ｂに対して支払いの請求がくる場合があります。このような場合、相続分の放棄ではなく、遺産分割を行い、債務についても記載をして債権者に承諾してもらうことが必要かもしれません。また、子Ａのみが相続分の放棄をした場合には、相続放棄とは違い、下記のような相続分になることにも注意が必要です。

【相続人・相続分】※子Ａ：相続分の放棄

・相続人①：妻　⇒　相続分：2/3
・相続人②：子Ｂ　⇒　相続分：1/3

子Ａが何を目的に相続分の放棄をしたのかを考える必要があるのです。ただ単に今後の遺産分割に参加しないためということであれば、相続分の放棄を行うことで遺産分割調停手続に関与する必要がなくなる（家事事件手続法43①、258）ので、目的は達成されます。しかし、妻のためにと考えていた場合には、相続分の放棄を行うより、妻へ相続分の譲渡を行うことが必要になります。

このように相続放棄と相続分の放棄は、まったく効果が変わります。この効果を正しく理解し、相続人として「何をしたいのか」を明確にし、どれが効果的な方法かを検討する必要があるのです。

税務のポイント

ここでは、相続放棄をした場合の課税関係を次のケースで整理します。

被相続人の相続財産は、預金1,000万円、債務2,500万円であり、これとは別に配偶者受取りの死亡保険金が1億円あります。相続人は配偶者、長男、長女です。積極財産よりも消極財産のほうが大きいため、相続人全員で相続放棄を選択します（第2順位相続人、第3順位相続人も順次相続放棄したと仮定します）。

まず、配偶者は1億円の生命保険金を取得しているため、相続税申告が必要か否かを検証します。相続税の計算において、相続放棄をした場合でも、相続放棄をしていないものとして基礎控除の非課税枠を計算します。そのため、配偶者が取得した生命保険金1億円は基礎控除4,800万円（＝3,000万円＋600万円×3人）を超えますので、配偶者は相続税の申告が必要となります。

次に配偶者の生命保険金の非課税枠1,500万円（＝500万円×3人）が使えるか否かについては、適用不可能となります。なぜならば、非課税枠の適用は相続人であることを求められますが、相続放棄をすると初めから相続人でなかったものとみなされるためです。そして、少なくとも1.6億円まで課税されなくなる配偶者の税額軽減特例については、適用可能となります。なぜならば、相続放棄をしても配偶者であることに変わりはないためです。

したがって、本ケースにおいては、相続税申告をすることで配偶者が取得した生命保険金については相続税の負担はないものとなります。

8　遺留分放棄

1　遺留分放棄は契約ではなく家裁への申立て

遺留分とは、一定の相続人のために、相続に際して法律上取得することが保障されている遺産の一定の割合のことを指します（民法1042）。

この「遺留分」を「放棄する」という前提には、「ある被相続人について、誰か（遺留分を持つ相続人）の遺留分を侵害するような贈与がなされたか、遺言書が存在する」又は「これからそのようなことがなされるかもしれない」という状況があります。

本来であれば、遺留分を侵害された人は、被相続人が亡くなった後に、その侵害している人に対して自分の侵害された額に相当する金銭を請求できるのですが（民法1046）、その権利をあえて行使しないことを確定させるというのが遺留分の放棄であり、これは家族間の契約ではできず、被相続人の生前に家庭裁判所への申立てをして許可を受けることによってのみ行うことができます（民法1049）。

なぜなら、被相続人の生前には遺留分侵害額請求権という権利がまだ発生しておらず、「まだ発生していない権利を処分することはできない」ためです。同じ理由で、被相続人の生前に相続放棄や遺産分割協議をすることはできず、仮にそのような契約書や覚書を作っていたとしても法的には無効だということになります。

本来できないことを、民法が特別に生前にできるよう認めたのがこの遺留分放棄許可制度なのです。

注意すべきなのは、遺留分を放棄しても相続債務については法定相続分どおり相続することになってしまうという点です。また、遺留分を放棄した人の子どもが代わりに遺留分侵害額請求をできるわけではありません。

2　遺留分放棄を行う例

本来もらえるものをわざわざ裁判所に申し立ててまで放棄する人がいるの

かと不思議に思うかもしれませんが、実務上、このような申立てはけっこう見られるものです。

遺留分放棄を行う相続人の例としては、例えば、次のようなケースが考えられます。いずれも、親など被相続人に当たる家族からの希望を受けて手続をすることが通常です。

・すでに自分は十分な生前贈与を受けている
・遺産の分散を避けたいという被相続人の考えに賛同している
・親の介護をしている兄弟姉妹など他の相続人と相談して決めた
・被相続人に対して多大な迷惑をかけた責任を取る趣旨である
・自分は愛人の子（認知）であり、本妻の希望や諸事情を付度した

申立書例　**遺産の分散を防ぐため遺留分を放棄するケース**

代々受け継いだ土地をたくさん持っている地主のＡさんは、相続で遺産を分散させたくないと考え、遺言書を作って長女Ｂとその婿養子Ｃに大半の不動産を与え、次女Ｄには生計の足しになるよう収益物件を１つだけ与えることにしました。この遺言書はＤさんの遺留分を侵害することが明らかです。

そこでＡさんは、Ｂ、Ｃ、Ｄを集めて自分の考えと遺言書の内容を話し、Ｄさんに遺留分放棄の手続をとるようお願いして承諾をもらいました。この場合の申立書例を見てみましょう。

遺留分放棄許可審判申立書

令和〇年〇月〇日

〇〇家庭裁判所 家事部 御中

申立人　　D

当事者の表示　別紙当事者目録記載のとおり

遺留分放棄許可審判申立事件
印紙額　800円

申立ての趣旨

被相続人の相続財産に対する遺留分を放棄することを許可する旨の審判を求める。

申立ての実情

1　被相続人

本　　籍	○○県○○市本町○丁目○番地
住　　所	○○市中央区中央通り○丁目○番○号
氏　　名	A　（昭和○年○月○日生）

2　申立人と被相続人の関係

申立人は被相続人の子である。

3　財産の範囲

別紙財産目録記載のとおりである。

4　申立てに至った理由

被相続人は、代々の地主であり、相続によって自分の財産を分散させたくないと考えている。

このたび被相続人は遺言書を作成したが、その遺言書においては、長女とその婿養子に大半の不動産や相続税の納税資金のための預貯金その他の金融資産が与えられ、申立人に対しては遺留分に満たない不動産が与えられるのみとなる見込みである。

このことについて被相続人を交えて家族で話し合った結果、申立人としては、遺産が少ないからといって自分が生活に困ることはないし、幼少期から被相続人の考えはよくわかって育ってきたので、被相続人の意思を尊重し、あらかじめ遺留分を放棄したいと考えている。

よって、申立人は、本申立てに至った次第である。

以　上

当事者目録

……（略）……

財産目録

1　土地

所　　在	○○
地　　番	○番○
地　　目	宅地
地　　積	○○㎡
固定資産評価額	2,300万円

……（略）……

2　建物

……（略）……

3　現金・預貯金・株式等

○○銀行○○支店　普通預金　口座番号○○

預金額　3,500万円

……（略）……

3　解説と留意点

(1)　申立ての基本事項

- **申立てをすることができる人**：遺留分を有する相続人
- **申立てをすることができる時期**：相続開始前（被相続人の生存中）
- **申立てをするべき裁判所**：被相続人の住民票上の住所地を管轄する家庭裁判所
- **申立ての書式**：裁判所のホームページからダウンロードすることも可能
- **必ず必要な添付書類**：被相続人と申立人それぞれの戸籍謄本

(2) 申立てに至った理由のバリエーション

① すでに申立人が十分な生前贈与を受けているケース

被相続人の主な財産は、被相続人が経営する会社の株式と、社屋及び工場の敷地であるが、被相続人はこれらをすべて次期社長となる長男（申立人の兄）に譲りたいと強く希望している。

一方、申立人は、過去に被相続人からマイホーム資金の贈与や子どもの教育資金の贈与などを十分受けている。

そのため、申立人は、相続開始前において遺留分を放棄することとし本申立てをした。

② 親の介護をしている兄弟姉妹と相談して決めたケース

被相続人は住所地に二世帯住宅を建てて申立人の姉一家と生活している。申立人の姉は要介護２の被相続人の介護をしながら生活しているが、申立人は遠方に居住しており仕事も忙しいため介護に協力することができない。

申立人は地方公務員で収入が安定しており、被相続人の遺産をもらえなくても生活に困ることはない。

申立人が被相続人や申立人の姉と相続について話し合ったところ、被相続人が申立人の姉に全遺産を相続させたいと考えていることを知り、申立人としては２人に安心して暮らしてもらうためにも本申立てをすることにした。

③ 被相続人に迷惑をかけたことを考慮したケース

被相続人は、自分が入信しており心の支えとしている宗教法人に全遺産を寄付したいと考えているとのことである。

申立人は、20代のころから異性問題や金銭トラブルなどで被相続人に多大な迷惑をかけたことを自覚しているが、幸い今では夫の収入で不自由なく暮らしているので、被相続人の信仰を尊重して、あらかじめ遺留分放棄の手続をとることにした。

④ 認知された子が本妻の希望や諸事情を忖度したケース

申立人は20年前に被相続人から認知された子であるが、近時そのことを知った被相続人の妻が被相続人に相続についての強い希望を訴えた。

その結果、被相続人は妻及び妻との間に生まれた子に全財産を遺すことにし、申立人に対してその旨を伝え謝罪した。

申立人としては、これまで被相続人が申立人やその母の生計を支えて愛情を注いでくれた経緯や、死後に争いを残したくないという被相続人やその妻の心情を理解し、遺留分を放棄したいと考えて本申立てをした。

(3) 財産目録の書き方

財産目録は、不動産と金融資産を分けて書く必要があります。

不動産は、土地と建物に分けて、不動産の登記簿又は登記情報どおりに記載する必要があります。

金融資産は、上記申立書例では口座情報を詳しく書きましたが、「総額○○円」という大まかな書き方でもかまいません。

初めから完璧な書き方をしなくても、裁判所のほうで不備を指摘してくれたり、そのケースで特に必要な資料があれば指示してくれたりします。

(4) 申立書提出後の流れ

遺留分放棄許可審判申立書を提出すると、その後しばらくして、裁判所から申立人宛てに問合せのための書面が送られてきます。

その書面には、

① このような申立てをしたという事実があるか
② 被相続人の財産内容を知っているか
③ このような申立てをした理由は何か

などの質問が書かれており、申立人は回答欄に回答を記載して裁判所に返送することになります。

これは、他人の成りすましによる申立てや、真意に基づかない申立てを排除するためのものです。上記③については、申立書の「申立てに至った理由」欄と同様のことを書けばよいことになります。合理性などの客観的状況が整っていることまで必要だという説もありますが、実務的な感覚からすると、客観的には多少不合理であっても、申立人がその真意に基づいて申立てをしたということが確認できれば、家庭裁判所は申立てを認める傾向にあります。

回答をしてしばらくすると、家庭裁判所から「審判」というタイトルで「主文」「申立人が被相続人Ａの相続財産に対する遺留分を放棄することを許可する」と書かれた審判書（謄本）が送られてきます。

相続人などの利害関係者は、自分の立場（利害関係）がわかるような戸籍など一定の資料を家庭裁判所に提出して、申立人名、被相続人名、およその審判時期を特定すれば、上記審判書（謄本）を取り寄せることができます。

⑸　被相続人が亡くなった後の遺留分放棄

被相続人が亡くなって相続が開始した後は、家庭裁判所に遺留分放棄許可審判を申し立てることはできません。

遺留分を侵害された者が何らアクションを起こさなくても、相続の開始及び遺留分を侵害する遺贈等があったことを知った時から１年経過すれば、遺留分侵害額請求権は消滅時効にかかります（民法1048）。

その前にあえて「遺留分侵害額請求をしない」ことを他の相続人と合意するのであれば、以下のような簡単な契約書を作成しておくとよいでしょう。

合　意　書

1　甲は、被相続人○○（令和○年○月○日死亡）が亡くなったこと及び甲の遺留分を侵害する内容の平成○年○月○日付公正証書遺言の存在を、令和○年○月○日に知った。

2　甲は、本書面をもって、甲の遺留分を侵害している相続人である乙に対し、遺留分侵害額請求権を行使しないことを誓約する。

3　乙は、甲に対し、被相続人の相続債務については乙が責任をもって支払い、甲に一切迷惑をかけないことを誓約する。

4　甲と乙は、今後も協力して被相続人や祖先の供養をしていくものとする。

5　甲と乙は、甲と乙との間には、被相続人の相続に関して何ら債権債務がないことをお互いに確認する。

税務のポイント

遺留分放棄そのものに対して税務論点はありません。そこで、遺留分放棄が認められるケースである「すでに十分な生前贈与を受けている場合」につき、税務を戦略的に使う視点を解説します。

大地主の家系や事業会社オーナー家系で、長男などに財産（不動産、自社株など）を集中させたい場合、遺言を作成するのが通常です。しかしながら、遺留分だけは侵害することは認められませんので、遺留分対策は相続・事業承継対策において必須となります。例えば、自社株が10億円の評価であった場合、遺留分も相当な金額にのぼることが想定されます。仮に、他の相続人（長女、次男など）から遺留分侵害額を請求された場合、遺留分を侵害した側は金銭債務の履行が困難になる危険性が生じます。そこで、長女や次男などに対して、暦年贈与だけでなく、住宅取得等資金贈与（要件を満たす必要あり）を実行し、その見合いとして遺留分放棄を依頼することも考えられます。

まとまった資金贈与を行う際、どうしても贈与税の問題が生じますので、その対策として各種特例を積極的に検討する必要があります。仮に、住宅取得等資金贈与の要件を満たさない場合には、相続時精算課税を適用させてまとまった金額を贈与することも検討の余地が残ります。その際には、相続時に精算された際に支払うべき相続税分だけの資金を確保しておく必要がありますので、注意が必要です。

■コラム■

無効又は取り消すことのできる契約

せっかく契約書を作っても、それが無効なものであった場合や、取り消された場合には、その契約を結んだ時点にさかのぼって効力が否定されます。

では、契約が無効又は取り消すことができる場合とは、具体的にどのようなものを指すのでしょうか。

1　取消し可能な契約の例

取り消すかどうかは本人の自由であり、取消権を放棄して追認することもできますが、追認可能な時から５年間又は契約時から 20 年間で取消権は消滅時効にかかります（民法 126）。

①　錯誤（民法 95）

錯誤（さくご）とは、その人の内心の意思と契約書などに表示した内容とが食い違っている場合を指し、それが法律行為の目的や社会通念に照らして重要なものであるときは、取り消すことができます。

例えば、契約書中の金額を「○万円」と書くつもりで「○円」と書いてしまった場合などが考えられます。

動機などの背景事情に錯誤があった場合も、その事情が法律行為の基礎となったことが表示されていれば、取り消すことができます。

ただし、錯誤に陥った人に重大な過失があった場合には、取り消せない場合があるので、契約を結ぶ際は慎重にのぞみましょう。

②　詐欺・強迫（民法 96）

相手方による詐欺や強迫（脅迫）によって契約を結んだ場合には、取り消すことができます。

「家族間でそんなことをする人がいるわけないだろう」と思われるかもしれませんが、実務上は意外とこのような主張も多いものです。

相手方以外の第三者による詐欺や強迫（脅迫）の場合には、取り消せない場合があります。そのような場合には上記①の錯誤など他の類型の要件を満たしていないかを検討してみてください。

2　無効な契約の例

取消しの場合とは違って、本人がわざわざ相手方に無効にすると伝えなくても当然に効力のない契約であり、消滅時効にはかかりません。

①　公序良俗違反（民法 90）

「公序良俗」というのは「公の秩序又は善良の風俗」の略で、これに反する内容の契約は無効です。例えば人権侵害となるような内容や犯罪依頼を内容とするなどの契約のことだと考えればわかりやすいでしょう。

②　無権代理（民法 113）

代理権を与えられていない人が代理人としてした契約は、本人が相手方に対してその追認をしない限り、本人との関係では無効です。本人が追認をするまでの間は、相手方が取り消すこともできます（民法 115）。

家族間だと、ろくに本人の意思を確認しないまま「私（代理人）がお母さん（本人）の代わりにサインしておく」などということがありがちですが、思わぬトラブルを招くこともありますので注意しましょう。

③　強行法規違反

強行法規とは、当事者の意思によってその適用を排除できない規定を指します。これに反して無効になる契約としては、次のようなものがあります。

・消滅時効の援用をあらかじめ封じる契約（民法 146）
・被相続人が生存中の相続放棄の合意（民法 915）
・被相続人が生存中の遺産分割協議（民法 906～）
・遺留分放棄許可審判手続によらない遺留分放棄の合意（民法 1049）

9　遺留分侵害額弁済契約

1　遺留分侵害額請求とは

兄弟姉妹以外の相続人には「遺留分」という権利が保障されており、遺言書によってそれを下回る遺産しかもらえなかった場合には、もらい過ぎた人からその分を取り返す「遺留分侵害額請求」をすることができます（民法1046）。

この請求をするかしないかは自由なので、実際、遺留分侵害額請求権を持っていても、被相続人の遺志を尊重して、請求をしない人も多くいます。

令和元年6月30日以前は「遺留分減殺請求」と呼ばれていましたが、同年7月1日に施行された改正民法により、それ以降に発生した相続については「遺留分侵害額請求」と呼ばれるようになりました。

①　請求できる期間（民法1048）

「相続開始」及び「減殺すべき贈与・遺贈があったこと」を知った時から1年以内に請求しなければなりません。これを過ぎると消滅時効にかかってしまいます。

また、上記の起算点から1年以内であっても、「相続開始」から10年を過ぎた場合には請求権は行使できなくなります。

②　遺留分を請求した場合の効果

・改正前の遺留分減殺請求

遺産の取得行為そのものが一部無効になるという効果があるため、遺留分を侵害された人は、不動産の共有持分など遺産そのものの一部を請求できるのが原則でした。

・改正後の遺留分侵害額請求（民法1046）

遺産の取得行為そのものは有効であり、遺留分を侵害された人は、侵害された額に相当する金銭を請求することができるのみとなりました。

③　遺留分権利者

兄弟姉妹以外の法定相続人

④ 遺留分割合

遺留分割合は、次のとおり、その相続における法定相続人の組合せによって異なります。

	親・祖父母の遺留分（複数いる場合は人数で割る）	子どもの遺留分（複数いる場合は人数で割る）	配偶者の遺留分	遺留分合計（民法1042①）
親・祖父母のみが相続人	3分の1	*	*	3分の1
子どものみが相続人	*	2分の1	*	2分の1
配偶者のみが相続人	*	*	2分の1	2分の1
親・祖父母と配偶者が相続人	6分の1	*	3分の1	2分の1
子どもと配偶者が相続人	*	4分の1	4分の1	2分の1
兄弟姉妹と配偶者が相続人	*	*	2分の1	2分の1（兄弟姉妹には遺留分なし）

2 遺留分侵害額の算定方法

遺留分侵害額の算定は、次のように行います。事案によっては算定が複雑になることもありますので、専門家に相談するとよいでしょう。

① 遺産総額×遺留分割合＝遺留分相当額

② 遺言等で遺留分権者が実際に取得した金額

③ 上記①－②＝遺留分侵害額

契約書例

父親が公正証書による遺言書を残して亡くなりました。

相続人は長女のAさん、長男のBさん、次男のCさんです。

① A・B・Cの遺留分相当額

遺産総額：7,200 万円

遺留分割合：A・B・Cとも各６分の１

∴ 7,200 万円×６分の１＝1,200 万円

② 遺言書によるA・B・Cの実際の遺産取得額

A　5,400 万円

B　　800 万円

C　1,000 万円

③ 遺留分侵害額（上記①－②）

A　1,200 万円－5,400 万円＝▲3,200 万円（超過あり）

B　1,200 万円－　800 万円＝　　400 万円（侵害あり）

C　1,200 万円－1,000 万円＝　　200 万円（侵害あり）

つまり、父親の遺した遺言書によれば、Aさんが遺留分割合を超えて遺産を取得する一方で、BさんとCさんは遺留分に満たない金額しか遺産を取得できないので、Aさんによって遺留分を侵害されているといえます。

そこで、BさんとCさんは、Aさんに対して遺留分侵害額請求の通知書を送り、３人で話し合いをして合意に至りました。

この場合の契約書例を見てみましょう。

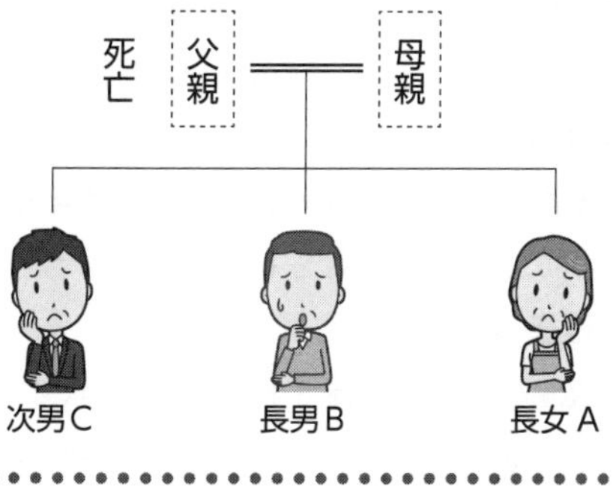

遺留分侵害額弁済契約書

被相続人○○（以下「被相続人」という。相続開始日：令和○年○月○日・本籍地：○○市○○区新町○丁目○番地）の相続における遺留分侵害に関し、相続人であるA、B及びCは、協議の結果、次のとおり合意した。

第1条（遺言書の効力）

上記相続人全員は、被相続人が作成した平成○年○月○日付自筆証書遺言（以下「本件遺言」という。）が有効であることを確認し、以後いかなる形でもその効力を争わないことを誓約する。

第2条（遺産の範囲）

上記相続人全員は、被相続人の遺産が別紙遺産目録記載のとおりであることを確認する。

第3条（遺留分侵害額）

Aは、本件遺言によってAが遺留分割合を超えて遺産を承継した一方で、B及びCはその遺留分（各6分の1）の全部又は一部を侵害されており、AがB及びCに対して以下の侵害額につき支払義務を負っていることを認める。

(1)　Bの侵害額　400万円

(2)　Cの侵害額　200万円

第4条（弁済方法）

Aは、B及びCに対し、前条の侵害額につき本書の作成日から2週間以内にB及びCの指定する預金口座に振り込んで支払う。

第5条（手続協力の誓約）

上記相続人全員は、Aによる遺産の名義変更手続や、各自の相続税申告手続について、互いに誠意をもって協力し合うことを誓約する。

第6条（新たな遺産の発見）

被相続人の遺産が新たに発見された場合には、本件遺言の第○条(残余財産はすべてAに相続させる旨)に従ってAが取得するものとし、それについてＢ及びＣはＡに対して遺留分侵害額を請求しないものとする。

第７条（清算条項）

上記相続人全員は、被相続人の相続に関し、本書に定めるほか、何ら債権債務がないことをお互いに確認する。

以上を証するため本書を３通作成し、ＡＢＣが各自署名押印の上、1通ずつ保有する。

令和〇年〇月〇日

相続人

住所

氏名　　　Ａ　　　㊞

……（略）……

3　解説と留意点

(1)　前提となる事実関係の記載

まずは、遺留分侵害額請求の前提となる次のような事実関係を記載しておきましょう。

①　被相続人が誰であるかと相続人の範囲

争いのないことが多いので前文に書けば十分です。

②　遺産の範囲

必ず遺産目録を添付しましょう。

後で検算できるように、遺留分侵害額算定の基礎とした遺産の評価額や、遺留分侵害額の算定式を記載しておくのもおすすめですが、現実の協議では必ずしも算定式のとおりの金額で合意するとは限りません。

⑵　支払方法

①　分割払いをするケース

> **第○条（支払方法）**
> 　Ａは、Ｂに対し、前条の債務を次のとおり10回に分割してＢの指定する預金口座に振り込んで支払う。
> （1）　初回　令和○年○月○日限り○万○○○○円
> （2）　２回目以降
> 令和○年○月から同年○月まで毎月10日限り○万円ずつ
> 2　　Ａが前項の支払いを２回怠り、Ｂが書面をもって期限の利益の喪失を通知したときは、Ａは期限の利益を失い、同通知の到達日の翌日から１週間以内に前条の債務から既払金を控除した残額をただちに支払う。

②　代物弁済をするケース

> **第○条（代物弁済）**
> 　Ａは、Ｃに対し、前条の遺留分侵害額の支払いに代えて、本件遺言によってＡが取得した別紙遺産目録記載（1）の土地の所有権をＣに移転する。

⑶　特別受益を考慮する規定

遺留分侵害額の算定に当たっては、特別受益（民法903）を考慮することがあります。契約書上も明記しておいたほうがよいでしょう。

特別受益とは、一部の相続人が、亡くなった人から「その相続人が生計を立てていく上での資本」といえるような利益を受けていた場合における、その利益のことを指します。遺産分割や遺留分侵害額の算定においては、遺産の中に持ち戻されることになります。

【典型例】マイホーム資金・結婚祝い・開業資金など

【ＮＧ例】普段の生活費・小遣いなど（親族間の扶養的金銭援助の範囲内）

民法改正により、遺留分侵害額算定時の基礎財産に入れる相続人の特別受益は、原則として相続開始前10年以内のものに限られ、例外として贈与当事者双方が遺留分侵害（例：被相続人が無収入でこれ以上財産が増えないこと）を知っていた場合の贈与は期間の限定がありません（民法1044①）。

> **第○条（特別の考慮事項）**
>
> 上記相続人全員は、第○条の遺留分侵害額の算定に当たって、次の事項を特別受益として考慮した。
>
> Aが被相続人から平成○年に自宅のリフォーム資金として○万円の贈与を受けたこと

(4) 墓参りや形見分け

一見、遺留分侵害額請求とは関係のない事柄でも、こうした話し合いの機会に一度に決めてしまったほうがよい場合があります。

> **第○条（法要等の合意）**
>
> 上記相続人全員は、被相続人の今後の法要等について次のとおり合意した。
>
> (1) 1周忌以降の法要は、子どもたちの代表として毎回Aが主宰し、その1か月前までにB及びCに日時場所を知らせる。
>
> (2) ○○家の墓は、被相続人の遺志を受けてAが管理者を務め、その管理料を支払う。

> **第○条（形見分け）**
>
> 上記相続人全員は、被相続人が生前に描いた水彩画を各自が1点ずつ形見の品として取得したことを確認し、B及びCは、被相続人の所有していたその余の動産につきAがいかなる処分をしようとも異議を述べない。

⑸ 二次相続についての規定は有効か

遺留分の侵害が問題になるということは、被相続人が何らかの理由で「不平等な相続」を行ったということですから、遺留分を侵害された相続人は、二次相続（両親のどちらかが片方が亡くなって発生する相続を「一次相続」、その後にもう１人が亡くなって発生する相続を「二次相続」ということがあります）において、その分を取り戻そうと考えるケースも多いです。

そのため、「お父さんの相続では遺留分程度でガマンするけど、お母さんが亡くなったら、自分が多く遺産をもらえるように、相続人同士で今のうちに取り決めておきたい」という話をよく聞きます。

しかし、二次相続までに家族の間で事情の変化もあるでしょうし、まだ存命中の人を被相続人とする遺産分割協議はそもそも無効ですから、安易な合意はしないのが無難です。

税務のポイント

民法改正により、「遺留分減殺請求」が「遺留分侵害額請求」へ変わったことにより、税務も大きく影響を受けることになりました。「遺留分減殺請求」の法的性質は、当然に「物権的効果」があるとされていました。つまり、本項にもあるとおり、不動産の共有持分など遺産そのものの一部を請求できました。そのため、遺留分減殺請求により、含み益のある不動産を遺留分権利者に渡した場合には、あくまで相続税の範疇で処理されていました。

これに対して、民法改正により、遺留分権利者は金銭債権を有することになったため、遺留分を侵害した者は遺留分権利者に対して金銭債務を負うことになりました。そのため、金銭債務の代わりに含み益のある不動産を渡した場合には、税務上、代物弁済となり譲渡所得の対象となります。つまり、遺留分を侵害した者はいったん遺言により取得した財産に対する相続税を負担した後、含み益のある不動産に対して譲渡所得が課税されるという状況に陥ります。そのため、これを避けるために、生前から遺留分対応用として生命保険を活用し、受取人を財産を集中させたい相続人としておくことが望まれます。

■コラム■

債権の消滅時効と民法改正

■放置すると権利は消える

時効は、長期間続いた事実状態に合わせて権利関係を変動させる制度で、家族間契約にも無縁ではありません。

物の所有権などを取得する「取得時効」と、債権などを消滅させる「消滅時効」の２種類がありますが、ここでは契約実務に影響の大きい「消滅時効」について解説します。

令和２年４月１日施行の民法改正によって、この施行日以降に締結された契約から生じた債権については、以下のいずれかの期間が経過することによって、消滅時効が完成します（民法166①)。

①「債権者が権利を行使することができることを知った時」から「5年間」その権利を行使しないとき。

又は

②「債権者が権利を行使することができる時」から「10年間」その権利を行使しないとき。

例えば、兄Ａが妹Ｂに対して「僕が支店長に昇格したら、これまでおまえに出してもらっていた父の扶養料として20万円払うよ」と約束したとしましょう。

この場合、債権者であるＢが「権利を行使することができることを知った時」とは、「Ａが支店長に昇格したことを知った時」になりますので、その時から５年以内に20万円を請求しないと、上記①によって消滅時効が完成してしまうことになります。あるいは、Ｂが Ａと疎遠になり、Ａの支店長昇格を知らないまま10年過ぎた場合には、上記②によって消滅時効が完成します。

また、家族間特有の債権の中には、婚姻費用や養育費など毎月一定額の支払いを受けるものがありますが、毎月発生する個々の債権（定期給付債権）の消滅時効は上記①②のとおりとなるものの、そうした個々の債権を生じさせる大元の権利（定期金債権）は通常10年間で消滅時効が完成するので、要注意です（民法168①一）。

そのほか、契約から生じた債権ではありませんが、遺留分侵害額請求権は、「相続開始」と「遺留分を侵害する遺言や贈与があったこと」の両方を知った時から1年又は「相続開始」から10年で消滅時効が完成することになります（民法1048）。

このように、せっかく契約を結んでも、長期間放置すると権利は消えてしまいますので、家族間であっても請求するべきものはきちんと請求しておきましょう。

■消滅時効が完成したら

消滅時効が完成したといっても、それによって自動的に権利が消滅するわけではなく、その後に債務者が債権者に対して「援用の意思表示」をしなければなりません。実際には、債権者から請求があったときに反論的に援用することが多いでしょう。

具体的には、「今般の請求に係る○○契約に基づく私の○○債務については、弁済期である○年○月○日から○年間が経過したので、消滅時効を援用します」などと書いた書面を配達証明付内容証明郵便で債権者に送ることになります。

このときに、債権者側から「催促をした日から6か月間は時効期間の進行がストップする（時効の完成猶予）」（民法150①）とか、「債務者が権利を承認したことによって、いったんリセットされて新たな時効期間が開始した（時効の更新）」（民法152①）などという反論が出ることがあります。

また、今回の民法改正によって、対象である権利について当事者間で協議を行う旨の合意が「書面」でなされたときには、一定期間に限って時効の完成が猶予される制度が新設されました（民法151）。

消滅時効は、単純に見えて意外と複雑な面があるので、わからないことが出てきたら専門家に相談してみましょう。

第 8 章

配偶者居住権

はじめに

■配偶者居住権創設の趣旨

先の民法改正によって新たに「配偶者居住権」という権利が創設されました。これは文字どおり「配偶者」の「居住権」を確保するための権利ですが、創設された背景には何があるのでしょうか。

超高齢社会の進展により、相続の発生後、残された配偶者相続人が長期間生存するケースが増えています。残された配偶者にとって遺産分割の際に非常に重要となってくるのは、いかにして住み慣れた住居の居住権と老後の生活資金を確保するのかということです。

遺産分割に関する争いが増えている昨今、配偶者が居住建物の所有権を取得してしまうと、それだけで法定相続分に達してしまい、預貯金などの金融資産を相続できない（＝老後の生活資金を確保できない）事態が増加しているといわれています。

そこで、遺言や遺産分割で「配偶者居住権」を設定することによって、残された配偶者がこれまでどおり住み慣れた住居に無償で居住できる権利を取得できるようにしたのが配偶者居住権です。配偶者居住権により、居住権と老後の生活資金両方の確保が可能となります。

■配偶者居住権と配偶者短期居住権

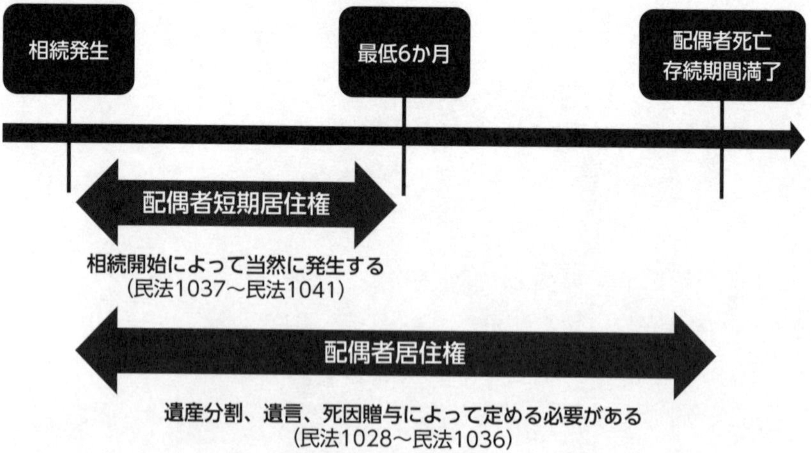

なお、配偶者居住権と同時に「配偶者短期居住権」という権利も創設されています。これは、配偶者居住権と異なり相続によって当然に発生する権利で、短期間（最低６か月）居住建物に無償で居住することができます。本書のテーマに鑑みて、特に事前に家族で準備する必要がない配偶者短期居住権の解説については割愛いたします。

■配偶者居住権を利用しなかった場合と利用した場合の比較

上記の配偶者居住権の趣旨を理解するために、配偶者居住権を利用しなかった場合と利用した場合を比較してみましょう。

父が亡くなり、相続人は妻と子、遺産は自宅2,000万円と預貯金3,000万円だったという事例で考えてみます。この場合、妻の法定相続分は２分の１（2,500万円）、子の法定相続分も２分の１（2,500万円）となります。

まず、配偶者居住権を利用しなかった場合から確認してみましょう。

配偶者居住権を利用しなかった場合

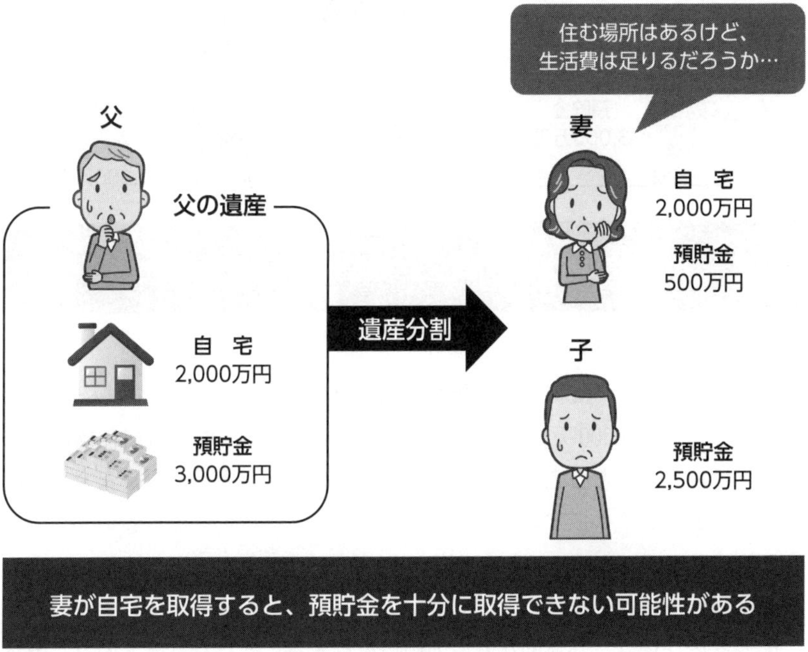

この場合、遺産分割において法定相続分を超える財産を妻が相続することについて子が同意しない場合には、妻は自宅を取得してしまうと、預貯金を500万円しか取得することができません、これでは老後資金としては心もとない金額です。

次に、配偶者居住権を利用した場合を確認してみましょう。

配偶者居住権を利用した場合

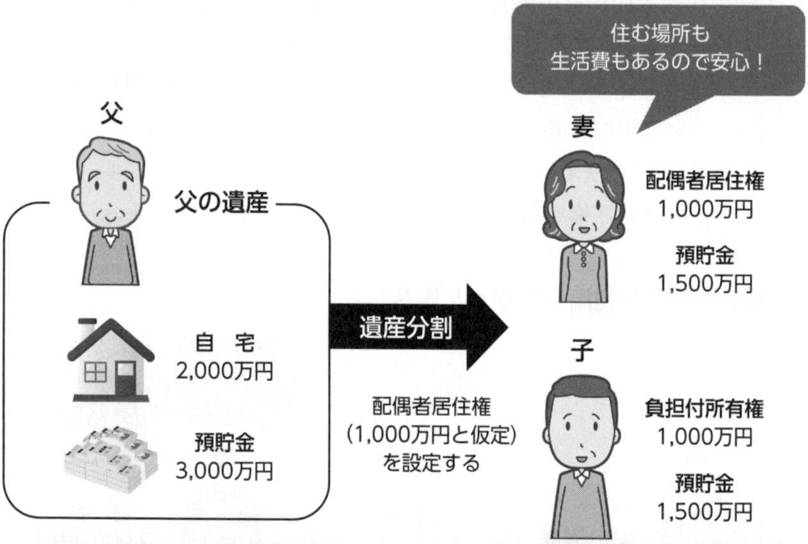

妻は自宅に住み続けながら、預貯金を十分に取得できる

遺産分割によって配偶者居住権を設定した場合、妻は配偶者居住権（1,000万円）と預貯金1,500万円を取得することができます。配偶者居住権によって、妻は住み慣れた自宅に居住し続けることができ、かつ、老後資金も確保できることになるのです。

■配偶者居住権と相続税

配偶者居住権は、具体的な財産的価値を有することになりますので、当然相続税の課税対象となります。評価方法は複雑であるため説明は省略しますが、配偶者居住権は配偶者の平均余命をベースに計算されます。つまり、年齢が高くなるにつれて配偶者居住権の価値は低下するということです。

これに対して、配偶者短期居住権は財産的価値がないと考えられているので、相続税の課税対象とはなりません。

■配偶者居住権の施行日

配偶者短期居住権及び配偶者居住権は、令和２年４月１日以降に開始する相続について利用することが可能です。

1　配偶者居住権の成立要件と権利内容

1　配偶者居住権の成立要件（民法 1028）

配偶者居住権の成立要件は民法 1028 条に規定されています。成立には下記の 3 つの要件を満たす必要があります。なお、配偶者居住権を取得した場合には、配偶者居住権の設定登記をすることで第三者に取得した配偶者居住権を主張できるようになります。登記については次項で確認します。

⑴　配偶者居住権の成立要件①

配偶者が相続開始時に遺産である居住建物に居住していたことが必要となります。

■ポイント

・配偶者とは法律婚（民法 739 ①、戸籍法 74）の配偶者に限定されます。

・「居住していた」とは、生活の本拠としていたことを意味します。したがって、老人ホームに入居していた場合、生活の本拠が老人ホームに移っていたなら、配偶者居住権は成立しないことになります。一方、一時的な入所や入院であれば配偶者居住権は成立することになります。

⑵　配偶者居住権の成立要件②

居住建物が被相続人の単独所有若しくは配偶者と共有であることが必要となります。

■ポイント

・建物が被相続人と配偶者以外の「第三者」と共有であった場合には、配偶者居住権は成立しません。配偶者居住権は建物「全部」を「無償」で利用できる権利なので、配偶者居住権が成立してしまうと、共有者の利益を不当に害するおそれがあるためです。

・建物が被相続人と配偶者の共有である場合には、配偶者居住権は成立します。この場合、共有者である配偶者には何も不利益がないからです。

■成立要件②について

(3)　配偶者居住権の成立要件③

配偶者居住権を取得させる旨の遺産分割、遺贈、死因贈与のいずれかがなされている必要があります。

■ポイント

・「遺産分割」には、協議だけでなく、調停や審判も含みます。

・遺言の場合には、「遺贈」によって取得させることを要します。いわゆる特定財産承継遺言※では、配偶者が配偶者居住権のみを放棄することができなくなる（配偶者居住権を放棄する場合には、他のすべての財産を放棄しなければならなくなる）ため、「遺贈」に限定されています。ただし、特定財産承継遺言であったとしても解釈で成立する余地はあるとされています。

※　特定財産承継遺言……遺産分割方法の指定として遺産に属する特定の財産を共同相続人の１人又は数人に承継させる旨の遺言（民法 1014 ②参照。いわゆる「相続させる旨の遺言」）

・条文上は明記されていませんが、死因贈与によっても配偶者居住権を設定が可能とされています。

2　配偶者居住権の例

遺産分割協議書例　**夫が急逝し、老後資金に不安があるケース**

Aさんの夫は先月脳梗塞で急逝しました。ようやく四十九日が終わり、夫の相続手続を進めていこうと司法書士に相談したところ、相続人がAさんだけではなく、前妻との間の子どもBさんも相続人になるとのことです。AさんとBさんの関係は決して良好ではありません。Aさんと夫との間に子どもはいません。

自分だけが相続人になるものと思っていたAさんには寝耳に水でしたが、Bさんとは「法定相続分」どおりに財産を分けることで何とか遺産分割協議を行うことになりました。

しかし、自宅の所有権をAさんが相続すると、夫の預貯金を少ししか取得できなくなってしまいます。専業主婦だったAさんはあまり貯蓄がないため、夫の預貯金をなるべく多く取得したいと考えています。

そこで、司法書士のすすめで配偶者居住権を設定することにしました。どのような遺産分割協議書を作成すればよろしいでしょうか。

遺産分割協議書

……（略）……

記

1．相続人Bは次の不動産を相続する。

所　　在　世田谷区●●
地　　番　●●
地　　目　●●
地　　積　●●平方メートル
所　　在　世田谷区●●

家屋番号　●●
種　　類　●●
構　　造　木造亜鉛メッキ鋼板葺２階建
床 面 積　１階　●●平方メートル
　　　　　２階　●●平方メートル

2．相続人Ａは相続開始時に居住していた前項の不動産につき配偶者居住権を取得し、相続人Ｂは、この設定登記を備えさせる。配偶者居住権の存続期間は相続人Ａの死亡時までとする。

……（略）……

以上のとおり協議が真正に成立したことを証するため、各自署名押印する。

令和○年○月○日

（被相続人　●●）

（住　所）
（相続人）　Ａ　㊞

（住　所）
（相続人）　Ｂ　㊞

3　解説と留意点

(1)　配偶者居住権により住まいと老後資金を確保できる

上記のＡさんの事例のように、自宅を相続してしまうと、他の財産の相続ができなくなってしまう場合には、配偶者居住権は非常に有効です。配偶者居住権を利用することで、老後の住まいと老後の資金を両方取得できることになります。

本事例では、相続発生後の遺産分割協議によって配偶者居住権を設定していますが、遺言や死因贈与契約によって設定することも可能です。なお、本事例において建物の所有者はBさんとなります。Bさんは配偶者居住権という制限がついた建物所有権を得ることになるのです。

遺言によって配偶者居住権を設定する場合の記載例は下記のとおりです。

遺言書の例

遺言書

……（略）……

記

第1条　遺言者は、下記の建物の配偶者居住権を、遺言者の妻Aに遺贈する。

所　　在　世田谷区●●
家屋番号　●●
種　　類　●●
構　　造　木造亜鉛メッキ鋼板葺2階建
床 面 積　1階　●●平方メートル
　　　　　2階　●●平方メートル

第2条　遺言者は、下記不動産を長男Bに相続させる。

所　　在　世田谷区●●
地　　番　●●
地　　目　●●
地　　積　●●平方メートル
所　　在　世田谷区●●
家屋番号　●●
種　　類　●●

構　　造　木造亜鉛メッキ鋼板葺２階建
床 面 積　１階　●●平方メートル
　　　　　２階　●●平方メートル
……（略）……

⑵　配偶者居住権の権利内容

配偶者居住権はどのような性質や効力があるのでしょうか。実務上重要となるのは次の４点です。

①　配偶者は居住建物の使用・収益ができる

配偶者居住権を有する配偶者は、居住建物の「全部」を「無償」で使用・収益することができます（民法1032①）。また、所有者の承諾を得れば、居住建物の改築若しくは増築をし、又は第三者に居住建物の使用若しくは収益をさせることができます（民法1032③）。

②　配偶者居住権は譲渡できない

上述のとおり配偶者居住権の趣旨は、「配偶者」の居住権を確保することにありますので、配偶者以外の者が配偶者居住権を得ることはできません。

したがって、配偶者居住権の第三者への譲渡は禁止されています（民法1032②）。

③　通常の必要費は配偶者が負担する

居住建物に関する通常の必要費は、配偶者が負担することになっています（民法1034①）。

したがって、建物の修繕費や固定資産税については配偶者が負担することになります。

④　存続期間がある

配偶者居住権の存続期間は、原則として「配偶者の終身の間」となっています。したがって、配偶者が死亡した場合には配偶者居住権は消滅することになります（民法1030）。

ただし、遺言や遺産分割によって、存続期間を定めることもできます（民法1030ただし書）。

⑶　配偶者居住権の利用が考えられるケース

配偶者居住権は下記のようなケースで利用が想定されます。

①　配偶者と子どもの仲が良くないケース

上記の事例のように、残された配偶者と子どもの関係が良好ではないケースでは、配偶者居住権を利用することによって配偶者の居住権と老後資金を確保することが可能となります。

②　配偶者の親族に不動産を渡したくないケース

例えば、子どもがいない夫婦の場合、居住建物を所有している夫が亡くなり、妻が居住建物を相続した場合、妻が亡き後は妻の家系（妻の兄弟姉妹など）に居住建物が承継されていくことになります。特に居住建物が先祖代々受け継いできた不動産であった場合、妻に居住してほしいけれども、妻亡き後は自分の兄弟や甥姪に引き継いでほしいというケースはよくあります。ところが、妻亡き後の承継先まで夫の遺言で決定することはできません。

このような場合、配偶者居住権が有効です。夫が亡くなった際に、妻が配偶者居住権、夫の兄弟や甥姪が所有権を取得すれば、希望を実現することができます。なお、同様の効果は家族信託（後継ぎ遺贈型信託）を利用した場合にも実現することができます。

③　相続税を節税したい場合

配偶者居住権を有する配偶者が死亡した場合、配偶者居住権は相続税の課税対象とはなりません（配偶者が配偶者居住権を取得する際は相続税の課税対象となります）。配偶者が死亡し配偶者居住権が消滅することによって、居住建物の所有者はその居住建物の使用・収益ができるようになる点で利益を得ているようにも思えますが、ここに相続税の課税関係は発生しません。

したがって、状況によっては、相続税の節税につながる場合もあります。ただし、そもそも配偶者居住権は節税を目的とするものではありません。事前に必ず税理士に相談しましょう。

⑷　配偶者居住権の消滅事由

配偶者居住権は、下記の事由が生じたときに消滅します。

①　存続期間の満了（民法 1036、597 ①）

遺産分割協議や遺言によって存続期間を定めた場合には、存続期間の満了により配偶者居住権は消滅します。なお、存続期間を延長したり、更新したりすることはできないとされています。

②　配偶者の死亡　（民法 1036、597 ③）

配偶者居住権は､配偶者の居住権を確保することを目的としていますので､配偶者が死亡したときに消滅することになります。

③　居住建物の全部滅失等（民法 1036、616 の 2）

居住建物の全部が滅失その他の事由により使用及び収益ができなくなった場合には、配偶者居住権は消滅します。

④　配偶者による居住建物の所有権の取得（民法 1028 ②）

配偶者が居住建物の所有権を取得した場合、混同によって配偶者居住権は消滅します。ただし、居住建物を他の者と共有している場合にはこの限りではありません。

⑤　配偶者・所有者間の消滅の合意

配偶者と所有者の合意によって、配偶者居住権を消滅させる旨の合意をしたときは、配偶者居住権は消滅します。

⑥　居住建物の所有者による消滅請求（民法 1032 ④）

配偶者が善管注意義務や用法遵守義務に違反した場合や無断で第三者に使用収益させた場合などにおいて、相当の期間を定めてその是正の催告をし、その期間内に是正がなされないときは、居住建物の所有者は、配偶者に対する意思表示によって配偶者居住権を消滅させることができます。

税務のポイント

こちらでは、配偶者居住権の税務上の評価方法について概要のみ解説します。遺産分割協議では、各相続人が納得した評価方法であればどの評価方法を採用しても問題ありませんが、相続税申告においては相続税法で定められた評価方法を採用する必要があります。配偶者居住権は建物を使用する権利になりますので､必然的にその敷地も利用することになります。結果として､配偶者居住権を取得すると、配偶者居住権に基づく居住家屋の敷地利用権も同時に取得することになります。そのため、建物のうち配偶者居住権と土地のうち敷地利用権を配偶者が相続し、建物と土地の残りを他の相続人（長男など）が相続することになります。イメージは以下のとおりです。

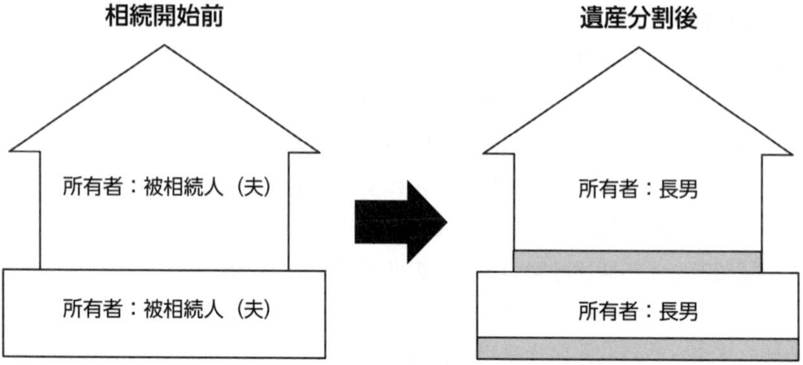

※　　　部分は、配偶者居住権又は敷地利用権の評価をする部分のイメージです。

（出典）国税庁 HP タックスアンサーNo. 4666 より

配偶者居住権の評価方法は、それ自体をダイレクトに評価するものではなく、「建物の相続税評価額」から「配偶者居住権が設定された場合の建物所有権の金額」を控除して計算します。

$$\text{居住建物の相続税評価額} - \text{居住建物の相続税評価額} \times \frac{\text{耐用年数} - \text{経過年数} - \text{存続年数}}{\text{耐用年数} - \text{経過年数}} \times \text{存続年数に応じた法定利率による複利現価率}$$

（出典）国税庁 HP タックスアンサーNo. 4666 より一部改変

各種計算要素が入るため計算が複雑に見えますが、定型の金額を当てはめて計算することになります。

また、配偶者居住権の金額算定後に、配偶者以外の他の相続人が相続する居住建物の評価額を算出しますが、居住建物の相続税評価額から配偶者居住権の価額を控除して計算することになります。

次に、土地のうち配偶者が相続する敷地利用権の評価方法は、「土地の相続税評価額」から「配偶者居住権が設定された場合の土地所有権の金額（土地の相続税評価額に存続年数に応じた複利現価率を掛けた額）」を控除して計算します。

居住建物の敷地の用に供される土地の相続税評価額	−	居住建物の敷地の用に供される土地の相続税評価額	×	存続年数に応じた法定利率による複利現価率

（出典）国税庁 HP タックスアンサー№ 4666 より一部改変

そして、敷地利用権の金額算定後に、配偶者以外の他の相続人が相続する居住建物の敷地の用に供される土地の評価額を算定しますが、「居住建物の敷地の用に供される土地の相続税評価額」から「敷地利用権」を控除して計算することになります。

ここでは、あくまでイメージのみもっていただければ十分です（詳細は国税庁 HP を参照してください）。

2　配偶者居住権の登記

1　配偶者居住権の登記とは

前項で確認したように、配偶者は、遺産分割、遺言、死因贈与によって配偶者居住権を取得することが可能です。遺産分割協議書や遺言書、死因贈与契約書に配偶者が配偶者居住権を取得するという内容が記載されていれば、特に何もしなくて法律上は配偶者居住権が付与されることになります。

しかし、配偶者居住権という権利を「第三者」に対抗するためには、配偶者居住権の「登記」が必要となります。配偶者居住権が登記されていなければ、せっかく取得した配偶者居住権を第三者に自分のものだと主張できないということになります。

例えば、前項の例において、A さんは、配偶者居住権を建物所有者となるB さんに対抗（主張）することは可能です。ところが、A さんが配偶者居住権の登記をしないまま、B さんが建物を第三者に譲渡し所有権移転登記がなされてしまった場合には、A さんは建物の譲受人に配偶者居住権を対抗（主張）することができません。A さんはただ居住建物に住んでいるだけでは、配偶者居住権を第三者に主張することができないのです。

したがって、配偶者居住権を取得した配偶者は、せっかく手にした権利を守るために（第三者に対抗するために）速やかに配偶者居住権の登記を申請することが必要となります。

2　配偶者居住権の設定登記

配偶者居住権を取得した際は、配偶者居住権の設定登記を行います。居住建物の所有者は、配偶者に対し、配偶者居住権の設定登記を備えさせる義務を負っています（民法 1031 ①）。したがって、配偶者居住権を取得した配偶者は、居住建物の所有者に対し、配偶者居住権の設定登記を行うことを請求できることになります。

配偶者居住権の設定登記は、配偶者居住権を取得した配偶者（登記権利者）

と建物の所有者(登記義務者)が共同して申請するのが原則となっています。遺言で配偶者居住権が設定された場合で、遺言執行者の定めがあるときは、遺言執行者が登記義務者となります。ただし、遺産分割調停や審判によって配偶者居住権が認められた場合には、配偶者が単独で申請することも可能です。

また、配偶者居住権の設定登記には、居住建物の固定資産税評価額に1000分の2を乗じた金額の登録免許税が課されることになります。

なお、配偶者居住権の設定登記の前に、居住建物の所有権移転登記が必ずなされている必要があります。実務上は、居住建物の所有者移転登記と配偶者居住権の設定登記を同時に連件で申請することが多いでしょう。

参考として、遺産分割によって配偶者居住権の設定する場合の登記申請書例をあげておきます。

配偶者居住権の設定登記の登記申請書例

登　記　申　請　書

登記の目的　配偶者居住権設定

原　　　因　令和●年●月●日遺産分割

存 続 期 間　令和●年●月●日から配偶者居住権者の死亡時まで

権　利　者　●●●

義　務　者　●●●

添 付 情 報

　登記識別情報　登記原因証明情報

　印鑑証明書　代理権限証明情報

登記識別情報を提供することができない理由

　□不通知　□失効　□失念　□管理支障　□取引円滑障害

　□その他（　　　　）

□登記識別情報の通知を希望しません。

令和●年●月●日申請　●●●法　務　局　●●●支　局

代　理　人　　●●●
　連絡先の電話番号●●●
課税価格　　金●●●円
登録免許税　　金●●●円
不動産の表示
　不動産番号　　1234567890123
　所　　　在　　○○市○○町○丁目○○番地
　家屋番号　　○番
　種　　　類　　居宅
　構　　　造　　木造かわらぶき２階建
　床　面　積　　１階　43・00平方メートル
　　　　　　　　２階　21・34平方メートル

3　配偶者居住権の抹消登記

配偶者居住権が消滅した場合には、配偶者居住権の抹消登記を申請することになります。

配偶者の死亡によって配偶者居住権が消滅した場合には、居住建物の所有者が単独で配偶者居住権の登記の抹消登記手続を申請することができます。

これに対して、配偶者の死亡以外の事由によって配偶者居住権が消滅した場合には、居住建物の所有者（登記権利者）と配偶者（登記義務者）が共同で配偶者居住権の登記の抹消登記を申請します。

配偶者居住権の登記の抹消の登録免許税は，建物１個につき1,000円です。

参考として、配偶者の死亡によって配偶者居住権の登記を抹消する場合の登記申請書例をあげておきます。

登記申請書

登記の目的　　配偶者居住権抹消
原　　　　因　　令和●年●月●日死亡による消滅
権利者（申請人）　●●●
配偶者居住権者　　●●●
添付情報
　登記原因証明情報　　代理権限証明情報

令和●年●月●●日申請　●● 法務局●●支局

代理人　　●●●
　連絡先の電話番号●●●
登録免許税　　金 1,000 円
不動産の表示
　不動産番号　　1234567890123
　所　　　在　　〇〇市〇〇町〇丁目〇〇番地
　家屋番号　　〇番
　種　　　類　　居宅
　構　　　造　　木造かわらぶき 2 階建
　床　面　積　　1 階　43・00 平方メートル
　　　　　　　　2 階　21・34 平方メートル

税務のポイント　**相続税を節税したい場合**

配偶者居住権を活用することで、結果として相続税を節税できる場合があります。本項でも解説のあったように、配偶者居住権を有する配偶者が死亡した場合、配偶者居住権は消滅し、居住建物の所有者は完全所有権になったとしても相続税の課税はありません。つまり、一次相続において自宅及びその敷地（例えば、1 億円）のうち、配偶者が取得する配偶者居住権及び敷地利用権（例えば、合計 4,000 万円）を控除した土地建物の所有権のみ（6,000 万円のみ）を第一順位相続人（長男など）が相続するため、二次相続発生時に配偶者居住権（敷地利用権を含みます）が消滅し、土地建物が完全所有権となります。そのため、第一順位相続人（長男など）は、消滅する配偶者居住権（敷地利用権を含みます）の分だけ相続税負担が生じないことになるのです。

ただし、配偶者居住権を活用すれば必ずしも節税になるわけではありません。例えば、居住建物及びその敷地を相続する長男に持ち家がない場合には、事情が変わります。それは持ち家がない場合には、二次相続において小規模宅地等の特例を適用できる可能性が残っており、一次相続で配偶者が配偶者居住権を相続しないほうがよい場合も存在します。また、配偶者自身の保有財産の割合によっても有利不利の判定が変わることがあります。したがって、配偶者居住権を節税で検討する際には税理士に相談のうえ慎重に判断してください。

また、自宅を売却して老人ホームに入ることを想定する場合や、自宅の取壊しや建替えなどを予定している場合は、配偶者居住権の設定がかえって税負担が重くなる結果を招きます。なぜならば、配偶者の死亡ではない理由で配偶者居住権を消滅させた場合、居住建物の所有者に贈与税が課税されてしまうためです。

以上より、配偶者居住権の設定には、節税の観点のみならず、さまざまな可能性を考慮のうえ決定することが求められます。

第９章

おひとりさま用の契約

はじめに

■"おひとりさま"とは

"おひとりさま"とは、配偶者や親族との死別・離別などにより同居する人がいない人を表す言葉として用いられています。明確な定義があるわけではありませんが、相続人や親族が誰もいない文字どおり"おひとりさま"の人だけではなく、何らかの理由でこれらの人と縁遠くなり連絡が取れない状態の人も含むことが多いようです。

2019 年の国民生活基礎調査によると、65 歳以上の者のいる世帯は 2,558 万 4,000 世帯(全世帯の 49.4%)となっています。このうち「夫婦のみの世帯」が 827 万世帯（65 歳以上の者のいる世帯の 32.3%）で最も多く、次いで「単独世帯」が 736 万 9,000 世帯（同 28.8%)、「親と未婚の子のみの世帯」が 511 万 8,000 世帯（同 20.0%）となっています。実に高齢世帯の約 4 世帯に 1 世帯が"おひとりさま"ということになります。

■65 歳以上の者のいる世帯の世帯構造の年次推移

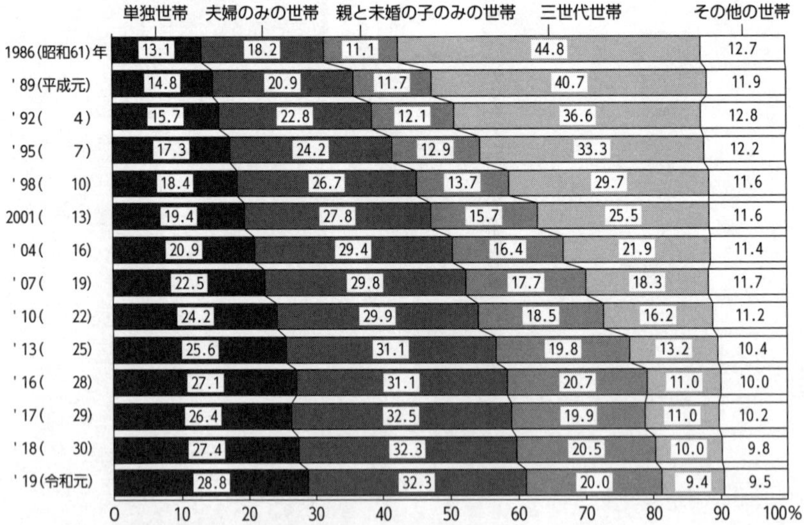

注：1）1995(平成７)年の数値は、兵庫県を除いたものである。
2）2016(平成28)年の数値は、熊本県を除いたものである。
3)「親と未婚の子のみの世帯」とは、「夫婦と未婚の子のみの世帯」及び「ひとり親と未婚の子のみの世帯」をいう。

（出典）2019 年国民生活基礎調査より抜粋

■“おひとりさま”増加の要因

なぜ、おひとりさまは増加しているのでしょうか。要因は３つ考えられます。

要因①：生涯未婚率の上昇

生涯未婚率とは、50歳の時点において１度も結婚したことがない人の割合をいいます。50歳が基準となっている理由は、50歳になると女性が妊娠する可能性が低くなるからです。「国立社会保障・人口問題研究所　人口統計資料集2019年版」によれば、2015年の生涯未婚率は、男性が23.37％、女性が14.06％となっています。生涯未婚率は、今後も上昇していくと予想されています。

結婚をしないということは、子どもを持つ可能性はかなり低くなりますので、おひとりさまの増加につながっていくことになります。

要因②：出生率の低下

出生率の低下もおひとりさま増加の要因となります。出生率の低下の要因としては、上記で述べた生涯未婚率の上昇と晩婚化の進展が考えられます。

要因③：核家族化

核家族とは、夫婦のみ、夫婦と未婚の子のみ、又はひとり親と未婚の子のみの世帯で構成されている家族をいいます。核家族化が進展した理由として、都市部への人口集中やライフスタイルの変化が挙げられます。

■おひとりさまは生前の準備が重要

高齢期に差し掛かってくると、誰でも他人からさまざまな支援を受ける可能性が高くなってきます。近くに支援してくれる家族がいれば安心ですが、おひとりさまの場合はそうはいきません。事前に信頼できる第三者に支援をお願いしておくなどの準備が大切となってきます。支援をお願いする先としては、士業（弁護士、司法書士、行政書士など）、民間の支援団体、知人などが挙げられます。

事前準備に当たって、次のようなポイントがあります。

ポイント①：財産の管理

病気や事故などによって自分では金銭や不動産などの財産の管理ができなくなってしまった場合に備えて、元気なうちに第三者に財産管理をお願いできる体制を整えておくと安心です。

ポイント②：身上監護

病院の入退院の手続や高齢者施設の入退所手続などの身上監護に関する事務を第三者にお願いできるようにしておくことも大切です。

ポイント③：亡くなった後の手続

自分が亡くなった後の手続を第三者にお願いしておくことも重要です。

亡くなった後の手続には、大きく分けて2つあります。

まず、相続の手続があります。これは、亡くなった後に自分の財産を承継させる手続です。事前に誰に引き継がせるのか、そして、その手続を誰にお願いするのかを決めておきます。

次に、死後の事務手続があります。これは、葬儀、納骨、役所の手続、入院費などの各種支払など死後に発生するさまざまな事務手続をいいます。通常、これらは家族が行うことになりますが、おひとりさまの場合にはあらかじめ第三者に依頼をしておくと安心です。

1　おひとりさま対策の全体像

【おひとりさま対策の全体像】

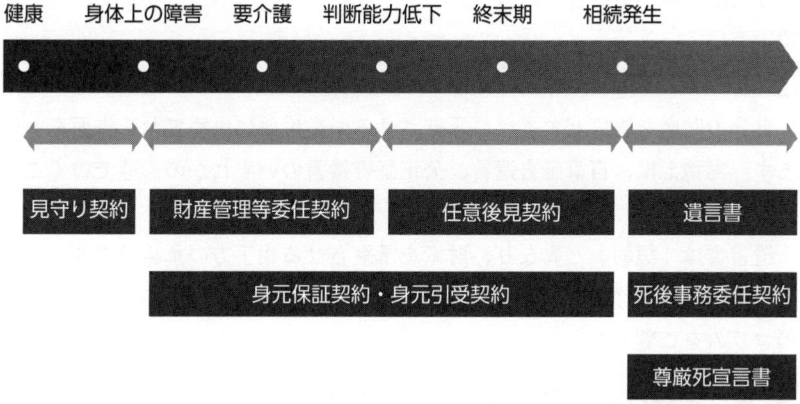

おひとりさまの対策には、次の７つがあります。すべてを準備しておくと対策として万全といえますが、必ず７つを行わなければならないというわけではありません。それぞれ特徴や機能が異なりますので、自分のライフプランや環境に応じて組み合わせて利用していくことになります。

1　見守り契約

身近に頼れる親族がいない場合に、第三者に定期連絡や定期訪問をお願いすることで健康状態や生活状況に変わりがないか確認してもらう契約をいいます。財産管理等委任契約書や任意後見契約と同時に締結することが多いです。

2　財産管理等委任契約

判断能力に問題はないが、身体的な衰え・傷病等により自ら財産管理や日常の事務などを行うことが困難となった場合に備えて、事前に第三者にこれらをお願いしておく契約をいいます。詳細は168ページをご覧ください。

3　任意後見契約

将来認知症などで自分の判断能力が低下した場合に備えて、元気なうちに自分で自分の後見人を選んでおく契約をいいます。おひとりさまの対策では見守り契約や財産管理等委任契約とセットで契約するケースが多いです。詳細は151ページをご覧ください。

4　遺言書

自分の財産を誰にどのように承継させるかを生前に決めておく書面をいいます。実務上は、自筆証書遺言、公正証書遺言のいずれかの形態で書くことが多いです。

遺言書は「契約」と異なり、財産を承継させる相手方の承諾は不要です。遺言者が単独で作成が可能です。遺言書と契約の違いについては255ページのコラムをご覧ください。

5　身元保証契約・身元引受契約

病院への入院や高齢者施設への入所の際に必要となる、「身元保証人」や「身元引受人」を事前に第三者にお願いしておく契約をいいます。なお、実務上は身元保証と身元引受という言葉に明確な区別はありません。同じ意味と考えて差し支えありません。

6　死後事務委任契約

死後の医療費・施設利用料等の支払い、葬儀、埋葬、法要などの死後の手続を第三者に依頼しておく契約です。おひとりさまの対策では、見守り契約、財産管理等委任契約、任意後見契約の３つをセットで契約するケースが多いです。

7　尊厳死宣言書

回復の見込みのない末期状態になった場合に備えて、延命治療を控え又は中止し、人間としての尊厳を保ちつつ死を迎えることを宣言しておく書面です。詳細は356ページのコラムをご覧ください。

本章では、上記のうち「見守り契約」、「身元保証契約・身元引受契約」、「死後事務委任契約」について解説します。

2　見守り契約

1　見守り契約とは

⑴　見守り契約の意義

見守り契約とは、身近に頼れる親族がいない場合に、第三者に定期連絡や定期訪問をお願いすることで、健康状態や生活状況に変わりがないか確認してもらう契約をいいます。

見守り契約によって依頼を受けた第三者は、定期的に本人と電話などで連絡を取り、訪問をして定期面談を行います。その中で、本人の健康状態の変化や判断能力の低下を把握するように努めます。訪問面談（3か月に1回程度）と電話連絡（毎月1回程度）を組み合わせるのが一般的です。

これによって、その後の財産管理等委任契約や任意後見制度へスムーズに移行することが可能となります。最近では、民間企業が提供する見守りサービスと併用することで、より確実でリアルタイムの見守り体制を構築することができるようになっています。

⑵　見守り契約を始めるには

まず、見守りをお願いする第三者と、見守り契約の内容について打合せをします。具体的には、見守りの頻度（1か月に1回、2か月に1回など）、見守りの方法（電話、メール、面談など）、見守りの報酬（1か月1万円など）を決定していきます。例えば、1か月に1回は安否確認のために電話連絡を実施し、3か月に1回は直接の面談を実施するなど、ご本人の希望や環境に応じて内容を決定することになります。

直接面談をする機会を増やすことによって、本人の近況をより早く把握することができますが、その分、報酬が高額になります。

契約内容が決定したら、本人と第三者が見守り契約を締結することによって見守りがスタートします。

おひとりさま対策では、生前から死後に至るサポートを一貫して第三者に任せておけるように、見守り契約、財産管理等委任契約、任意後見契約、身元保証契約、遺言書などをセットで士業などの第三者に依頼するケースが多いです。

したがって、契約書の作成は依頼する専門家が作成することが多いでしょう。

2　見守り契約の例

契約書例　**おひとりさま対策を始めたい**

次の誕生日で75歳となるAさんは、昨年夫が急逝し1人暮らしをしています。特に健康状態に問題はないAさんですが、さすがに最近は衰えを感じることも増えてきたようです。

子どもがいないAさんは自分で財産の管理や手続ができなくなってしまった場合に備えて、できることは準備をしておこうと考えています。Aさんには、兄が1人いますがすでに他界しています。兄の子どもたちとは疎遠で何十年も話をしていません。

そこで、子どもがいないAさんは自分が病気などになったときに備えて、夫の相続手続を依頼したB（司法書士法人）に相談することにしました。

どのような契約を締結すればよいでしょうか？

見守り契約書

第１条（契約の目的及び発効）

Ａ及びＢは、定期的な連絡及び面談により相互の意思疎通を確保することにより、ＢがＡの生活状況及び健康状態を把握することを目的として見守り契約（以下「本見守り契約」という。）を締結する。

第２条（連　絡）

Ａは、Ｂに対し、毎月末日に電話連絡をするものとする。ただし、

Ａからの連絡がない場合、Ｂは、速やかにＡに対し電話連絡をする。

第３条（訪　問）

Ｂは、３か月に１回Ａの生活の本拠地を訪問して、Ａの生活状況や健康状態を把握するためにＡと面談する。

第４条（見守り義務）

Ｂは、連絡と面談を通じて、Ａの精神状態に十分配慮し、家庭裁判所に対して任意後見監督人選任の請求をなすべきか否かを常に考慮し、判断しなければならない。

第５条（報酬等）

Ａは、Ｂに対し、本見守り契約の基本報酬として、毎月金●万円（消費税別）を支払う。

第６条（契約の解除）

Ａは、いつでも本見守り契約を解除することができる。

２　Ｂは、正当な事由がある場合に限り、本見守り契約を解除することができる。

第７条（契約の終了）

本見守り契約は、次の事由により終了する。

(1)　ＡとＢが別途締結した財産管理等委任契約が効力を生じたとき

(2)　Ａが死亡したとき

(3)　Ｂが解散したとき

(4)　Ａ又はＢが破産手続開始の決定を受けたとき

(5)　Ａが後見開始、保佐開始又は補助開始の審判を受けたとき

(6)　AB間の任意後見契約が解除されたとき

(7)　任意後見監督人選任の審判が確定したとき

第８条（規定外事項）

本見守り契約に定めのない事項及び疑義のある事項については、AB協議の上これを定める。

令和〇年〇月〇日

委任者（A）

住　　所

氏　　名		㊞
受任者（B）		
事 務 所		
名　　称	司法書士法人	
	代表社員	㊞

3　解説と留意点

(1)　見守り契約だけを締結することはあまりない

おひとりさまの対策として、見守り契約は、財産管理等委任契約、任意後見契約、死後事務委任契約、遺言書などとセットで締結されることが一般的です。

見守り契約の主な役割は、財産管理等委任契約や任意後見契約への移行のタイミングを計ることと、今後さまざまな手続をお願いする受任者との信頼関係を築いていくことにあります。

したがって、財産管理等委任契約や任意後見契約が開始した際には、見守り契約は終了することになります。

Aさんのケースでも、見守り契約だけを単体で締結しても今後の対策としては十分ではありません。同時に他の契約も締結したほうがよいでしょう。見守り契約によって、Aさんの生活状況及び健康状態に変化が生じたときは、速やかに次の契約に移行し、さらなるBの支援を受けることが可能となります。

(2)　見守り契約の留意点

見守り契約の締結に当たっては、次のような留意点が挙げられます。

①　リアルタイムの見守りはできない

見守り契約では、訪問面談（3か月に1回程度）と電話連絡（毎月1回程度）などで見守り（安否確認）を行うことが一般的です。本人の容態に急な変化があった場合には、すぐに気付くことは難しいでしょう。リアルタイムで本人の安否確認を行うには限界があります。

したがって、見守り契約と行政や民間企業が提供する見守りサービスを併用する方法がおすすめです。これによって、よりリアルタイムに近い見守り体制を構築することが可能となります。

② 誰に依頼するかを慎重に検討する

上述のように、見守り契約は、財産管理等委任契約や任意後見制度などとセットで締結することが一般的です。つまり、「見守り」をお願いするだけではなく、病気になった場合や認知症などによって判断能力が低下した場合の財産管理や死後の手続を依頼することにもなるのです。

よって、見守りを依頼する第三者は慎重に検討する必要があります。個人に依頼するのであれば年齢が若い人が望ましいでしょう。また、法人であれば経営が安定し、運営体制が充実している法人を選ぶべきでしょう。

③ 継続的に費用がかかる

見守り契約を締結した場合には、契約が存続している間は見守りを依頼する第三者に報酬を支払うことが一般的です。

報酬の金額は、法律で決まっているわけではありませんが、月額5,000円～1万円程度が相場といえるでしょう。報酬は、主に訪問面談や電話連絡の回数によって変わってきますので、年齢や生活状況に併せて面談や連絡の回数を決定しましょう。

3 身元保証契約（身元引受契約）

1 身元保証契約（身元引受契約）とは

(1) 身元保証契約（身元引受契約）の意義

身元保証契約（身元引受契約）とは、病院への入院や高齢者施設への入所の際などに求められる「身元保証人」や「身元引受人」を第三者にお願いする契約をいいます。これらは通常は親族がなりますが、おひとりさまの場合には事前に第三者にお願いをしておくケースが増えています。

身元保証人や身元引受人には法律上明確な定義があるわけではありません。また、両者は特に内容を区別して用いられているわけではありません。

一般的に、身元保証人（身元引受人）は次のような役割が求められています（消費者委員会「身元保証等高齢者サポート事業に関する消費者問題についての建議」2017 年 1 月 31 日）。

・入院費・施設等利用料の支払い
・債務（入院費・施設等利用料、損害賠償等）の保証
・本人生存中の退院・退所の際の居室等の明渡しや原状回復義務の履行
・緊急の連絡先
・本人の身柄の引取り
・入院計画書やケアプラン等の同意
・医療行為（手術・予防接種等）の同意
・遺体・遺品の引取り・葬儀　等

今後、身元保証契約（身元引受契約）を締結し第三者に身元保証人（身元引受人）を依頼するケースはますます増えていくことでしょう。

⑵　身元保証人（身元引受人）は必ずいないといけないのか

上記の消費者委員会の建議によれば、「病院・介護保険施設の入院・入所に際し、身元保証人等がいないことが入院・入所を拒否する正当な理由には該当しない」とされています。身元保証人（身元引受人）が必ずいないといけないというわけではないのです。

ところが、実態は異なります。

「病院・施設等における身元保証等に関する実態調査 報告書」（公益社団法人成年後見センター・リーガルサポート、平成26年10月）によれば、契約書や利用約款等で身元保証人（身元引受人）を求めている病院は95.9%、施設等は91.3%に上ります。また、身元保証人（身元引受人）がいない場合に入院、入所を認めないとしたものは、病院で22.6%、施設等で30.7%に上ります。

このように、法律上必ず必要というわけではありませんが、ほとんどの病院や施設等で身元保証人（身元引受人）が求められているという現実があります。

したがって、特におひとりさまの場合には、前もって第三者に身元保証人（身元引受人）を頼んでおくケースが増えています。

⑶　身元保証契約（身元引受契約）を始めるには

身元保証契約（身元引受契約）を開始するには、身元保証（身元引受）サービスを提供する団体（公益法人、ＮＰＯ法人、社会福祉協議会など）や士業（弁護士、司法書士、行政書士など）に依頼する必要があります。

身元保証契約（身元引受契約）だけを単独で締結することはなく、通常は見守り契約、財産管理等委任契約、任意後見契約、遺言書、死後事務委任契約などとセットで締結することがほとんどです。

2　身元保証契約（身元引受契約）の具体例

契約書例　**施設に移りたいが身元保証人が見つからない**

Aさん（80歳）が住むマンションでは、最近別の階に住む独居の高齢者が孤独死しているのが見つかったそうです。

それ以来、Aさんは一人暮らしを続けていくことが急に不安になり、高齢者施設への入居を検討しています。

ところが、先日相談に行った施設紹介会社から「身元保証人がいないと施設には入れない」ということを聞きました。Aさんは独身で子どももおらず、親族の中から身元保証人を見つけることはできません。

そこで、身元保証サービスを提供しているB（一般社団法人）に申込みをしようと考えています。

どのような契約を締結することになるのでしょうか？

身元保証契約書

Aは高齢者福祉施設等への入居申込をするための身元保証及び身元引受をBに委託するについて、次の各条項を確約する。

第1条（保証の委託）

Aは、下記施設（以下「福祉施設等」又は単に「施設」という）と入居契約を締結するに当たり、Bに身元保証を委託する。

2　前項の身元保証はBと福祉施設等との間の取決めに基づいて行われるものとする。

【入居施設の表示】

住　所：

施設名：

3　Bが受託する身元保証の業務は、次のとおりとする。

(1)　福祉施設等との契約の身元保証人欄に記名・押印し、Aの身元保証人への就任

(2)　福祉施設等に対するAの不履行債務の支払保証

(3)　亡くなられての退去の場合の、遺体及び遺留金品の引受け、その他必要事項の実施（Aとの間で「死後事務委任契約」が締結されている場合は、同契約による。）

第2条（保証料等）

Aが前条第1項の委託により入居するときは、金○○円を信用保証料としてBに支払う。

2　前項により支払いをした信用保証料は、返戻を求めない。

3　委託者が入居費用等の支払いを怠ったときは、その延滞額に対し、延滞期間（この場合の延滞期間は、期限の利益の喪失に関わらず、福祉施設等の所定の支払期日の翌日を始期とする期間とする）に応じ、年14パーセントの割合をもって計算された額を延滞保証料としてBに支払う。この場合の計算方法は、年365日の日割計算とする。

4　Aのために1か月の間で、定期的・定型的な対応以外の対応をした場合には、別紙記載の金額を、緊急対応手数料として、毎月末日締め、翌月末日限り支払うものとする。

5　Aが意思能力を喪失している場合などにおいて、施設関係者が必要と判断し、Aへの緊急対応をBに依頼した場合には、施設依頼緊急対応手数料として支払うものとする。なお、Aは、施設関係者の上記判断を是認し、その支払いを承諾する。また金額及び支払方法は、緊急対応手数料の例による。

第3条（求償権の事前行使）

Aについて、次の各号の事由が一つでも生じたときは、Bは求償権を行使することができるものとする。

(1)　仮差押、強制執行若しくは担保権の実行としての競売の申立を受けたとき、仮登記担保権の実行通知が到達したとき、破産、民事再生、和議開始の申立てがあったとき

(2)　公租公課につき差押又は保全差押を受けたとき

(3)　手形交換所の取引停止処分を受けたとき

(4)　借入金債務の一部でも履行を遅滞したとき

(5)　住所変更の届出を怠るなどAの責めに帰すべき事由によって、BにAの所在が不明となったとき

(6)　前各号のほか求償権の保全を必要とする相当な事由が生じたとき

2　Bが前項により求償権を行使する場合には、民法第461条に基づく抗弁権を主張しない。

第4条（代位弁済）

Aが福祉施設等の入居費用等の支払いを遅滞したため、Bが福祉施設等から保証債務の履行を求められたときは、Aに対して、通知・催告をしなくても支払いができるものとする。

2　Bの前項の支払いによって福祉施設等に代位する権利の行使に関しては、Aが福祉施設等との間に締結した契約のほか、この契約の各条項が適用されるものとする。

第5条（求償権の範囲）

Bが前条第1項の支払いをしたときは、Aは、Bに対して、その支払額及びこれに対する支払いの日の翌日以後の年14パーセントの割合による損害金ならびに避けることのできなかった費用その他の損害を償還する。この場合の損害金の計算方法は、年365日の日割計算とする。

第6条（弁済の充当順序）

Aの弁済した金額が、Bに対する本契約から生じる償還債務、信用保証料債務、延滞保証料債務、その他債務（以下「本契約から生じる債務」という。）の全額を消滅させるに足りないときは、Bが適当と認める順序・方法により、充当することができるものとする。

2　Aが、本契約から生じる債務及び本契約以外の信用保証委託契約から生じる債務をBに負担している場合に、Bの弁済した金額が、Bに対するこれらの債務の全額を消滅させるに足りないときは、Bが適当と認める順序・方法により、充当することができるものとする。

第7条（調査及び報告）

Aの氏名、住所等の事項について変更があったときは、ただちに届出をし、Bの指示に従う。

2　財産等についてＢから請求があったときは、ただちに報告し、またＢに対し調査に必要な便益を提供する。

3　前項の事項に重大な変動が生じたとき、又は生じるおそれのあるときは、ただちにＢに報告し、その指示に従う。

4　Ａの財産の調査についてＢが必要とするときは、ＢをＡの代理人として、市区町村の固定資産税台帳等の公簿を閲覧することを委任する。

第８条（費用の負担）

Ｂが第４条第１項の支払いによって取得した権利の保全若しくは行使に要した費用及びこの契約から生じた一切の費用は、Ａの負担とし、Ｂの請求によりただちにＢに償還する。

第９条（契約の始期・終了）

身元引受は、Ａが信用保証料（第２条第１項）を支払った日の翌日から開始される。

2　本契約は、次の場合に終了し、身元保証もその時点で終了する。

(1)　Ａが、福祉施設等を生前退去（強制退去を含む。）した場合
施設退去に際しての必要手続の終了時に終了する。

(2)　Ａが、福祉施設等を亡くなられて退去する場合
施設退去に際しての必要手続の終了時に終了する。

(3)　本契約が解除された場合
解除された時点で終了する。

(4)　Ｂが、破産、民事再生等経済的に破綻した場合
破綻した時点で終了する。

3　前項により本契約が終了した場合（ただし、(4)の場合を除く。）、第２条第２項により信用保証料は清算・返還されない。

第１０条（求償権の責任財産の確保）

Ａは、Ｂの求償権の引当てとなる責任財産の確保のため、次の事項を承諾するとともに、身元引受期間中に、資産・収入に変化（資産・収入の減少など）がある場合、Ｂの求償権保全の内容が変更され得ることも承諾する。

(1)　Ｂが定時及び随時に、Ａの資産・収入状況を確認（預貯金通帳原本の提示を受けるなどを含むが、これに限らない）すること。

(2)　Aが資産を譲渡、廃棄し、又は収入を減少させる場合、事前にBの書面による同意を得ること。

(3)　Bが、Aの預貯金、有価証券、不動産などの資産につき、適宜担保（質権、抵当権の設定、財産管理信託契約の締結などを含むが、これに限らない）を取得すること。

2　Aが前項に違反した場合、Bは、Aに対し、違反の解消を催告し、なお解消されない場合、AB間の信頼関係が失われたものとして、本契約を解除することができる。

3　前項により本契約が解除された場合は、本契約は終了し、第2条第2項により信用保証料は清算・返還されない。

第11条（管轄裁判所の合意）

この契約に関する訴訟・和解及び調停については、Bの本店所在地の裁判所を管轄裁判所とすることに同意する。

令和○年○月○日

委任者（A）
住　　所
氏　　名　　　　　　　　　　　　　㊞

受任者（B）
事 務 所
名　　称　一般社団法人○○
　　　　　代表社員　○○　　　　　㊞

3　解説と留意点

上述のように、身元保証（身元引受）契約を締結するには、専門の団体や士業に依頼することになります。

したがって、団体や士業が契約書を作成しますので、自ら身元保証（身元引受）に関する契約書を作成することはないでしょう。団体や士業が契約書を作成することが一般的です。

身元保証（身元引受）サービスの利用や契約の締結に当たっては、下記のような留意点があります。

①　成年後見人が身元保証人（身元引受人）になることは適切でない

成年後見人が身元保証人（身元引受人）を兼ねることは適切でないとされています。これは、例えば、成年後見人が身元保証人として本人の債務を弁済した場合、成年後見人が本人に対して求償権を持つ（返済を請求できる）ことになり、請求する人（身元保証人）と支払いを行う人（成年後見人）が同一人物となり、利益相反の関係が発生するためです。

②　成年後見人がいれば入院・入所に応じる病院・施設もある

病院や施設によっては、成年後見人が本人についていれば、別途身元保証人（身元引受人）を要求されないケースもあります。身元保証人（身元引受人）に求められている役割の一部は、成年後見人によっても対応が可能だからです。事前に病院や施設に身元保証人（身元引受人）の要否を確認しておくことをおすすめします。

③　依頼先の選定は慎重に行う必要がある

身元保証（身元引受）のサービスについては、現状特に監督官庁がありません。

よって、運営面や財政面で問題点を抱える団体があるのが実態です。実際、平成28年には身元保証サービスを提供する公益法人が経営破綻し、預託金が返還されず、サービスも受けられないという事態が発生しています。

また、料金体系やサービス内容も団体によってさまざまです。預託金の管理方法も団体によって異なります。

依頼先の選定に当たっては、必ず複数の団体を比較検討し、細心の注意を払いましょう。

4　死後事務委任契約

1　死後事務委任契約とは

⑴　死後事務委任契約の意義

死後事務委任契約とは、死後の医療費・施設利用料等の支払い、葬儀、埋葬、法要などの死後の事務を第三者に依頼しておく契約をいいます。通常、死後事務は家族が行うことになりますが、おひとりさまの場合、死後事務を頼める親族がいないことが多いです。

そのため、事前に信頼できる第三者と死後事務委任契約を締結しておき、自分の希望どおりの死後事務が行われるようにしておくと安心です。

⑵　遺言書との違い

遺言書は、自分の財産を誰にどのように承継させるかを生前に決めておく書面です。おひとりさまの遺言書では、遺言執行者（遺言書に記した内容を実現させる手続をする者）を指定しておくのが一般的です。

しかし、遺言書によって対応できるのは、「財産を誰に渡すか」という財産の承継の部分であり、葬儀、埋葬などの死後事務を遂行する権限は、遺言執行者には認められていません。そのため、おひとりさまの場合、遺言書とは別に死後事務委任契約を準備しておくとよいでしょう。

⑶　どのような死後事務を依頼できるのか

具体的にどのような死後事務を依頼するのかは、死後事務委任契約によって決定することになります。死後事務の内容は、本人の生活状況や希望によってさまざまですので、よく話し合って慎重に決定する必要があります。葬儀・埋葬や各種支払だけではなく、SNSアカウントの停止手続や残されたペットの施設入所手続などを依頼することも可能です。

(4) 死後事務委任契約を始めるには

死後事務委任契約を開始するには、死後事務を依頼する第三者と話し合い、契約内容を決定する必要があります。具体的には上述の死後事務の内容、受任者の報酬、死後事務の費用などを決める必要があります。

おひとりさま対策では、生前から死後に至るサポートを一貫して第三者に任せておけるように、見守り契約、財産管理等委任契約、任意後見契約、身元保証契約、遺言書などをセットで士業などの第三者に依頼するケースが多いです。したがって、契約書の作成は依頼する専門家が作成することが多いでしょう。

2 死後事務委任契約の具体例

契約書例 1人暮らしで死後の事務を行う人がいないケース

今年80歳となったAさんは独身で子どもがいません。これまでは姉と2人暮らしでしたが、昨年末姉が脳梗塞で倒れ、帰らぬ人となってしまい現在は1人暮らしをしています。

Aさんの健康状態に今は問題ありませんが、姉のように万が一のことがあった場合に、葬儀や火葬などの死後の事務を誰が行うかということを心配しています。

そこで、Aさんは姉の相続手続を依頼したB（司法書士法人）に死後の事務を依頼しておくことにしました。

どのような契約を締結することになるのでしょうか？

死後事務委任契約書

第1条（契約の趣旨）

Aは、Bに対し、AとBとの間で本契約と同時に締結する「見守り契約」、「財産管理等委任契約」及び「任意後見契約」に付随する契約として、Aの死亡後における事務を委任し、Bはこれを受任する。

第2条（委任事務の範囲）

Aは、Bに対し、Aの死亡後における次の事務（以下「本件死後事務」という。）を委任する。

① 親族等関係者への連絡事務

② 通夜、告別式、火葬、納骨、埋葬、永代供養に関する事務

③ 医療費、老人ホーム等の施設利用料その他一切の債務弁済事務

④ 家財道具や生活用品の処分に関する事務

⑤ 行政官庁等への諸届け事務

⑥ 別途締結した「見守り契約」及び「財産管理等委任契約」における委任事務や別途締結した「任意後見契約」における後見事務の未処理事務

⑦ 相続財産管理人の選任申立手続

⑧ 公共サービス等の名義変更、解約、精算に関する事務

⑨ ペットの施設入所手続に関する事務

⑩ ＳＮＳアカウントの処分に関する事務

⑪ 以上の各事務に関する費用の支払い

2　Aは、Bに対し、前項の事務処理をするに当たり、Bが復代理人を選任することを承諾する。

第3条（通夜・告別式）

前条第１項の通夜及び告別式は、Aに応分の会場で行う。

2　Aの通夜及び告別式での読経は、次の寺に依頼する。

〇〇寺

所在

電話

3　前２項に要する費用は、金〇〇〇万円を上限とする。

第4条（納骨・埋葬・永代供養）

第２条第１項の納骨・埋葬は、次の場所にて行う。

〇〇寺

所在

電話

2　第２条第１項の永代供養は、前項の場所にて行う。ただし、永代供養に関する事務は第１項の寺に依頼することをもって終了する。
3　前２項に要する費用は、金〇〇〇万円を上限とする。

第５条（連絡）

Ａが死亡したときは、Ｂは、速やかに、Ａがあらかじめ指定する親族等関係者に連絡するものとする。

第６条（費用の負担）

Ｂが本件死後事務を処理するために必要な費用は、Ａの負担とする。
2　Ｂは、前項の費用につき、その支出に先立って、Ａの遺言執行者又は相続人より、Ａの遺産の中から支払いを受けることができるものとする。

第７条（報酬）

Ａは、Ｂに対し、本件死後事務の報酬として、金〇〇万円（消費税別途）を、本件死後事務終了後、Ａの遺言執行者又は相続人より、Ａの遺産の中から支払うものとする。

第８条（契約の変更）

Ａ又はＢは、Ａの生存中、いつでも本契約の変更を求めることができる。

第９条（契約の解除）

Ａは、Ｂに次の各号の一に該当する事由が発生した場合は、本契約を解除することができる。

⑴　ＢがＡの財産を故意又は過失により毀損し、その他Ｂの行為がＡに対して不法行為を構成し、そのためにＢとの信頼関係が失われたとき

⑵　Ｂが本件死後事務を遂行することが困難となったとき

2　Ｂは、経済情勢の変化、その他相当の理由により本契約の達成が不可能若しくは著しく困難となったときでなければ、本契約を解除することはできない。

第10条（委任者の死亡による本契約の効力）

Ａが死亡した場合においても、本契約は終了せず、Ａの相続人は、委任者であるＡの本契約上の権利義務を承継するものとする。

2　Aの相続人は、前項の場合において、前条第1項記載の事由がある場合を除き、本契約を解除することはできない。

第11条（契約の終了）

本契約は、以下の事由により終了する。

⑴　Bが解散し又はBに破産手続開始の決定があったとき

⑵　AとBが別途締結した「見守り契約」、「財産管理等委任契約」及び「任意後見契約」が解除されたとき

第12条（費用等の精算）

Bは、本件死後事務終了後、遅滞なく第6条で受領した費用を精算し、余剰が発生した場合には遅滞なくこれをAの遺言執行者又は相続人に対し返還しなければならない。

2　Bは、本件死後事務の処理のために保管している物があるときは、本件死後事務終了後、遅滞なくこれをAの遺言執行者又は相続人に対し返還しなければならない。

3　本契約が第9条及び第11条の規定により終了した場合には、Bは、第6条で受領した費用その他の保管物を遅滞なくA又はAの遺言執行者若しくは相続人に返還しなければならない。

第13条（報告義務）

Bは、Aの遺言執行者、Aの相続人又は相続財産管理人に対し、本件死後事務終了後1か月以内に、本件死後事務に関する次の事項について書面で報告する。

⑴　本件死後事務につき行った措置

⑵　費用の支出及び使用状況

⑶　報酬の収受

第14条（守秘義務）

Bは、本件死後事務に関して知りえた秘密を、正当な理由なく第三者に漏らしてはならない。

第15条（協議）

本契約に定めのない事項及び疑義ある事項については、A及びBが協議して定める。

令和○年○月○日

委任者（A）
　住　　所
　氏　　名　　　　　　　　　　　　　　　　　㊞

受任者（B）
　事 務 所
　名　　称　　司法書士法人○○
　　　　　　　代表社員　　　　　　　　　　㊞

3　解説と留意点

上述のように、死後事務委任契約は、見守り契約、財産管理等委任契約、任意後見契約、身元保証契約、遺言書などをセットで士業などの専門家に依頼するケースがほとんどです。

死後事務委任契約には、以下のような留意点があります。

①　見守り契約や任意後見契約と同時に締結する

死後事務委任契約は、本人が死亡して初めて効力が発生する契約です。死後事務委任契約だけを締結している場合には、生前の見守りや財産管理を行うことができないので、本人の死亡を知ることができず、依頼された死後事務を遂行できなくなってしまう可能性があります。

したがって、おひとりさま対策の場合は、死後事務委任契約だけでなく、見守り契約や任意後見契約を同時に締結しておくことが推奨されています。

②　依頼先の選定は慎重に行う

死後事務委任契約においては、死後事務を依頼した第三者が適切に死後事務を行っているかを監督する人がいません。当然、本人が亡くなった後に始まるものですから、本人がこれを監督することもできません。

したがって、依頼先の選定は慎重に行うべきです。選定に当たっては、これまでの実績や運営体制などをしっかり確認するようにしましょう。

③　執行費用の支払方法を確認する

死後事務を執行する際には、死後事務を依頼する第三者の報酬の他、葬儀費用や納骨費用などが発生します。これらの死後事務に必要となる費用をまとめて「執行費用」と呼んでいます。執行費用の総額は、死後事務の内容や種類によって変動することになります。

執行費用は高額になることが多いので、どのような方法で支払うのかを事前に確認しておくことがとても重要です。主な方法として、以下の３つがあります。

(a) 契約と同時に預けておく方法

契約時に死後事務を依頼する第三者に対して執行費用を預けておく方法です。

(b) 信託会社に預けておく方法

契約と同時に信託契約を締結し、信託会社に執行費用を預けておく方法です。死後事務を開始する際は、信託会社から死後事務を行う第三者に執行費用が支払われます。

(c) 死亡後に遺産から支払う方法

本人が死亡した後に、遺言執行者又は相続人によって本人の遺産の中から執行費用の支払いを行う方法です。

いずれの方法によるかは、死後事務委任契約を締結する際に決定する必要があります。

(a) (b) の方法による場合には、事前に支払うことになりますので、本人の生活資金にある程度余裕が必要となります。これに対して、(c) の方法による場合には、死亡後に遺産から支払うので生前に執行費用を支払う必要はありません。しかし、依頼を受けた第三者からすれば、本人が死亡時に執行費用が残っていなかった場合にどうするかというリスクがあります。

また、(a) の方法による場合、依頼した第三者の倒産リスクや横領リスクが考えられます。これに対して、(b) の方法によれば、信託会社が金融庁の監督の下、厳格に管理・保全をしますので左記のようなリスクはありませんが、信託会社に対して報酬を支払わなければなりません。

■コラム■

尊厳死宣言

現代の医学においては、生命維持装置を使用することで患者を生かし続けることが可能になってきています。延命する目的だけの治療が、果たして患者の利益になっているのか、むしろ患者を苦しめ、その尊厳を害しているかもしれないという問題から患者本人の意思（患者の自己決定権）を尊重するという考えが出てきました。また、超高齢化社会において、在宅及び介護施設における療養・看取りの増加や、地域の実情に応じて高齢者が可能な限り住み慣れた地域で自立した日常生活を営むことができるような体制の検討も行われています。このような時代の中で、残された人生を自分らしく過ごし、最後を迎えられるようにするための１つが尊厳死宣言書です。

「尊厳死」とは、一般的に「回復の見込みのない末期状態の患者に対して、生命維持装置を差し控え又は中止し、人間としての尊厳を保たせつつ、死を迎えさせることをいう」とされています。これを、自分が元気なうちに自らの考えで尊厳死を望むことを書面にしておくのが尊厳死宣言書です。

これまでは、書面に残すということをしていなくても、同居している家族に伝えておくことで尊厳死が実現できていたこともあったでしょう。家族の形態も変わり、家族がいても１人暮らしをしている人や身寄りのないおひとりさまの割合も増えてきました。そのときに身近で世話をしている人や、何かあったときにお世話になる専門家などに意思を伝えるとともに尊厳死宣言書を準備しておくことが大切だと考えます。

延命治療とは、一般に回復の見込みがなく、死期が近づいているにもかかわらず人工呼吸器や心肺蘇生器、胃ろうなどによって生命を維持するための行為です。自力で呼吸できなくなったときの人工呼吸器や、食事が口から摂れなくなったときに直接胃に穴をあけて栄養を送り込む「胃ろう」は、ひとたび始めたら外すことは容易ではありません。生命維持装置を外すことは死に至ることが明らかですから、医師は躊躇するのです。しかも、患者本人や家族の精神的・身体的な負担や経済的な負担もかかることになります。

ただし、尊厳死宣言書があり、患者の意思が尊重されるべきなのは当然としても、医療現場では必ずそれに従わなければならないとは考えられていないこと、過剰な延命治療に当たるかどうかは医学的判断によらざるを得ないことなどから、必ず尊厳死が実現するとは限りません。

しかし、尊厳死宣言書があるのとないのとでは、いざというときに延命治療をするしないを選択する家族やお世話をしている人にとって雲泥の差になることは間違いありません。

例えば、親の治療について医師と相談する中では、医師も100%助かりませんということは言わないものです。そんな中で子どもとして「親の延命治療はしません」ということは、苦渋の決断になります。それに、親の意向で決断をしたとしても、親族から「延命治療をしなかったから」と非難されることもあります。その際、尊厳死宣言書があったらどうでしょうか。子どもから医師に「親はこのような意思を残しているのですが」と相談することができますし、親族にもなぜこのような決断をしたのか伝えることも可能になります。つまり、尊厳死宣言書は、自分の意志を伝えるためだけのものではなく、残された家族のためでもあるのです。

自分にもしものことがあったときには、もう自分の意思を伝えることはできないと考え、健康で正常な判断ができるときにこそ、考え、残しておくこと、また、大事にしまい込んでいざというときに使うことができないということがないように、身近な人に伝え、医療関係者に提示してもらうことができるように所在を言っておく、若しくは、持っていてもらうことも必要です。

「尊厳死宣言書」の書き方は遺言書のように法律で決められたものではありません。希望をどのように書いてもかまいませんし、私文書でも公正証書でもどちらで作成してもかまいません。ご自分がどのように最期を迎えたいのか。自分とゆっくり向き合う時間をとって考えてみてはいかがでしょうか。

著者略歴

【監修】

木野　綾子（きの　あやこ）

弁護士。早稲田大学政治経済学部卒業。13年間の裁判官生活を経た後、2010年に弁護士登録（第一東京）。2016年「法律事務所キノール東京」を開設し、現在に至る。専門分野は、相続、労働（使用者側）、不動産。一般社団法人「相続診断協会」法務委員、NPO法人「長寿安心会」副代表理事等。

〒105-0003　東京都港区西新橋1－21－8　弁護士ビル503
法律事務所 キノール東京

電　話　03-5510-1518
ＦＡＸ　03-5510-1519
ＵＲＬ　https://kinorr-souzoku.tokyo/
e-mail　kino-ayako@kinorr.tokyo

【著】

元木　翼（もとき　つばさ）

司法書士・行政書士。司法書士法人ミラシア・行政書士法人ミラシア代表社員。早稲田大学教育学部英語英文学科卒業。千葉商科大学特別講師。大手司法書士法人の支店長などを経て、2017年開業。相続、後見・家族信託などが専門。相談実績は1,500件を超える。豊富な経験・事例を基に、“オーダーメイド”の認知症対策・相続対策のサービスを展開している。

〒102-0072　東京都千代田区飯田橋２－８－３　リードシー飯田橋ビル８階
司法書士法人 ミラシア
行政書士法人 ミラシア
株式会社 ミラシアコンサルティング

電　話　03-6261-6405
ＦＡＸ　03-6261-6552
ＵＲＬ　https://mirasia.or.jp
e-mail　tsuba3@mirasia.or.jp

藤井　利江子（ふじい　りえこ）

行政書士。地元金融機関に25年間勤務。2016年税理士法人アクセス入社。2017年行政書士法人アクセス設立とともに行政書士登録。一般社団法人アクセス相続センターを中心に、税理士法人アクセス、行政書士法人アクセスが各種専門家とともに連携し、みなさまへ「100年モノの安心感」をお届けします。笑顔相続サロン® 大阪代表。

〒541-0046　大阪府大阪市中央区平野町１－７－１　堺筋高橋ビル６階
行政書士法人 アクセス
税理士法人 アクセス
一般社団法人 アクセス相続センター

電　話　0120-279-450
URL　https://act-cess-souzoku.jp/
e-mail　souzoku@act-cess.jp

木下　勇人（きのした　はやと）

公認会計士・税理士。愛知県津島市出身。税理士法人トーマツにて非上場会社オーナーファミリーの事業承継対策に従事。2009年、名古屋で相続専門税理士法人を設立し、富裕層に対する不動産・財産コンサルティング、オーナー社長への事業承継コンサルティングを中心に業務を展開。2017年９月に東京事務所開設と同時にM&A支援事業も展開。東京税理士会 麹町支部所属。

〒102-0085　東京都千代田区六番町13－１ ハイツ六番町501
税理士法人レディング

電　話　03-6265-4903　　FAX　03-6265-4904
URL　http://www.leding.or.jp
e-mail　info@leding.or.jp

名古屋事務所
〒460-0008　愛知県名古屋市中区栄５-27-12　富士火災名古屋ビル６階
電　話　052-253-9457　　FAX　052-253-9458
つくば事務所
〒305-0033　茨城県つくば市東新井２－１　KMS.S-2ビル404
電　話　029-896-8106　　FAX　029-896-8107

購入者特典！

本書の書式（Microsoft Word）がダウンロードできます。

データのダウンロード・ご利用の方法

1．ソフトウェア要件

本書のデータは、日本法令ホームページ上からダウンロードしてご利用いただくものですので、インターネットに接続できる環境にあるパソコンが必要です。また、データファイルを開く際には Microsoft Word がインストールされていることが前提となります。

2．使用承諾

万一本書の各種データを使用することによって、何らかの損害やトラブルがパソコンおよび周辺機器、インストール済みのソフトウェアなどに生じた場合でも、著者および版元は一切の責任を負うものではありません。

このことは、各種ファイルのダウンロードを選択した際のメッセージが表示されたときに「開く (O)」または「保存する (S)」を選択した時点で承諾したものとします。

3．使用方法

① 日本法令のホームページ（https://www.horei.co.jp）にアクセスし、上部中央にある「商品情報（法令ガイド)」をクリックします。

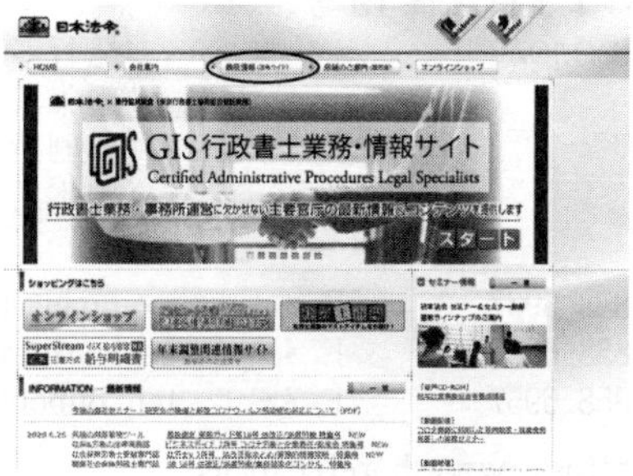

② 右下の「出版書」のコーナーの、「購入者特典：書籍コンテンツ付録データ」の文字をクリックします。

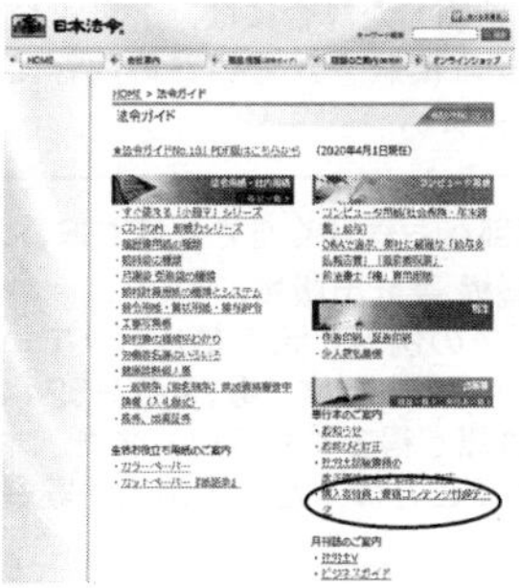

③ ご利用いただけるファイルの一覧が表示されますので、お使いのものを選んでファイルを開くか、またはデータを保存のうえご利用ください。また、データにはパスワードがかかっています。パスワードは **kazokukan720** です。

新しい常識
家族間契約の知識と実践

令和３年７月20日　初版発行

検印省略

日本法令®

〒101-0032
東京都千代田区岩本町１丁目２番19号
https://www.horei.co.jp/

監修者　木野綾子
著　者　元木翼
　　　　藤井利江子
　　　　木下勇人
発行者　青木健次
編集者　岩倉春光
印刷所　日本ハイコム
製本所　国宝社

（営　業）　TEL　03-6858-6967　　Eメール　syuppan@horei.co.jp
（通　販）　TEL　03-6858-6966　　Eメール　book.order@horei.co.jp
（編　集）　FAX　03-6858-6957　　Eメール　tankoubon@horei.co.jp

（バーチャルショップ）　https://www.horei.co.jp/iec/
（お詫びと訂正）　https://www.horei.co.jp/book/owabi.shtml
（書籍の追加情報）　https://www.horei.co.jp/book/osirasebook.shtml

※万一、本書の内容に誤記等が判明した場合には、上記「お詫びと訂正」に最新情報を掲載しております。ホームページに掲載されていない内容につきましては、FAXまたはEメールで編集までお問合せください。

ISBN 978-4-539-72837-6